KB069344

IV
가야연구

한국고대사와
창녕

한국고대사학회 엮음

주류성

차 례 |

책을 내면서 |

이 책은 ㈜영원무역의 후원을 받아 한국고대사학회가 2020년 10월 15일에 개최한 '한국고대와 창녕'이라는 주제의 가야사 기획 학술회의에서 발표된 연구 성과들을 묶은 것이다. 코로나19로 인하여 2020년에는 온라인 화상 회의라는 형식을 택하게 되었지만, 가야사 기획 학술회의는 2016년부터 매해 10월 경상남도 창녕 석리 성씨고가에서 진행하여 왔다. 그 네 번째 결과물인 이 책은 학술회의의 무대였던 창녕 지역을 대상으로 삼았다.

『삼국사기』 지리지에 따르면 창녕 지역에 해당하는 신라 화왕군의 경덕왕 개명 이전 명칭은 '비자화(비사벌)'였다고 한다. 『삼국유사』 오가야조에서는 다섯 가야 중 하나로 '비화(가야)'를 언급하였으며, 『일본서기』 신공기 49년조에서는 이른바 가야 7국 가운데 '비자발'의 명칭이 확인된다. 이에 고대 창녕 지역의 정치체는 가야로 파악하는 것이 일반적이다.

가야의 일부였던 '비사벌'이 신라의 영역으로 편입된 시점은 언제였을까? 고고학적 발굴 성과에 기반하여 4세기부터 이 지역은 이미 신라에 복속되었다는 주장이 제기되면서, 4~6세기 창녕 지역의 성격은 치열한 학문적 논쟁의 대상이 되었다. 신라의 지방으로 편제되는 시기에 대해서 4세기 후반, 5세기 초, 5세기 중엽 이후, 6세기 초 등 다양한 견해가 나왔으며, 그에 따라 해당 시기 유적의 성격에 대한 해석은 크게 달라질 수 있다. 이 책의 제1부에는 문헌사와 고고학의 최신 연구 성과를 바탕으로 해당 시기 창녕 지역 정치체의 성격을 추적하는 글들을 수록하였다.

한편 1~3세기의 창녕 지역은 『삼국지』 위지 동이전 한조에 보이는 삼한소국 중 '불사국'으로 비정해 왔다. 그런데 가야로 이어지는 '변한'의 소국들은 이름 앞에 '변진'이 붙어있는 데 반해 불사국은 그렇지 않아 의문이 제기되었다. 이에 대해서는 당시 진한과 변한의 구분이 되지 않았던 상황을 반영한다고 보거나, 변한 소국으로부터 가야 제국으로 발전한 일반적인 경우와 달리 창녕 지역은 진한 소국이었다가 가야로 성장하였다고 보는 해석, 창녕 지역이 변한·가야권역이었음을 전제로 불사국이 아닌 다른 소국에 비정하는 해석 등이 가능하다. 제1부에는 이들 중 각각 다른 방향의 해석을 택한 글들을 함께 싣고 있다. 독자들은 상반된 주장을 모두 접하면서 스스로 적합한 해석을 고민해 볼 수 있을 것이다.

창녕 지역이 한국고대사에서 갖는 의미는 가야냐, 신라냐의 문제에 그치는 것이 아니다. 「창녕척경비」를 비롯한 다양한 문자자료가 발견·출토되어 고대사 연구를 크게 진전시킨 바 있다. 그중에는 다른 지역에서 잘 보이지 않는 특이한 것들도 있어 관심을 끈다. 이 책의 제2부 '문자자료로 다시 보는 고대 창녕'에서는 창녕 지역 출토 문자자료들을 본격적으로 검토하였다.

창녕읍내에 위치한 「인양사비상」은 8세기 말에서 9세기 초에 걸쳐 인양사를 중심으로 활동하며 큰 영향력을 보인 인물의 존재를 알려준다. 1914년 존재가 알려진 「창녕척경비」에 대해서는 이전에도 많은 연구가 있었으나, 새로운 판독을 통해 신라의 불교적 세계관을 이야기할 자료가 되었다. 1918년에 출토되었고 1984년 명문의 존재가 확인된 「창녕 교동11호분 출토 글씨새김 고리자루 큰칼」과 1976년부터 알려지기 시작한 「창녕 계성 고분군 출토 '대간'명 토기」는 기존에 창녕 지역의 정치·문화적 특수성에 초점을 맞추어 이해되어 왔는데, 판독을 전면 재검토함으로써 더 넓은 시야에서 다시 보는 것이 가능해졌다.

1997년 창녕 관룡사 약사전의 석조여래좌상 명문이 소개되고, 2009년에는 관룡사 위쪽 용선대 석조여래좌상의 명문 또한 알려지면서, 명문에 보이는 대력 7년(772)과 개원 10년(722)의 연대를 통해 관룡사는 8세기 이전부터 존재하던 창녕 지역을 대표하는 사찰로 주목받았다. 그런데 이들 불상과 대좌의 제작 시기에 대해서는 미술사 측면에서 논란이 있었고, 이 책에 수록된 글에서는 명문들이 조선 후기에 추각되었을 가능성 또한 제기하였다. 고대 창녕 지역 불교 문화의 성격 파악과도 연결될 흥미로운 논의를 이 책의 제2부에서 접해 볼 수 있다.

이 책에 수록된 연구 성과들은 한국고대사에서 창녕 지역이 갖는 의미를 제대로 파악하는 데 기여할 것으로 기대된다. 이와 같은 연구의 발표와 단행본으로의 출간은 가야사 연구의 학술활동에 대한 조건없는 후원 덕분에 가능했다. 한국고대사학회를 꾸준히 후원하시는 ㈜영원무역의 성기학 회장님께 깊이 감사드린다.

아울러 상업성 없는 학술서의 출간을 기꺼이 맡아주신 도서출판 주류성의 최병식 사장님, 이준 이사님 및 편집자들께도 감사의 마음을 전한다.

2021년 9월
한국고대사학회 회장 전덕재

제1부
문헌과 고고학이
말해주는
비사벌

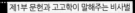

고대 창녕 지역의 소국 설정

·전진국·

1. 머리말

　창녕 지역은 삼한 중 변한 권역으로 분류된다. 변한은 기원전 3세기부터 서기 3세기까지 경상남도 일대에 있던 여러 나라를 일괄하는 명칭이다. 『魏略』의 廉斯鑡 전승에 등장하는 '弁韓布'라는 용례를 통해 3세기 이전 그 명칭이 일정 범위의 지역적 범칭으로 실재하였음을 알 수 있다. 변한을 포함한 삼한의 역사적 단계는 한반도 중남부 지역이 완전한 문명사회로 진입하고 국가가 등장하는 시기이다.

　변한의 발전은 고인돌로 대표되는 원시 토착 사회에서 좁은놋단검(細形銅劍) 문화의 유입, 고조선 유민의 유입, 널무덤(木棺墓) 문화의 형성, 철기 문화의 형성 등을 주요 골자로 한다.[1] 이와 같은 역사적 정황 속에서 형성·발전해 나가는 변한의 여러 '주민집단' 또는 '정치체' 안에서 정도의 차이가 나타나기 마련이고, 그 과정에서 '小國'과 '大國'의 차이가 발생한다. 변한 안에서 일찍이 대국으로 발전하며 중심국가로 성장한 나라가 김해의 狗邪國이며, 이는

---

1) 李在賢, 2003 「弁韓社會의 形成과 發展」 『가야 고고학의 새로운 조명』, 부산대학교 한국민족문화연구소, pp.9~45.

加耶·駕洛과 같은 실체로 문헌에 따른 표기의 차이로 판단한다.[2] 국내 문헌에서 '가야'가 그 지역을 대표하는 이름으로 통용되는 것 또한 그러한 맥락으로 보아야 하겠다. '가야'라는 이름은 김해에 있었던 나라만이 아니라 이후 그 일대의 또 다른 대국으로 떠오른 나라도 그 명칭을 써, 어제부터인가 그 지역을 일컫는 대명사로 통용되었다.

반면, '삼한'은 그 실체라 할 수 있는 70여 개의 나라가 백제·신라로 대체된 뒤에는 실상과 다른 역사 인식이 이루어진다. '삼한'은 한반도와 만주를 일컫는 대명사로 쓰이고, 70여 국의 존재는 점차 잊혀진다. 그리고 마한·진한·변한이 일정한 법칙 없이 삼국을 일컫는 명칭으로 쓰이거나, 각각 삼국에 대응되기도 한다.[3] 그에 따라 신라 중대부터 조선 전기까지 변한과 구야국이 곧 가야라는 인식은 형성될 수 없었다. 그러한 역사 인식이 극복되며 변한과 가야의 연결성을 처음 언급한 이는 韓百謙(1552~1615년)이다. 그는 삼한을 삼국으로 인식했던 앞 시대의 고증을 비판하고, 고구려를 제외한 한강 이남에 삼한을 비정하였다. 변한을 가야와 연결하는 역사 인식 역시 그와 같은 위치 비정의 연장선에서 이루어졌다.[4] 물론 가야가 아닌 '가락'을 말하였고 변한을 진한의 부용으로 이해하였지만, 변한의 위치 및 후대 국가와의 연결성에서 가야(가락)를 처음 제시한 점은 높이 평가하지 않을 수 없다. 이와 같은 삼한 인식은 안정복·정약용 등에 의해 더욱 가다듬어지고,[5] 근대 역사학을 거쳐 오늘날까지 통용되는 이해의 틀이다.

그러나 최근 문헌 사료에 대한 종합적 해석과 고고학 발굴조사에 따른 물

---

2) 박대재, 2019 「변진사회의 분화와 구야국의 성장」 『한국고대사연구』 94, pp.88~90.

3) 전진국, 2016 「三韓의 용례와 그 인식」 『韓國史研究』 173.

4) "愚按, … 韓割東界以與之, 是爲辰韓, 又其南有弁韓, 屬於辰韓. … 弁韓前史雖不言其所傳, 而新羅儒理王十八年, 首露王肇國於駕洛, 據有辰韓之南界 其後入於新羅. 疑此卽爲弁韓之地也."(『東國地理志』 後漢書三韓傳)

5) 문창로, 2018 「'변한과 가야' 연구의 동향과 과제」 『한국고대사연구』 89, pp.55~68.

질자료의 증가에 따라, 변한과 가야는 공간적으로 같고 시간적으로 이어진다는 큰 틀의 이해에서 벗어나는 연구를 종종 볼 수 있다. 가령 변한과 가야는 시기적으로 나눌 수 없고 변한을 가야의 전기로 보아야 한다는 시각,[6] 진한과 변한의 기본적 물진문화는 공통의 널무덤·와질토기로 지역적 구분이 사실상 어렵다는 점,[7] 그리고 전라도 동부 지역에 대한 지속적인 발굴조사 결과 그 지역 역시 가야문화권으로 보아야 한다는 시각 등이 그러하다.[8]

삼한과 가야의 일부로써 창녕 지역의 역사를 살피는 작업 역시 이 같은 문제에 부딪힌다. 창녕 지역이 진한 不斯國이며 非火加耶라는 인식이 공존하면서, 이를 함께 수용하는 역사 해석이 이루어지고, 그에 따라 진한의 일부가 가야로 이어지기도 한다는 예외적 사항에 적용되기 때문이다.

창녕의 지역사를 대상으로 삼한에서 가야로 넘어가는 과도기를 살피는 이 글 역시 논의의 초점은 위의 사항에서 시작되어야 하겠다. 그리하여 비화가야로 인식되는 창녕 지역이 진한의 불사국이었다는 통설에 대해 먼저 검토해 보겠다. 그리고 주민집단 또는 정치체의 형성이 물질자료를 통해 명확하게 확인되는 3~4세기 즈음, 과연 창녕 지역은 문헌에 등장하는 국명 중 어느 나라와 연결함이 타당한지 타진해 본다. 더하여 지리적 정황과 물질자료를 통해 가야의 한 나라로써 창녕 지역에서 소국이 등장하는 시기와 그 정황을 살펴보고자 한다.

---

6) 흔히 전기론과 전사론에 대한 논쟁이라 할 수 있는데, 이에 대한 최근의 연구사는 다음의 연구가 참고된다. 이동희, 2020 「고고 자료로 본 변한과 가야의 구분」 『가야와 주변, 그리고 바깥』, 한국고대사학회·주류성.

7) 정인성 외, 2012 『嶺南地域 原三國時代의 木棺墓』, 학연문화사.

8) 郭長根, 1999 『湖南 東部地域 石槨墓 研究』, 學研文化社 ; 2019 「고고학으로 밝혀낸 전북의 가야문화」 『전북에서 만난 가야』, 대가야박물관·국립전주박물관.

2. 창녕 불사국설 검토

1) '비사'·'비자'와 '불사'의 음상사

고대 창녕 지역은 『삼국사기』 지리지에 따르면 신라 경덕왕 때에 火王郡으로 정해졌고, 그에 앞서 첫 이름은 '比自火郡' 또는 '比斯伐'이었다.[9] 비자화·비사벌은 〈창녕진흥왕척경비〉(561)에 등장하는 比子伐郡主의 '比子伐',[10] 『삼국유사』 오가야 조의 '非火',[11] 그리고 『일본서기』 신공 49년 조에 열거된 가라 7국 중 하나인 '比自㶱'[12] 역시 같은 이름으로 표기만 다를 뿐이다.

비자화·비사벌·비화를 『三國志』 韓傳에 열거된 삼한 70여 국에 처음 견주어 본 이는 일본의 이마니시 류(今西龍, 1875~1932년)이다. 그는 〈창녕진흥왕척경비〉에 대한 논고의 추기에서 비자벌이 『三國志』 韓傳에 등장하는 不斯國과 같은 유의 지명이라 하였다. 즉 들판을 뜻하는 碑利·沸流·稗離·夫里 등을 漢人들은 '不'자를 빌어 표기했고, 그것이 곧 비자벌 '比'의 借字라는 것이다.[13] 그러나 잘 알려진 바와 같이 비사벌의 '伐', 비자화의 '火', 바자발의 '㶱'이야말로 들판의 뜻을 가진 지명 形態素이다. 비사벌의 '비'까지 들판의 의미

---

9) "火王郡, 本比自火郡[一云比斯伐], 眞興王十六年置州, 名下州, 二十六年, 州廢, 景德王改名, 今昌寧郡, 領縣一, 玄驍縣, 本推良火縣[一云三良火], 景德王改名, 今玄豐縣"(『三國史記』 卷34 雜志 제3)

10) "四方郡主, 比子伐郡主沙㖨登△△智沙尺干"(〈昌寧眞興王拓境碑〉)

11) "又本朝史略云, 太祖天福五年庚子, 改五伽耶名, 一金官[爲金海府], 二古寧[爲加利縣], 三非火[今昌寧, 恐高靈之訛], 餘二阿羅·星山[同前, 星山或作碧珍伽耶]."(『三國遺事』 卷1 紀異 第2 五伽耶)

12) "因以平定比自㶱·南加羅·㖨國·安羅·多羅·卓淳·加羅七國"(『日本書紀』 卷9 神功皇后 49년)

13) 今西龍, 1922 「新羅眞興王巡狩管境碑考」 『考古學雜誌』 12-11 ; 이부오·하시모토 시게루 옮김, 2008 『이마니시 류의 신라사 연구』, 서경문화사, p.399.

라면, 들판의 의미가 앞뒤로 중복된 매우 부자연스러운 꼴이 된다. 따라서 불사국의 '不'이 비사벌 '比'의 차자라는 논리로 불사국을 창녕에 비정할 수는 없는 일이다.

그래서인지, 그 뒤 아유카이 후사노신(鮎貝房之進, 1864~1946년)은 '비사'·'비자'를 '빛(光·明)'과 관련하여 만들어진 땅 이름으로 해석하였고, 『삼국지』 한전의 '불사' 역시 그와 같은 이름의 다른 표기로 보았다. 더하여 『삼국사기』 지리지 백제 조에서 完山의 다른 이름으로 전하는 비사벌·비자화 역시 완산과 더불어 빛과 관련된 전주의 옛 이름이라 하였다. 즉 비사·비자·불사를 '빛'이라는 말에서 유래한 창녕과 전주의 공통 지명으로 파악한 것이다. 그에 따라 『삼국지』 한전 마한 50여국 중에 등장하는 '不斯濆邪國', 『魏書』·『南齊書』 백제전에 등장하는 '弗斯侯'의 '弗斯' 역시 전주에 비정하였다.[14]

비자화·비사벌을 대상을 한 鮎貝房之進의 위치 비정 및 지명 해석은 진한 불사국의 위치 비정을 목적으로 한 이병도의 연구에 그대로 인용된다.[15] 더하여 불사국의 정치적 소속 관계에 대한 설명이 더해지고, 마침 그즈음에 조사된 창녕 교동 고분이 추가적인 근거로 제시되어 통설로 굳어지기 시작한다. 그러나 창녕 교동 고분은 5세기 이후에 만들어졌음이 밝혀졌으므로, 2~3세기에 해당하는 『삼국지』 한전의 불사국과 연결시켜 보기에는 적절치 않다.

한편, 창녕과 전주의 옛 이름이 똑같이 비사벌·비자화이며 같은 계열의 이름이라는 점에 대해서는 비판적으로 검토된 바 있다. 신라의 下州에 해당하는 比斯伐州가 이후 大耶州 → 押督州 → 居列州 → 完山州로 옮겨짐에 따라 처음 하주로 정해진 비사벌의 이름이 마지막 하주인 완산주에 적용된 것이라 한다. 즉 완산을 비사벌이라 하게 된 것은 이와 같은 신라 하주의 변천을 고려

---

14) 鮎貝房之進, 1931 「全北全州及慶南昌寧の古名に就きて」『靑丘學叢』 4, 京城: 靑丘學會(大阪: 大阪屋號書店), pp.17~35.

15) 李丙燾, 1937 「三韓問題의 新考察(六) -辰國及三韓考-」『진단학보』 7, pp.118~120.

하지 못한 『삼국사기』 찬자의 착각·오기에서 비롯된 것이라 추정한다. 더하여 마한 불사분야국과 백제의 불사는 순천 낙안 지역으로 비정하는 선행 연구를 따르며, 전주의 옛 이름 '완산'은 불사·비사·비자와 관련 없음을 설명하였다.[16]

또는 가야 지역을 두고 백제와 신라가 대립하는 상황 속에서 徙民에 의해 지명이 함께 옮겨간 것으로 파악하는 견해도 있다. 즉 백제가 신라에 군사적 압박을 가하는 차원에서 먼저 가야 즉 창녕 비사벌에 주민을 이주시켰고 이후 신라에 밀리는 상황이 되자 그 주민을 다시 완산으로 사민 하였는데, 그에 따라 창녕 비사벌의 지명이 완산에서도 쓰이게 된 정황으로 추정하는 견해도 있다.[17]

어떠한 이유로 완산에 비사벌이라는 지명이 붙었는지 판가름하기 어렵지만, 적어도 애초부터 완산은 비사벌·비자화가 아니었음은 충분히 논증되었다고 판단한다. 더하여 『일본서기』 신공기의 '比利' 역시 '비사'·'비자'와 음상사를 근거로 전주에 비정하였는데,[18] 그 또한 타당한 위치 비정이라 할 수 없게 되었다. 이미 널리 알려진 바와 같이 '比利'는 『삼국지』 한전의 '卑離', 『삼국사기』의 '夫里'와 같이 들판을 뜻하는 지명 형태소이다. 이를 인정하면서도 '비리'를 또 '비사'·'비자'와 같이 '빛'에서 유래한 지명이라 하는 것은 양단을 모두 취하는 모순이다.

이와 같은 논의를 통해, 완산이 비사·비자라는 식의 기록과 전주의 옛 이름 또한 비사·비자이며 비리와 불사까지 연결 짓는 위치 비정이 타당하지 못함은 충분히 밝혀졌다. 그러나 비사·비자가 '빛'에서 유래한 지명이며, 불사

---

16) 全榮來, 1975 「完山과 比斯伐論」 『마한·백제문화』 1, pp.223~254.

17) 이강래, 1987 「百濟 '比斯伐'考」 『崔永禧先生華甲紀念韓國史學論叢』, 탐구당 ; 2011 『삼국사기 인식론』, 일지사, pp.401~436.

18) 鮎貝房之進, 1931, 앞의 논문 ; 末松保和, 1949 『任那興亡史』, 東京: 吉川弘文館, pp.49~50.

또한 같은 계통으로 불사국을 창녕에 비정하는 부분에 대해서는 검토가 이루어지지 않았다. 오히려 그 부분에 대해서는 암묵적 동의가 이루어지면서 비사·비자를 전주(완산)와 떨어뜨리는 차별성을 부각하였다. 비사·비자와의 음상사를 근거로 불사국 또한 창녕이라는 설은 아유카이 후사노신의 견해를 그대로 받아들인 이병도의 연구가 거듭 인용되었고, 그 논지 및 근거에 추가적 설명이 이루어져 '불사국=창녕(비사벌·비자화·비화가야)'설은 다수의 통설이 되었다.[19]

물론 불사국을 언양 또는 안동에 비정하는 견해도 있다. 언양에 비정하는 견해는 『삼국지』 한전에서 불사국 앞에 기재된 已柢國과 불사국이 하나의 이름 즉 '이저불사국'이라 한다. 그리고 이를 언양의 옛 이름 '居知火'와 연결하여 같은 계열의 지명으로 보는 견해이다.[20] 그러나 『삼국지』를 비롯하여 진·변한 24국을 열거한 모든 기록이 진한과 변한 각각 12국을 전제하고 있다. 그러므로 이저국과 불사국을 합하여 하나의 나라로 볼 경우 그 12국이라는 전제에서 어긋나기 때문에 동의하기 어렵다.

안동에 비정한 견해는 진·변한 24국 열거 순서상 두 번째에 기록되었기 때문에 낙동강 상류에 있어야 하며, 『新增東國輿地勝覽』과 『慶尙道地理志』에서 옛적에 '昌寧國'이 있었다고 한 전승에 근거한 바이다.[21] 창녕국에 주목한 이유는 선행 연구와 마찬가지로 '창녕'이라는 이름이 '비사'·'비자'와 통하고 그것이 또 '불사'와 음운상 같은 이름으로 판단하였기 때문이다. 더하여 그 연구에서는 이동설에 바탕하여 안동의 불사국이 계속 남하하여 창녕 지역에서

---

19) 白承玉, 2003 『加耶 各國史 硏究』, 혜안, pp.232~240 ; 주보돈, 2009 「文獻上으로 본 古代社會 昌寧의 向方」 『한국 고대사 속의 창녕』, 창녕군·경북대 영남문화연구원, pp.12~26 ; 남재우, 2012 「기록으로 본 고대 창녕지역의 정치적 위상」 『석당논총』 53, pp.251~255 ; 이영식, 2016 『가야제국사연구』, 생각과종이, pp.712~715.

20) 鄭寅普, 1946 『朝鮮史硏究』 上卷, 서울신문사, p.121.

21) 千寬宇, 1991 『加耶史硏究』, 一潮閣, pp.89~91.

비화가야 그리고 신라의 비사벌이 되고 다시 전주로 이동하였다고 파악한다. 그리고 안동의 불사국이 남하하기 이전 창녕 지역에는 難彌離彌凍國이 있었던 것으로 추정한다. 난미리미동국의 '彌離'는 음으로 새기면 '密', 훈으로 새기면 '推'와 연결된다. 또 미동은 물이 합류하는 지점이라 한다. 그리하여 낙동강과 남강이 만나는 창녕 영산 추포 일대를 난미리미동국으로 본 것이다. 그러나 창녕 영산 추포 지역은 낙동강에 접하며 김해·함안 등의 변한 나라들과 지리적으로 가까이 연결되어 있으므로 변한이 아닌 진한의 나라로 보기는 어렵다고 판단된다.

위의 선행 연구를 전반적으로 통찰해 보면, 창녕 불사국 설은 전적으로 '比斯'와 '不斯'의 음상사에 근거하였다 해도 과언이 아니다. 즉 '不'과 '比'는 비슷한 발음으로 하나의 지명을 두고 달리 표기했다고 보는 것인데, 과연 얼마만큼 발음에 유사함이 있을까 그 부분을 먼저 검토해 볼 필요가 있겠다.

근대에 漢字의 고대 발음을 처음 집성한 스웨덴의 언어학자 베른하르드 칼그렌(Klas Bernhard Johannes Karlgren, 1889~1978)은 先秦 시대의 上古音과 隋·唐 시대의 中古音으로 나누어 고대 중국의 한자 음을 재구하였다. 그는 『切韻』(601년)과 같은 韻書를 비롯하여 反切 표기가 나타나는 수·당 대의 한자음을 체계적으로 정리하여 중고음이라 하고, 『詩經』을 대상으로 고찰한 선진 시대의 음을 상고음이라 하였다. 그의 연구를 바탕으로 이후 한자 음운학은 중국 내외의 학자들이 더욱 치밀하게 발전시켜 나갔다. 『삼국지』 한전

표 1. '不'과 '比'의 재구음[22]

	不		比	
	상고음	중고음	상고음	중고음
Bernhard Karlgren[23]	pi̯ŭg	pi̯əu	bʰi̯ər, pi̯ər	bʰji, pji
王力[24]	pĭwə, pĭwə	pĭəu, pĭuət	bĭei, pĭei	bi, pi
李方桂[25]	pjəg, pjəgx	pjəu, pjuat	bjid, pjidx	bi, pi
董同龢[26]	pjuə̆g	pju, pjuət	bʰjed, pjed	bʰjei, pjei

의 시대적 배경인 魏·晉 시대의 음이 직접 제시되지는 않았지만, 그들 연구의 재구음은 충분히 참고할 만하다. 대표적인 몇몇 연구에서 밝혀진 '不'과 '比'의 재구음을 표로 제시하면 표 1과 같다.

이를 통해 보면 '不'과 '比'의 발음은 자음 'p'와 모음 'i' 부분에서 일부 유사함을 볼 수 있다. 그러나 발음이 똑같이 재구되는 경우는 없으며, 애초 다른 발음의 글자임을 위의 표를 통해 확인할 수 있다.

한편, '비사벌'은 한국 문헌에 등장하는 지명이므로, '比'의 한국 고대의 한자음에 대해서도 살펴보아야 하겠다. 한국사에서 한자의 음을 처음으로 정리한 음서는 『東國正韻』(1448년)이다. 고대 한자음 역시 『동국정운』에 바탕한 중세 음으로부터 고찰한다. '比'의 한국 중세 한자 음은 오늘날과 별 차이 없이 'bi'로 발음되었다.[27] 그리고 '比'자는 고대음과 중세음 사이에 거의 차이가 없는 한자로 분류한다.[28] '不'의 재구음 중에 'bi'의 발음은 없다.

'不'을 '불'로 읽을 경우 '블'·'발'·'벌'의 발음과 통하고, '부'로 읽으면 '보'·'복'의 발음과 상관성을 설정해 볼 수 있다.[29] 그밖에 '不'자에서 '비'의 발음과 연결되는 경우는 찾아지지 않는다. 따라서 '不'과 '比'의 음상사를 말하기는 어

22) 최근 臺灣 大學 中國文學系와 臺灣中央研究院 資訊科學研究所에서 한자 발음에 대한 諸家의 연구를 집대성하여 漢字古今音資料庫(https://xiaoxue.iis.sinica.edu.tw)를 공동 개발하였다. 이 자료를 이용하여 표를 작성하였다.

23) Bernhard Karlgren, Grammata Serica Recensa, 1957, *Bulletin29*, Stockholm: The Museum of Far Eastern Antiquities(1997 『漢文典』(修訂本), 上海辭書出版社: 上海).

24) 王力, 李珍華·周長楫 編撰, 1999 『漢字古今音表』(修訂本), 北京: 中華書局.

25) 李方桂, 1980 『上古音硏究』, 北京: 商務印書館.

26) 董同龢, 1993 『漢語音韻學』, 臺北: 文史哲出版社.

27) 권인한, 2009 『中世 韓國漢字音의 分析的 硏究』(資料篇), 박문사, p.84.

28) 김무림, 2019 「고대국어 한자음의 기층에 대하여」 『민족문화연구』 83, p.273.

29) 김무림, 2019, 앞의 논문, p.275·p.282.

려운 일이며, 이를 근거로 불사국을 비사벌 즉 창녕에 비정하는 주장은 동의
하기 어렵다.

2) 역사적 가설

『삼국지』 한전의 불사국이 창녕이라면 해결되어야 할 문제가 두 가지가
더 있다. 첫 번째는 辰王과의 관계이고, 두 번째는 진한으로 분류되었던 나라
가 변한의 후신이라 할 수 있는 가야의 나라로 전개되는 맥락을 어떻게 이해
해야 하는가 하는 점이다.

『삼국지』 한전에 열거된 진·변한 24국 중 '弁辰'이 앞에 붙은 나라는 변한,
그렇지 않은 나라는 진한으로 본다. 불사국은 '변진'이 붙지 않아 진한 12국
중 하나의 나라로 판단한다. 그리고 24국 중 "12개 나라는 辰王에 속해 있다"
고 하였다.[30] 그런데 『삼국지』 한전에서 진왕은 마한 目支國의 辰王이 앞서
등장한다.

초기의 연구에서는 마한 목지국의 진왕이 곧 진·변한 조에 등장하는 진
왕이며, 辰國에서 이어지는 삼한의 총왕으로 보았다. 그러한 이해의 틀 안에
서 진·변한 조에서 진왕에 속한다는 12국은 '변진'이 붙지 않은 진한 12국이
며, 창녕의 불사국 역시 마한 목지국의 진왕에게 속했던 나라로 보았다. 그 뒤
삼한시대가 지나 차차 독립하여 진왕의 소속을 벗어나 '가야연맹제국' 중 하
나로 참가하였다고 해석한다.[31] 이 연구에서는 진왕이 있는 마한 목지국을
아산만·안성천 유역의 평택 성환과 천안 직산 일대로 보았다. 과연 삼한 시기

---

30) "有已柢國·不斯國·弁辰彌離彌凍國·弁辰接塗國 … 弁辰韓合二十四國, 大國四五千家,
小國六七百家, 總四五萬戶. 其十二國屬辰王, 辰王常用馬韓人作之, 世世相繼, 辰王不得
自立爲王."(『三國志』 卷30 魏書烏丸鮮卑東夷傳 第30 韓)

31) 李丙燾, 1937, 앞의 논문, p.121.

성환·직산에 있었던 나라가 창녕에 있는 나라를 통제하는 등의 정치적 종속 및 교역의 소속 관계를 상정할 수 있을까? 실재하기 어려운 가정이다. 그와 같은 거대 세력권을 가진 진왕의 상을 설정하는 시각은 이미 몇 차례 비판된 바 있으므로 더 이상의 논의는 생략한다.

한편, 진·변한 조에서 진왕에 속했다고 하는 12국을 변한 12국으로 해석하고, 불사국은 그와 상관없이 이주민 계열의 진한계 나라로 파악하는 견해도 있다. 이어 그 연구에서는 4세기 사로국 중심의 진한 통합 운동이 일어나는데, 창녕 불사국은 그에 저항하고 이탈하여 독립국으로 남아 있다가 비화가야로 발전하는 정황으로 파악한다.[32] 이와 관련해서는 먼저 『삼국지』 한전 진·변한 조에서 진왕에 속했다고 하는 12국을 과연 변한의 나라로 볼 수 있을까 하는 점이 문제가 된다. 『삼국지』 한전 진·변한 조에서 12국의 왕에 관한 기술은 변한 단독 조항에서 다시 등장한다.[33] 이는 변진 12국을 말함이 분명하므로, 그 앞에 진왕과 결부되어 기술된 12국은 진한 12국을 말하는 것으로 보아야 한다. 더하여 4세기 "사로국 중심의 진한 통합 운동에 창녕에 있는 나라가 반기를 들었다"고 하는 가설 역시 마땅한 근거와 논증은 찾아보기 어렵다. 그 시기 신라가 주변 나라를 복속해 가는 역사는 충분히 상정되지만, 창녕에 있는 나라가 애초 진한 연맹체였고 신라에 반기를 들었다고 하는 가정은 확인할 수 없고 증명하기 어려운 정황이다.

진한 불사국이 비화가야로 전개되는 불일치를 '종족'과 '교역'으로 나누어 설명하는 견해도 있다. 즉 진한과 변한은 종족적 구분이지만, 이후 연맹체가 형성될 때는 경제적 교역망으로 이루어졌다는 것이다. 그에 따라 불사국은 종족적으로 진한이지만, 지리적 위치상 변한의 연맹체 및 교역망에 들어갔고

---

32) 주보돈, 2009, 앞의 논문, pp.19~25.

33) "弁辰與辰韓雜居, 亦有城郭, 服居處與辰韓同, … 十二國亦有王"(『三國志』 卷30 魏書烏丸鮮卑東夷傳 第30 韓)

비화가야로 발전하였다는 논지로 이 문제를 푼다.[34] 진한과 변한의 구분이 시기적으로 종족에서 교역망으로 구분되었다 하는 주장은 시사하는 바가 크다. 기사가 복잡하게 뒤섞여 있고 명확하지 않은 『삼국지』 한전을 이해하는 하나의 방안이라 할 수 있다.

그런데 여기서 또 한 가지 생각해 볼 점은 국명을 기재할 때 이루어진 진한과 변한의 구분이 과연 종족인가, 교역망인가 하는 점이다. 『삼국지』 한전에 열거된 나라들은 삼한 형성 이후 낙랑·대방군과 교류한 나라들이고, 교류의 결과 중국 기록에 국명이 수록되었다고 판단된다.[35] 낙랑·대방군과 서로 사신 및 상인이 오고 가는 교류 경험과 그에 따른 그들의 관찰이 곧 『삼국지』 한전의 기록이며, 진한과 변한의 나라가 각각 나뉘어 기록될 수 있었던 이유이다.

삼한 각각의 특징적 역사 기록과 개념 형성은 대표 집단의 종족성이 고려될 수 있겠지만, 실질적인 당시의 국명이 채록되고 그것이 다시 진한과 변한으로 구분되는 데는 교역망과 지리적 위치에 따른 것으로 보아야 하겠다. 불사국이 진한으로 분류된 것 역시 진한의 나라들과 붙어 있고, 진한의 교역권 안에 있었기 때문이다. 따라서 불사국의 종족적 계통은 진한이지만 변한의 교역망에 속해 있었기 때문에 이후 가야의 한 나라로 발전하였다고 하는 설명 역시 따르기 어렵다. 불사국이 창녕이라는 전제를 배제하고, 어디까지나 『삼국지』 한전 안에서 보면 3세기 전반 진한으로 분류되었고 진한 교역권 안에 있었던 나라이다.

위에서 제시한 선행 연구와는 다른 관점이지만, 진왕에 대한 해석은 마한 조의 진왕과 진·변한 조의 진왕을 별개로 보며, 진·변한 조의 진왕은 '진한의

---

34) 白承玉, 2003, 앞의 책, pp.233~240.

35) 金廷鶴, 1983 「加耶史의 硏究」 『사학연구』 37, p.30 ; 金泰植, 1993 『加耶聯盟史』, 一潮閣, p.45.

왕'이고, 실체는 사로국의 왕으로 보는 견해가 우세하다.[36] 즉 불사국을 비롯한 진한 12국이 정치적 또는 외교적으로 사로국의 왕에게 속해 있다고 보는 것이다. 진왕에 대한 이와 같은 이해 방식에 불사국을 창녕에 비정하는 견해를 접목해 볼 경우, 더욱 납득하기 어려운 상황이 된다.

『삼국지』 한전의 시대적 배경은 3세기 전반으로, 진왕 기사 역시 그즈음의 정황으로 여겨진다. 그 시기 창녕 지역에 있는 소국이 과연 경주에 있는 사로국 왕에게 속해 있었다고 할 수 있을까? 이 또한 실재의 역사로 상정하기 어려운 가정이다. 비화가야의 역사로 전개되는 것도 그러하거니와 사로국 즉 신라가 창녕 지역에 진출한 시기 역시 4세기 후반 이후로 설정되기 때문이다.[37]

진한 불사국을 창녕 지역에 비정할 경우 『삼국지』 한전의 전반전인 역사 해석에 어려움이 따르며, 그곳이 경남 지역 안에서 가야의 한 나라로 부상하는 후대의 정황과도 맞지 않는다. 이를 설명하기 위한 몇몇 가설이 제시되었지만 충분한 설득력을 갖추었다고 보기 어렵다. 문헌에 바탕한 역사 해석과 전반적인 역사 인식보다는, '비사·비자=불사'의 음상사에 입각한 위치 비정이 우선시 되었고 그에 맞추어 역사 해석이 이루어진 듯한 느낌이다.

사실 창녕 불사국 설은 비사벌·비자화에 대한 고찰 즉, 창녕의 지역사에 초점이 맞추어진 연구의 지엽적인 논지에서 시작되었다. 그런데 그것이 비판 없이 답습되면서 통설로 굳어진 것이다. 따라서 불사는 비사와 발음 및 표기

---

36) 千寬宇, 1989 『古朝鮮史·三韓史研究』, 一潮閣, pp.234~240 ; 文昌魯, 2004 「『三國志』 韓傳의 '辰王'에 대한 理解方向」 『한국학논총』 26, pp.15~23 ; 박대재, 2006 『고대한국 초기국가의 왕과 전쟁』, 경인문화사, pp.196~197 ; 이부오, 2012 「中國 史書의 서술 맥락을 통해 본 ≪三國志≫ 韓條의 辰韓과 辰王」 『신라사학보』 26, pp.147~148.

37) 신라의 창녕 지역 진출과 그에 따른 비화가야 멸망 시점에 대한 諸家의 견해는 다음의 연구를 참조한다. 박천수, 2019 『비화가야』, 진인진, pp.7~19.

가 비슷하다는 시각과 불사국이 창녕이라는 통설을 잠시 내려놓고, 불사국 그 자체에 중점을 두어 살펴볼 필요가 있다.

『삼국지』 한전에 열거된 국명 안에서 '不斯'는 진·변한 24국의 불사국 외에도 마한의 '速盧不斯國'과 '不斯濆邪國'에서도 확인된다. 이를 통해서 보면 '불사'는 하나의 지명 형태소로 볼 여지가 있다. 마치 마한 50여 국 중에 '△△卑離國'과 '卑離國'이 있듯이 불사국 또한 그런 식의 지명으로 볼 수 있다. 그렇다면 '불사'는 고유의 지명 뒤에 붙거나 그 자체로 하나의 지명이 된 지명 형태소로 파악해야 한다.

굳이 比斯伐·比自火와 다시 비교해 보자면, 뒤에 붙은 伐·火가 지명 형태소이므로 불사는 비사·비자가 아니라 벌·화에 해당한다. 벌·화는 널리 알려진 바와 같이 신라의 지명에 자주 쓰이는 들판의 뜻을 가진 형태소이며, 본래는 '불', '발'의 발음으로 '弗'로 쓰이기도 한다. 그렇다면 불사국의 '不'과 또 음이 통한다. 그리하여 '불사'의 '不'을 '伐'·'夫里'와 같은 발음, 같은 의미의 지명 형태소로 보기도 한다.[38] 그리고 그 경우 불사의 '斯'는 城을 뜻하는 일본어 '시로(シロ)'와 발음의 유사함을 들어 성의 의미를 지녔을 가능성을 제기한다.

한편, 마한 속로불사국의 불사는 김포 월곶의 옛 이름 '別史', 불사분야국의 불사는 순천 낙안의 옛 이름 '分嵯' 또는 '夫沙'와의 음상사에 따라 각각 그곳에 비정하는 견해가 있다.[39] 더하여 불사는 『삼국사기』에 등장하는 '夫斯'·'夫沙'·'伏斯'와도 발음의 유사함이 거론된 바 있는데,[40] 이를 표로 정리하여 제시하면 표 2와 같다.

나물이사금 21년(376)의 부사군은 다른 기사에 등장하는 바 없고, 지리지 三國有名未詳地分에 수록된 바와 같이 연혁 및 위치를 알 수 없다. 지리지에

---

38) 兪昌均, 1983 『韓國 古代漢字音의 硏究』II, 계명대학교 출판부, pp.65~66.

39) 千寬宇, 1989, 앞의 책, 411·418쪽.

40) 千寬宇, 1991, 앞의 책, 91~92쪽.

표 2. 『삼국사기』의 夫沙 · 夫斯 · 伏斯

	수록 편목	기사 내용	위치 비정
1	신라본기 나물이사금 21년	秋七月, 夫沙郡進一角鹿, 大有年.	모름.
2	지리지 백제 熊川州	分嵯郡[一云夫沙]	순천 낙안
3	지리지 신라 漢州 取城郡	松峴縣, 本高句麗夫斯波衣縣	평안남도 중화
4	지리지 신라 朔州 井泉郡	松山縣, 本高句麗夫斯達縣	함경남도 문천
5	지리지 고구려 牛首州 斤平郡	深川縣[一云伏斯買]	경기도 가평

등장하는 부사는 분차와 같은 발음 다른 표기로 판단되며, 오늘날 순천 낙안
과 보성 벌교 일대에 비정된다. 앞서 언급한 바와 같이 마한 불사분야국 그리
고 백제 弗斯侯의 불사와 같은 곳으로 판단한다. 그리고 부사파의·부사달·복
사매는 본래 고구려계 지명인데, 신라에서 漢化된 이름에 견주어 보면 夫斯는
松, 伏斯는 深의 뜻에 해당한다.[41]

　　나물이사금 21년 조에 등장하는 부사와 백제 분차군의 다른 이름 부사는
『삼국지』 한전에서 마한과 진한 국명 중에 함께 등장하는 '불사'에 제법 견주
어 볼 만하다. 다만 신라본기에 등장하는 부사군은 실체가 불분명하여 더는
설명할 방법이 없다. 고구려계의 땅 이름 부사와 복사는 비록 발음은 유사하
지만, 다르게 漢化·訓借 되어 같은 계열의 지명이라 보기 어렵다. 다만 같은
음의 이름으로 판단되어 함께 뽑아 보았다. 이를 통해 보면 부사·복사는 삼국
공통으로 땅 이름에서 종종 확인되므로, 이 또한 『삼국지』 한전의 '不斯'와 연
결해 볼 수도 있다.

　　불사의 지명이 어떠한 원리이며, 진한의 불사국이 어디인지 명확히 하기
는 어렵다. 다만, '비사'·'비자'와의 음상사보다는, '불사' 또는 '불'을 하나의 지
명 형태소로 볼 수 있으며, 『삼국사기』에 등장하는 '夫沙'와 오히려 발음의 유
사함이 더 짙다는 점을 밝혀 두고자 한다.

---

41) 朴炳采, 1990 『古代 國語學 研究』, 古代民族文化研究所, pp.189~190.

3. 3~4세기의 정황

1) 지형과 물질자료

삼한시대 창녕의 지역사를 살필 수 있는 문헌 사료는 제한적이다. 하나의 실마리가 될 수 있었던 불사국마저 창녕에 비정할 수 없다면 더욱 어려운 일이다. 따라서 근래에 축적된 물질자료와 그에 관한 고고학계의 연구를 참고하지 않을 수 없다. 그것을 살펴보기에 앞서 창녕의 지리적 정황을 간략히 알아보고 가겠다.

창녕 지역은 동북쪽으로 비슬산(1,083m)·천왕산(619m)·화왕산(757m)·관룡산(753m)·영취산(739m)이 이어져 있고, 서남쪽으로 그 산에서 구릉과 하천이 뻗어 내려와 평야를 이루고 낙동강에 다다른다. 고대의 무덤 및 생활 유적 역시 그 구릉과 평야에 위치한다. 그리하여 창녕 지역은 동북쪽에 있는 높은 산줄기로 인해 진한의 중심지라 할 수 있는 경주-영천-경산-대구 지역과 가로막혀 있다. 반면 서남쪽은 낙동강 맞은편으로 변한과 가야의 중심지라 할 수 있는 김해-함안-합천-고령을 마주 보며 열려 있는 지세이다. 더하여 낙동강·남강 수운을 이용하여 합천·함안·창원·김해 등의 변한·가야 나라들과 쉽게 연결된다. 즉 동북쪽의 진한과는 막혀 있고 서남쪽의 변한에는 열려 있는 형국이다. 따라서 창녕 지역에 있었던 정치체는 지형상 변한·가야의 나라들과 더욱 밀접한 관계를 맺을 수밖에 없었다.[42]

한편, 낙동강을 일종의 교통수단으로 본다면 창녕 지역은 김해·창원·함안 일대와 고령·대구·성주 일대를 남북으로 이어주는 길목에 자리한다. 더하여 대구·달성에서 남쪽으로 낙동강을 타고 내려오면 현풍을 거쳐 창녕으로 이어진다. 그러한 점에서 보면 동북쪽의 진한과 완전히 차단된 지형이라 할

---

42) 박천수, 2019, 앞의 책, pp.31~37.

수 없고, 오히려 북쪽으로 달성·대구와 연결되어 진한과 변한이 만나는 접경이라 할 수도 있겠다. 그리하여 『삼국지』 한전에 기술된 "雜居"의 공간으로 종종 비정된다.

그러나 전반적인 지리적 정황은 남서쪽의 변한·가야에 열려 있고 그 권역으로 볼 수밖에 없다. 이는 창녕 지역이 비화가야로 일컬어지고, 『일본서기』 신공기에서 比自㶱이 가라 7국 중 하나로 열거된 기록을 통해서도 짐작해 볼 수 있다. 물론 낙동강을 기준으로 동쪽은 진한이고 서쪽은 변한이라 한다면,[43] 창녕은 진한에 해당한다. 그러나 변진 독로국과 미리미동국이 낙동강 동쪽의 부산과 밀양에 비정되는 사례에 비추어 보면,[44] 단순히 낙동강 하나로 구별되었다고 잘라 말할 수 없다. 더하여 대구·달성 지역에서 풍부하게 발견되는 삼한 시기의 물질자료가 현풍·창녕으로 이어지는 양상 또한 확인되지 않는다. 진·변한 '雜居' 공간으로 설정할 수도 있겠지만, 적어도 그 지역에 있던 나라가 변한이 아닌 진한의 나라들과 함께하거나 진한으로 분류되었다고 보기는 어렵다.

『삼국지』 한전에 기재된 국명의 위치 비정은 후대의 국내 문헌에 등장하는 지명과 유사함을 찾는 음운학적 방법이 첫 번째라면, 그다음은 유물·유적의 현황을 고려하는 것이다. 근대 이후 발굴조사는 계속되어 왔고 많은 자료와 연구가 축적되어 전체의 맥락과 지역별 비교가 가능하게 되었다. 그에 따라 물질자료에 바탕한 위치 비정은 더욱 용이하게 되었고, 결정적 설득력을 갖출 수 있는 요소로 작용할 것이라 예상한다.

창녕 지역의 유적 조사는 일제강점기 조선총독부에서 교동 고분을 발굴

43) 백승옥, 2010 「변·진한 및 가야·신라의 경계-역사지도의 경계 획정을 위한 試考-」 『한국고대사연구』 58, p.67.

44) 金泰植, 1997 「가야연맹의 형성」 『한국사』 7, 국사편찬위원회, pp.328~329 ; 국립김해박물관, 2017 『밀양』 ; 유우창, 2019 「고대 부산지역 정치체의 성격 -독로국을 중심으로-」 『한국고대사연구』 95.

하면서 시작되었다. 그리고 그때부터 그 지역의 유물·유적은 창녕에 불사국을 비정하는 하나의 방증 자료로 언급되었다. 그 뒤 1960년대 후반부터 간헐적인 소규모 발굴이 다시 시행되었지만, 1990년대에 이르러 본격적인 발굴 및 전체적인 현장 조사가 이루어지기 시작하였다.[45] 2011~2012년 정밀지표 조사 결과 모두 217기의 가야·신라 시기 무덤이 분포하는 것으로 확인되었고, 그 이전 유적 분포도에 표시되어 있으나 흔적을 알 수 없는 것과 이후 추가 발견된 것을 합하면 창녕 지역에는 전체 320여 기 정도의 고분이 있었던 것으로 추정한다.[46]

현재까지 발굴 조사된 유적은 4세기 후반 이후의 가야·신라의 고분이 월등히 많으며, 고고학계의 연구 또한 4세기 후반부터 6세기까지의 고분과 토기를 대상으로 한 비화가야의 역사적 실상 그리고 신라의 창녕 지역 진출 및 영역화에 대한 논의가 주를 이룬다. 그러나 이 글은 삼한에서 가야로 넘어가는 과도기를 논하므로, 4세기 이전의 청동기와 초기 철기 시대의 유물·유적을 살펴보아야 하겠다.

청동기시대의 유적은 먼저 고인돌을 들 수 있는데, 창녕의 경우 장마면 유리 고인돌이 유명하다. 오늘날까지 제모습을 유지하며 문화재로 지정된 것은 단 하나이지만, 조사된 바에 의하면 그 일대에 10개 정도의 고인돌이 모여 있었다고 한다. 그 밖에 계성면 광계리, 부곡면 청암리, 영산면 죽사리, 도천면 도천리 등에서 고인돌군이 조사되었고, 그 고인돌 유적에서 무문토기 및 마제석부·석검 등의 유물이 소수 확인되었다고 한다.[47] 또 부곡면 사창리 유적에서는 청동기시대 유구 24기가 확인되었는데, 주로 석곽묘로 고인돌의 하

45) 국립가야문화재연구소, 2015 『창녕 교동 88호분 발굴조사보고서』, pp.22~25.
46) 정인태, 2018 「고분 축조기법으로 보는 창녕 교동과 송현동고분군의 성격」 『문물연구』 34, p.37.
47) 嶺南大學校 博物館, 1991 『昌寧 桂城里 古墳郡』, pp.25~26.

부구조일 가능성이 제기되었다.[48)

이와 같은 고인돌 유적은 종종 삼한 시기 국가의 존재를 증명하는 유물로 언급되기도 한다. 창녕 지역 고인돌 역시 불사국의 존재를 방증하는 자료로 제시된 바 있다.[49) 고인돌은 청동기시대 대규모의 우월한 집단이었음을 보여 주는 증거라 할 수 있지만, 그 주민집단 및 초기 형태의 국가가 그곳에서 계속 성장·발전하여 2~3세기 삼한의 나라로 이어졌다고 장담할 수는 없다. 청동기시대의 고인돌을 3세기에 채록된 삼한의 국가와 직접 연결해 보기는 어렵다.[50)

창녕 지역에서 발견된 삼한시대의 물질자료는 먼저 이방면 초곡리에서 조사된 덧널무덤(木槨墓) 유적을 들 수 있겠다. 초곡리 유적에서 덧널무덤은 모두 10장 조사되었고, 그 안에서 껴묻거리로 굽다리긴목항아리(臺附長頸壺), 두귀달린항아리(兩耳附壺), 굽다리항아리(臺附壺), 짧은목항아리(短頸壺), 쇠창(鐵矛), 화살촉(鐵鏃), 쇠도끼(鐵斧) 등이 발견되었다고 한다. 무덤의 형식과 껴묻거리의 생김새로 볼 때 3세기 중반에서 4세기 전반의 유적으로 판단한다.[51) 초곡리에서 조사된 덧널무덤은 그간 창녕 지역에서 좀처럼 발견되지 않는 삼한 시대의 유적이라는 점에서 많은 관심을 받았다.

그밖에 도천면 도천 유적에서는 민무늬토기 류의 항아리 아래 부분 조각, 쇠뿔잡이 조각(牛角形把手) 4점, 圓形粘土帶土器 주둥이 부분 조각, 석기, 골각기 등이 발견되었는데, 유적은 대체로 서기전 4세기부터 서기 2세기 사이로 파악한다. 유어면 광산 유적에서는 와질토기 류의 짧은목항아리와 시루 등의

---

48) 우리문화재연구원, 2010 『昌寧 社倉里 遺蹟』, p.25.

49) 이영식, 2016, 앞의 책, pp.711~716.

50) 金泰植, 1993 『加耶聯盟史』, 一潮閣, p.77 ; 권오영, 2010 「馬韓의 종족성과 공간적 분포에 대한 검토」 『한국고대사연구』 60, p.19.

51) 한국문화재단, 2019 『창녕 초곡리 1002번지 유적(2017년도 소규모 발굴조사 보고서 XXⅢ)』.

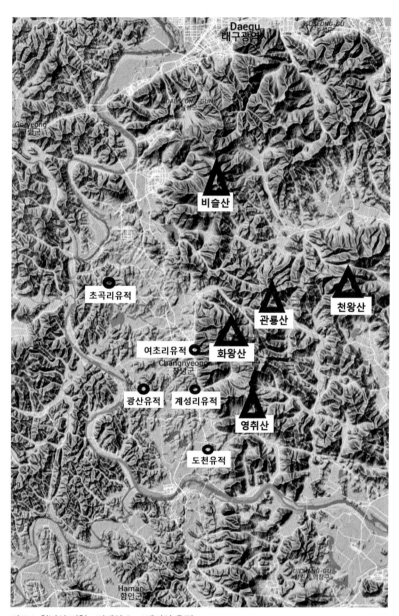

지도 1. 창녕의 지형·지세와 3~4세기의 유적

조각이 소수 발견되었는데, 이에 대해서는 4세기의 유적으로 추정한다. 그리고 창녕읍 여초리의 토기 가마터 역시 4세기부터 활용된 생활 유적이라 할 수 있다.[52] 마지막으로 계성면 계성리 유적의 연질토기, 시루, 마한계 四柱式 집터, 일본열도의 하지키계 토기 또한 4세기의 유물·유적으로 들 수 있다. 더하여 사주식 집터와 하지키계 토기는 마한계 주민과 倭人의 거주, 그리고 그 지역이 교역의 거점이었음을 추정케 한다.[53]

대략 4세기 이전의 유물·유적은 여기까지이며, 그 뒤 4세기 후반 이후는 앞 시기와 비교할 수 없을 정도로 매우 많은 고분과 거기서 발견되는 토기·철기 및 금제 장신구 등의 물질자료가 조사되었다. 이와 같은 창녕 지역의 고고학 발굴조사 성과를 통해서 보면, 1~3세기의 물질문화는 상당히 빈약한 편이다. 경상도 지역 진·변한의 가장 대표적 물질문화라 한다면 와질토기를 부장한 널무덤(木棺墓)이다. 차후 고고학 발굴조사가 더욱 진척되면서 새롭게 확인될 수도 있겠지만, 창녕 지역의 경우 1~3세기에 해당하는 와질토기와 널무덤이 조사되었다고 보고된 사례도 찾아보기 어렵다.

청동기시대의 많은 고인돌과 4세기 후반 이후의 풍부한 고분 유적에 비추어 볼 때, 그사이에 해당하는 1~3세기 삼한 시대의 물질자료는 공백이라 할 만하다.[54] 청동기시대 고인돌을 만든 사람들이 세대를 거듭하며 계속 그곳에서 살았고, 4세기 후반 고분을 만드는 사람들로 이어졌다고 보기 어렵다. 더하여 삼한 시대 들어 새로운 문화의 유입과 같은 주민의 교체는 더욱 상정하기 어려운 가설이다. 모든 주민집단이 완전히 사라졌다고는 할 수는 없겠지만, 삼한 시기 단절을 설정하지 않을 수 없다.

52) 鄭澄元·洪潽植, 1995「昌寧군의 새로 찾은 生活遺蹟 -光山遺蹟과 道泉遺蹟-」『역사와 세계』 19, pp.3~17.

53) 박천수, 2019, 앞의 책, pp.75~79.

54) 삼한 시대(원삼국시대) 창녕 지역의 유적이 '공백'이라 함은 이미 언급된 바 있다. 嶺南大學校 博物館, 1991『昌寧 桂城里 古墳郡』, p.27.

2) 비지국과 비사벌 그리고 비화가야

진·변한 국의 존재를 비정하는 물질자료는 國邑으로 상정 가능한 토성 유적, 예를 들면 김해의 봉황대유적, 경주의 월성, 대구의 달성토성과 같은 유적이 가장 확증적이라 할 수 있다. 그러나 그러한 토성 및 대규모 주거 유적이 많지 않기 때문에 널무덤과 덧널무덤, 그리고 그 안에서 발견되는 위세품과 장거리 교역을 보여주는 유물 등이 거론된다.[55]

창녕 지역에서는 토성은 물론이고 위세품 및 장거리 교역을 보여주는 3세기 이전의 유물·유적은 거론하기 어렵다. 그러나 3세기 후반의 덧널무덤과 철제 무기류가 초곡리 유적에서 확인되고, 4세기부터 계성천 일대에서 고분과 교류의 모습을 보여주는 유적 그리고 토기 생산 유적인 여초리 토기 가마터가 확인된다. 5~6세기에 이르러서는 계성고분군과 교동·송현동고분군 등의 거대 무덤과 다수의 토기 그리고 금제 위세품까지 확인된다. 전반적으로 4세기에서 5세기로 넘어가는 시기 고분의 중심지는 남쪽의 계성천 일대에서 북쪽 화왕산 자락의 교동·송현동으로 옮겨가는 양상이다.

3세기 후반 초곡리에서 덧널무덤을 만들던 사람들이 계성 그리고 교동·송현동 고분을 만드는 사람으로 이어진다고 하기에는 어려움이 있다. 그러나 3세기부터 창녕 지역에 주민집단 및 정치체를 상정해 볼 수 있고, 점차 다수의 집단으로 그리고 규모가 확대되어 가는 양상은 분명하다. 그 주민집단 및 정치체를 문헌에 등장하는 대상에 연결해 보고자 한다.

먼저, 『삼국지』 한전에 비추어 볼 때 진·변한 24국 중 하나의 나라에 비정하기는 어렵지만, 그와 함께 진·변한을 구성하였던 "諸小別邑"에 견주어 볼 수 있지 않을까 한다.[56] 이때의 '別邑'은 앞서 마한 조에 등장하는 별읍과 같이

---

55) 이성주, 2017 「辰弁韓 '國'의 形成과 變動」 『영남고고학』79, pp.38~40.

56) "(辰韓)始有六國, 稍分爲十二國, 弁辰亦十二國, 又有諸小別邑, 各有渠帥." (『三國志』卷

蘇塗가 있는 제의의 중심 읍락으로 보는 견해가 있다.[57] 그러나 진·변한 조의 문맥 안에서 보면 진한과 변한 각각의 12국과 더불어 그것에 포함되지 않은 진·변한 권역 여러 곳에 산재한 별도의 邑落 및 小國을 말하는 것으로 풀이함이 적절하다고 판단한다.[58]

"제소별읍"이 등장하는 구절은 종교·풍속에 대한 설명이 아니라, 진·변한을 구성하는 여러 나라 및 읍락 그리고 정치적 수장을 설명하는 내용이다. 진·변한 권역에 각각 그것도 똑같이 12개의 나라만이 있었다고 보기는 어려운 일이다. 그 외에도 여러 독립적인 정치체가 있었을 것이다. 따라서 별읍은 24국 외의 '별도의 읍락'으로 소국 및 읍락과 같은 일반 취락 집단을 말하며, 상황에 따라 다르게 쓰인 용례로 판단한다. 그러한 관점에서 볼 때 창녕 지역, 그 중에서도 유적의 연대가 3세기 중반까지 내려가는 초곡리 덧널무덤의 경우 "제소별읍" 중 하나의 별읍으로 볼 수도 있겠다.

초곡리 유적을 비롯하여 시기적으로 이른 광산 유적과 도천 유적은 공통적으로 낙동강 본류와 5㎞ 내외의 매우 가까운 거리의 구릉에 있다. 지형의 변화 또는 경작지 조성 등으로 인해 유적이 없어졌거나 아직 발견되지 않았을 수도 있겠지만, 이들 유적만 놓고 보면 삼한시대 낙동강 江岸을 따라 소소한 주거 공동체가 산발적으로 분포하고 있었음을 상상해 볼 수 있다. 그러나 보고된 자료가 소략하여 교류 관계 및 그 밖의 동향에 대한 자세한 고찰은 어렵다.

다음으로 『삼국사기』를 통해 살펴보면 비자화·비사벌 이전 '比只國' 또한 연결시켜 살펴볼 대상이다.[59] 신라는 파사니사금 29년(108) 병사를 보내 비

---

30 魏書烏丸鮮卑東夷傳 第30 韓)

57) 盧重國, 1989 「韓國古代의 邑落의 構造와 性格-國家形成過程과 관련하여-」 『대구사학』 38, p.17 ; 박대재, 2018 「삼한의 국읍과 구야국」 『김해 봉황동유적과 고대 동아시아-가야 왕성을 탐구하다-』, 인제대학교 가야문화연구소, pp.64~66.

58) 千寬宇, 1989, 앞의 책, p.226.

지국·多伐國·草八國 쳐 병합하였다고 한다. 다벌국과 초팔국은 낙동강을 사이에 두고 창녕과 마주 보는 합천 지역에 비정된다.[60] 비지국은 비사·비자와의 음상사뿐만 아니라 그들 나라와 함께 열거됨을 통해서 볼 때도 창녕 지역에 있었던 나라였음을 알 수 있다.

그러나 신라가 108년 창녕과 더불어 합천 지역까지 병합했다고 보기는 어려운 일이다. 그리하여 6세기 중엽 대가야와 아라가야를 병합한 사실을 소급한 것으로 파악한다.[61] 즉 창녕 지역을 필두로 하여 고령 대가야까지 멸망시킨 사적이 정리된 것이라 한다. 또는 신라의 3세기 이후 영토 확장이 초기 기사에 들어간 『삼국사기』의 여러 사례 중 하나로 볼 수도 있겠다.[62] 비지국·다벌국·초팔국이 언제 신라에 복속되었는지에 대해서 별도로 하고, 여기서는 그 기사를 통해 신라에 복속되기 이전 창녕 지역에는 '비지국'이라는 나라가 있었다는 전승만을 취하고자 한다.

한편, 이와 관련하여 신라본기 초기 기사에 등장하는 국명은 『삼국사기』 찬자가 3세기 이전에 신라가 주변 소국을 복속한 정황을 기술하는 과정 중에 후대의 지명에 '국'을 붙여 인위적으로 쓴 것이라는 견해가 있다.[63] 그에 대한 비판적 검토가 수행되어야 비지국이라는 국명의 실존성을 확보할 수 있으므로 잠시 살펴보고 가겠다.

그 논의는 『삼국지』 한전의 국명과 『삼국사기』 초기 기사의 국명이 일치하지 않는 사정을 합리적으로 이해하고자 하는 차원에서 진행되었다. 그러나 이를 『삼국사기』만의 문제로 치부하여 그 안에서 이유를 찾는 것은 적절한 방법이라 생각하지 않는다. 『삼국지』 한전은 중국사의 일환으로 그들이 교류

---

59) "遣兵伐比只國·多伐國·草八國幷之."(『三國史記』卷1 新羅本紀 婆娑尼師今 29년)

60) 비지국·다벌국·초팔국의 위치 비정은 白承玉, 2003, 앞의 책, pp.250~251.

61) 宣石悅, 2001 『新羅國家成立過程研究』, 혜안, p.128.

62) 전덕재, 2018 『三國史記 본기의 원전과 편찬』, 주류성, pp.521~522.

63) 이희준, 2007 『신라고고학연구』, 사회평론, pp.187~190.

한 나라를 수록한 것이고, 『삼국사기』는 어디까지나 국내 고유 기록으로 신라 본기의 경우 신라 발전의 역사를 정리한 것이다. 애초 관점과 서술 대상이 달랐음을 먼저 염두에 두어야 하겠다. 또 한편으로, 『삼국지』 한전에 등장하는 나라 중에는 신라에 복속되기 이전에 스스로 사멸하거나 다른 곳으로 옮겨가 이름을 달리하는 예도 있었을 것이다.

4세기 이전까지 사로국 주변에는 많은 나라가 있었고, 그 나라들 역시 각각의 정체성과 국명이 있었다. 그 나라들의 국명과 병합의 사정은 신라의 역사 편찬과 舊三國史에서 이미 정리되었을 가능성도 있다.[64] 즉 『삼국사기』 편찬 과정에서든, 구삼국사 편찬 과정에서든, 아니면 그 이전 신라의 자국사 편찬 중에 사로국에 이웃한 여러 나라 및 신라가 병합한 나라들에 대한 기록 또한 신라사에 하나의 조각으로 들어가 오늘날 우리에게 그 존재를 보여주는 것이다.

그러한 관점에서 본다면, 비지국은 창녕 지역의 주민집단이 세력화하여 정치체를 이루고 국가단계에 이르렀을 때의 이름으로 상정해 볼 수 있겠다. 나아가 비지국의 등장을 물질자료의 전개 과정에 대입해 보면 초곡리 덧널무덤, 여초리 토기가마터, 계성리 유적이 만들어지는 4세기부터 계성·교동·송현에서 거대한 무덤이 축조되는 5세기에 상정해 볼 수 있다.[65]

그렇다면 비자벌·비자화·비사벌은 비지국과 어떠한 차이가 있을까? 비자벌 등은 신라가 창녕 지역을 영토로 넣은 뒤 郡의 이름으로 한 것에서 주로 나타난다. 신라가 이웃의 나라를 복속시킨 뒤 그 국명을 약간 변형하여 주·군·현의 이름으로 삼는 경우는 다른 예에서도 확인된다. 가령 多伐(多羅)國을

---

64) 김부식의 의도적 변개에 대한 부정과 기록의 보존에 대한 논의는 다음의 연구가 참고된다. 이강래, 2007 『삼국사기 형성론』, 신서원, pp.254~261.

65) 5세기 창녕 지역에서 만들어지는 거대 무덤에 대해서는 다음의 연구가 참고된다. 하승철, 2014 「토기와 묘제로 본 고대 창녕의 정치적 동향」 『영남고고학』 70, pp.155~159 ; 박천수, 앞의 책, pp.41~130.

大耶州로, 伽落(駕洛)國을 金官郡으로, 古史浦(古嵯)國을 古自郡으로 쓴 사례를 들 수 있다. 따라서 비자벌 등은 신라가 비지국을 점령하고 해체한 뒤 그 지역을 자신들의 방식으로 새롭게 쓴 지명으로 보아야 하겠다. 즉 비지국은 창녕에 있던 정치제가 자칭한 이름이 신라를 거쳐 『삼국사기』에 전해진 것이라면, 비자벌 등은 신라가 군의 이름으로 삼으면서 전해진 지명으로 볼 수 있겠다.

신라가 창녕 지역으로 진출하여 그곳에 있던 나라를 복속하고 영역화하는 과정 및 그 시기에 대해서는 연구자에 따라 견해의 차이가 크다.[66] 그에 대한 논의는 이 글의 주제에서 벗어나는 사항이며, 살펴볼 수 있는 지면과 여력 또한 부족하다. 다만 『삼국사기』 기록을 놓고 보면 진흥왕 16년(555)에 신라의 비사벌·비자화군인 상태에서 州로 승격되는 사실만이 확인되므로,[67] 그 이전에 이미 신라의 비사벌·비자화가 되었음을 알 수 있을 뿐이다. 비지국이 언제 멸망하여 신라의 비사벌·비자화군이 되었는지는 정확히 짚어내기 어렵다. 더하여 비지국 멸망 이전부터 비지국이라는 대내외적이며 공식적인 국명과 비사벌·비자화라는 고유의 통속적인 지명이 함께 쓰였을 가능성도 상정해 볼 수 있겠다.

한편, 이를 『삼국사기』의 사료적 측면에서 보면, 신라가 창녕 지역으로 진출하여 비지국을 멸망시키고 비자벌군으로 하여 영토로 다스리는 일련의 과정을 파사니사금 29년(108) 비지국 병합 기사와 진흥왕 16년(555) 비사벌에 주를 두었다는 두 기사로 처리하였으니, 소략하며 왜곡되었다 하지 않을 수 없다.

왜곡이라 하면 『일본서기』에서 比自㶱이 등장하는 기사 또한 그에 못지

---

66) 이에 대한 諸家의 견해는 다음의 연구에 잘 정리되어 있다. 이성주, 2012 「고대 창녕 지역집단의 고고학적 논의」 『군사연구』133, pp.15~16 ; 박천수, 앞의 책, pp.7~20.

67) "春正月 置完山州於比斯伐," ; 卷34 雜志 제3, "火王郡, 本比自火郡[一云比斯伐], 眞興王 十六年置州, 名下州."(『三國史記』卷4 新羅本紀 第4 眞興王 16년)

않다. 신공기 49년(249)에는 荒田別·鹿我別이 군대를 이끌고 바다를 건너와 比自烌·南加羅·喙國·安羅·多羅·卓淳·加羅 이렇게 일곱 나라를 평정했다고 한다.[68] 이 기사를 3세기 중반의 사실로 보기에는 정황상 합리적이지 못하므로, 2주갑(120년) 내려 백제의 사적으로 보거나, 3주갑 내려 5세기 전반 倭五王 때의 일로 보는 견해도 있다. 신공기 49년 기사 또한 어떻게 만들어졌고 어떠한 사실이 내재해 있는지 명확히 하기 어렵다. 그보다 이 글에서는 열거된 7국의 국명 중 '남가라'와 '가라'라는 명칭에 집중해 보고자 한다.

'가라'는 본래 김해의 가락국·구야국의 다른 표기이다. 그러나 그 나라가 세력을 잃고 상대적으로 고령의 대가야가 커지면서 가야의 대표 나라가 되자, '가라'는 고령의 대가야, '남가라'는 남쪽에 있는 김해의 금관가야를 일컫는 명칭이 된다.[69] 더하여 '南蠻 忱彌多禮'의 예와 같이 백제 또는 신라에 의해 지칭된 용어로 보아야 하겠다. 고령의 대가야가 가야권 안에서 김해의 금관가야를 대신하여 대표국가로 부상한 시기는 5세기 후반으로 판단된다.[70] 따라서 '남가라'·'가라'와 함께 열거된 '비자발' 역시 5세기 중반 이후 백제 또는 신라가 일컬은 명칭으로 보아야 하겠다.

마지막으로, 고대 창녕 지역은 가야의 한 나라로써 '非火加耶'라 일컬어지기도 하였다. 비화가야는 『삼국유사』 5가야 조에 등장하는데, 그 기록은 羅末麗初의 시대적 배경과 그 시대의 인식에서 만들어진 것으로 판단된다.[71] 즉 나말려초에 다시 가공된 인식이며, 『삼국유사』에서 최종 정리되어 오늘날 우리가 접하는 것이다. 비화가야 역시 신라에 복속되기 이전의 단계이므로, 『삼

---

68) "春三月, 以荒田別·鹿我別爲將軍, 則與久氐等, 共勒兵而度之. … 因以平定比自烌·南加羅·喙國·安羅·多羅·卓淳·加羅七國. 仍移兵西廻至古爰津, 屠南蠻彌多禮, 以賜百濟." (『日本書紀』卷第9 神功 49년)

69) 田中俊明, 2009 『古代の日本と加耶』, 東京: 山川出版社, pp.48~49.

70) 金泰植, 1993, 앞의 책, pp.105~113.

71) 金泰植, 1993, 앞의 책, pp.72~80.

국사기』에 수록된 비지국과 같은 실체라 할 수 있겠다. 하지만 앞서 살펴본 바와 같이 비지국은 신라와의 직접적인 관계 속에서 수록된 것이므로, 오히려 그 이름이 더 원본에 가깝다. 그리고 『삼국사기』의 그 관점에서 본다면, 고대 창녕 지역은 비화가야가 아닌 비지국이었고 신라가 그 나라를 복속한 뒤에는 그 땅을 비사벌·비자화라 일컬었던 것이다.

4. 맺음말

이 글은 삼한에서 가야로 넘어가는 시기 창녕 지역의 역사적 정황을 살피는 취지에서 작성되었다. 그런데 정작 삼한 시기 창녕 지역에 있었던 나라로 여겨지는 불사국을 부정하였고, 비화가야가 아닌 비지국에 주목하였다.

『삼국지』 한전에 등장하는 불사국을 창녕 지역에 비정하는 통설은 일제강점기 일본 연구자의 음운학적 추정에서 시작되었고, 그 가설이 비판 없이 고착된 측면이 크다. 그리고 후대의 연구에서는 오히려 그것에 기대어 더욱 풍부한 역사 해석이 이루어지기도 하였다. 고대의 한자음에 관한 연구 성과를 참조하여 다시 자세히 들여다보면, 초기의 음운학적 해석을 전적으로 신뢰하기 어렵다. 더하여 불사국의 '不斯'는 『삼국사기』에서 '比斯·比自'보다는 '夫沙·夫斯·伏斯'와 더 가까우므로 그와 연결해 봄이 적절하다.

애초 창녕 지역은 지리적으로 변한·가야 권역에 들어가므로, 진한의 불사국을 상정하기에는 어려움이 따른다. 이글은 거기서부터 문제의식을 갖고 선행 연구를 비판적으로 바라보았다. 그 결과 고대 창녕 지역은 진한의 불사국이 아니라, 변한·가야 권역이며 실질적 이름을 찾아보자면 '비지국'으로 비정함이 합리적임을 주장하였다.

하지만 창녕 지역이 변한·가야의 권역이라는 것 또한 공식화된 하나의 선입견에 불과하므로, 이 글 또한 그에 바탕한 아전인수 격의 논지 전개라는 비판이 가능하다. 先學諸賢의 질정과 더욱 풍부한 논의를 거쳐 다시 수정되거나 보완될 수 있다고 생각한다.

한편, 이 글에서는 삼한 시대 창녕 지역의 역사에 대해 단절·공백을 말하였다. 물론 그 시기 내내 주민집단이나 소국의 존재 자체를 전적으로 부정하지는 않는다. 애초 문헌 자료를 통해 이 부분을 고찰한다는 것은 불가능한 일이므로, 전반적인 물질자료의 현황을 통해 살펴보았다. 서기전 청동기시대의 고인돌, 그리고 4세기 이후의 생활·무덤 유적은 그 어떤 지역 못지않게 풍부하다. 그에 비해 1~3세기의 물질자료는 매우 빈약한 편이다. 그러한 맥락에서 1~3세기 역사적 단절을 설정해 보았고, 이는 앞에서 불사국을 부정한 논지와 상통한다.

그러나 3세기 후반부터 다시 주민의 흔적이 하나둘 나타나기 시작하여, 5세기에 이르러서는 거대한 무덤이 만들어진다. 4세기 후반 내지 5세기에 이르러서는 충분히 정치체를 상정해 볼 수 있는 수준인데, 그를 『삼국사기』에 등장하는 비지국과 연결해 보았다. 비지국은 사실상 『삼국유사』 5가야 조에 등장하는 '비화가야'와 같은 대상이다. 그러나 5가야 설정 및 그 이름은 나말여초의 인식이다. 비지국이 등장하는 기사의 연대는 믿을 수 없지만, 그 이름은 신라의 역사에 수록되어 오늘날까지 전한다. 따라서 '비화가야'보다는 '비지국'이 그들의 실질적인 이름이며 자의식에 가까웠을 것이다. '비사벌'·'비자화' 그리고 '비화' 등은 비지국이 해체된 뒤에 주로 신라에 의해 일컬어진 지명이라 할 수 있겠다.

참고문헌

1. 문헌사료

『三國史記』(정구복 외, 2012 『개정증보 역주 삼국사기』, 한국학중앙연구원)

『三國遺事』(姜仁求 外, 2002 『譯註 三國遺事』, 韓國精神文化硏究院)

『東國地理志』(한국학종합DB : http://db.mkstudy.com)

『三國志』(국사편찬위원회, 2007(복간2쇄) 『중국정사 조선전 역주』一, 신서원)

『日本書紀』(연민수 외, 2013 『역주 일본서기』, 동북아역사재단)

2. 발굴자료 및 박물관 도록

국립가야문화재연구소, 2015 『창녕 교동 88호분 발굴조사보고서』

국립김해박물관, 2017 『밀양』

嶺南大學校 博物館, 1991 『昌寧 桂城里 古墳郡』

우리문화재연구원, 2010 『昌寧 社倉里 遺蹟』

한국문화재재단, 2019 『창녕 초곡리 1002번지 유적(2017년도 소규모 발굴조사 보고서 XXⅢ)』

3. 국문논저

郭長根, 1999 『湖南 東部地域 石槨墓 硏究』, 學硏文化社

곽장근, 2019 「고고학으로 밝혀낸 전북의 가야문화」 『전북에서 만난 가야』, 대가야박물관·국립전주박물관

권오영, 2010 「馬韓의 종족성과 공간적 분포에 대한 검토」 『한국고대사연구』 60

권인한, 2009 『中世 韓國漢字音의 分析的 硏究』(資料篇), 박문사

金泰植, 1993 『加耶聯盟史』, 一潮閣

김무림, 2019 「고대국어 한자음의 기층에 대하여」 『민족문화연구』 83,

金廷鶴, 1983 「加耶史의 硏究」 『사학연구』 37

金泰植, 1997 「가야연맹의 형성」 『한국사』 7, 국사편찬위원회

남재우, 2012 「기록으로 본 고대 창녕지역의 정치적 위상」 『석당논총』 53

都守熙, 2008 『三韓語 硏究』, 제이엔씨

李在賢, 2003 「弁韓社會의 形成과 發展」 『가야 고고학의 새로운 조명』, 부산대학교 한국민족문화연구소

李賢惠, 1998 『韓國 古代의 생산과 교역』, 일조각

李炯基, 2001 「牟路國의 成立과 構造」 『가야문화』 14

李熙濬, 2005 「4~5세기 창녕 지역 정치체의 읍락 구성과 동향」 『영남고고학』 37

文昌魯, 2004 「『三國志』 韓傳의 '辰王'에 대한 理解方向」 『한국학논총』 26

문창로, 2018 「'변한과 가야' 연구의 동향과 과제」 『한국고대사연구』 89

박대재, 2006 『고대한국 초기국가의 왕과 전쟁』, 경인문화사

박대재, 2019 「변진사회의 분화와 구야국의 성장」 『한국고대사연구』 94

朴炳采, 1990 『古代 國語學 研究』, 古代民族文化研究所

박천수, 2019 『비화가야』, 진인진

白承玉, 2003 『加耶 各國史 研究』, 혜안

宣石悅, 2001 『新羅國家成立過程研究』, 혜안

선석열, 2006 「고대의 낙동강 -신라와 가야의 경계-」 『동남어문논집』 22

유우창, 2019 「고대 부산지역 정치체의 성격 -독로국을 중심으로-」 『한국고대사연구』
          95

兪昌均, 1983 『韓國 古代漢字音의 研究』 II, 계명대학교 출판부

尹龍九, 1999 「三韓의 對中交涉과 그 性格」 『국사관논총』 85

尹善泰, 2001 「馬韓의 辰王과 臣濆沽國」 『百濟研究』 34

윤용구, 2019 「馬韓諸國의 位置再論」 『지역과 역사』 43

이강래, 1987 「百濟 '比斯伐'考」 『崔永禧先生華甲紀念韓國史學論叢』, 탐구당

이강래, 2007 『삼국사기 형성론』, 신서원

이강래, 2011 『삼국사기 인식론』, 일지사

이동희, 2020 「고고 자료로 본 변한과 가야의 구분」 『가야와 주변, 그리고 바깥』, 한국
          고대사학회·주류성

李丙燾, 1937 「三韓問題의 新考察(六)」 『진단학보』 7

李丙燾, 1976 『韓國古代史研究』, 博英社

李炳銑, 1982 『韓國古代 國名·地名 研究』, 螢雪出版社

이부오, 2012 「中國 史書의 서술 맥락을 통해 본 ≪三國志≫ 韓條의 辰韓과 辰王」 『신라
          사학보』 26

이부오·하시모토 시게루 옮김, 2008 『이마니시 류의 신라사 연구』, 서경문화사

이성주, 2017 「辰弁韓 '國'의 形成과 變動」 『영남고고학』 79

이영식, 2016 『가야제국사연구』, 생각과종이

이형우, 2002 「진·변한 諸國의 位置와 存在樣態」 『진·변한사연구』, 경상북도·계명대학
　　　교 한국학연구원

이희준, 2007 『신라고고학연구』, 사회평론

전덕재, 2018 『三國史記 본기의 원전과 편찬』, 주류성

全榮來, 1975 「完山과 比斯伐論」 『마한·백제문화』 1

전진국, 2016 「三韓의 용례와 그 인식」 『韓國史硏究』 173, 한국사연구회

鄭寅普, 1946 『朝鮮史硏究』 上卷, 서울신문사

정인성 외, 2012 『嶺南地域 原三國時代의 木棺墓』, 학연문화사

정인성, 2003 「弁韓·加耶의 對外交涉 -樂浪郡과의 교섭관계를 중심으로」 『가야 고고학
　　　의 새로운 조명』, 부산대학교 한국민족문화연구소

정인태, 2018 「고분 축조기법으로 보는 창녕 교동과 송현동고분군의 성격」 『문물연구』
　　　34

鄭澄元·洪潽植, 1995 「昌寧군의 새로 찾은 生活遺蹟 -光山遺蹟과 道泉遺蹟-」 『역사와
　　　세계』 19

주보돈, 2009 「文獻上으로 본 古代社會 昌寧의 向方」 『한국 고대사 속의 창녕』, 창녕군·
　　　경북대 영남문화연구원

千寬宇, 1989 『古朝鮮史·三韓史硏究』, 一潮閣

千寬宇, 1991 『加耶史硏究』, 一潮閣

하승철, 2014 「토기와 묘제로 본 고대 창녕의 정치적 동향」 『영남고고학』 70

4. 국외논저

Bernhard Karlgren, Grammata Serica Recensa, 1957, Bulletin29, Stockholm:
　　　The Museum of Far Eastern Antiquities(1997 『漢文典』(修訂本), 上海
　　　辭書出版社: 上海 ; 漢字古今音資料庫; https://xiaoxue.iis.sinica.edu.
　　　tw)

李珍華·周長楫, 1993 『漢字古今音表』, 中華書局(漢字古今音資料庫; https://xiaoxue.iis.
　　　sinica.edu.tw)

董同龢, 1993 『漢語音韻學』, 臺北: 文史哲出版社(漢字古今音資料庫; https://xiaoxue.
　　　iis.sinica.edu.tw)

王力, 李珍華·周長楫 編撰, 1999 『漢字古今音表』(修訂本), 北京: 中華書局(漢字古今音資
　　　料庫; https://xiaoxue.iis.sinica.edu.tw)

今西龍, 1922「新羅眞興王巡狩管境碑考」『考古學雜誌』12-11

末松保和, 1954『新羅史の諸問題』, 東京: 東洋文庫

田中俊明, 2009『古代の日本と加耶』, 東京: 山川出版社

鮎貝房之進, 1931「全北全州及慶南昌寧の古名に就きて」『靑丘學叢』4, 大阪: 大阪屋號
　　書店

비사벌比斯伐의
공간과 역사적 성격

· 백승옥 ·

1. 머리말

이 글은 지난 3월 발간된 『한국고대사연구』 101호를 통해 이미 세상에 공개된 것이다. "한국고대사와 창녕"이란 제하의 특집 논문 5편 가운데 하나로 동일한 제목으로 실렸다. 여기에 다시 단행본으로 묶어 내는 것은 일반인들이 보다 쉽게 접할 수 있도록 하는 배려로 알고 있다. 발간 취지를 고려한다면 문장이나 어투도 보다 쉽게 고쳐 내어야 하지만 사정이 여의치 않아 거의 수정 없이 제출하게 되었다. 독자들의 양해를 구할 뿐이다.

창녕 지역에 대한 역사·고고학적 조사는 이미 일제 강점기에 있었다.[1] 1970년대와 80년대 초 일제 강점기 발굴 자료에 대한 소개 글이 있은 후,[2] 7~80년대 국토개발에 따른 발굴조사 성과는 창녕에 대한 연구를 가능케 하였다.[3] 창녕에 대한 전론적 연구는 1990년대 초 백승옥과 박천수에 의해 거

---

1) 조선총독부, 1917 『大正六年度古蹟調査報告』.
2) 穴澤咊光·馬目順一, 1974 「昌寧校洞古墳群 -「梅原考古資料」を中心とた谷井濟一氏發掘資料の研究-」 『考古學雜誌』 60-4. 定森秀夫, 1981 「韓國慶尙南道昌寧地域出土陶質土器の檢討」 『古代文化』 33-4.
3) 호암미술관, 2000 『昌寧桂城古墳群(上)』 ; 2000 『昌寧桂城古墳群(下)』. 경상남도, 1977

의 동시에 이루어졌다. 백승옥은 가야사 연구의 새로운 연구 방법론을 모색하던 중, 가야를 연맹체로 보던 기존설의 검토가 필요하다는 인식하에 가야가 존재했던 개별 지역에 대한 구체적 연구를 진행하였다.[4] 박천수는 창녕 지역 특유의 토기문화에 관심을 갖고 이 지역에 대한 고고학적 연구 결과를 석사 논문으로 제출했다.[5] 이형기 또한 가야 지역사 연구의 필요성을 인식하고 창녕 지역을 주목하였다.[6]

2000년대 이전까지만 하더라도 대부분의 연구자들은 고대 창녕의 정치체를 가야라고 인식하였다. 『삼국유사』 오가야조에 '비화(가야)'로 명시된 사료를 무시할 수 없었던 것이다. 그리고 오가야조를 바탕으로 한 6가야 연맹체설은 오랫동안 정설의 위치를 점하고 있었다. 교과서에서도 가야연맹체설을 바탕으로 가야사를 기록하고 오랫동안 교육되었다.

2005년, 이희준은 토기 등 이 지역의 문화양상으로 보아 창녕은 이미 4세기 대부터 신라라는 논고를 발표하였다.[7] 2009년, 창녕군과 경북대학교 영남문화연구원에서 간행한 『한국 고대사 속의 창녕』은 이러한 동향을 진전시킨 것이었다.[8] 이 책에서 문헌을 바탕으로 고대 창녕의 향방을 논한 주보돈은 가야의 일원이었던 비사벌이 신라로 편입되는 시점을 4세기 후반으로 보았다.[9]

『昌寧桂城古墳群發掘調査報告』. 동아대학교박물관, 1992 『昌寧 校洞古墳群』. 영남대학교박물관, 1991 『昌寧 桂城里 古墳群 -桂南1·4號墳-』. 부산대학교박물관, 1995 『昌寧 桂城古墳群』. 국립진주박물관, 1991 『昌寧 余草里 기와 가마터』 ; 1992 『昌寧 余草里 토기 가마터(Ⅰ)』 ; 1995 『昌寧 余草里 토기 가마터(Ⅱ)』.

4) 白承玉, 1992 「新羅·百濟 각축기의 比斯伐加耶」 『釜大史學』 15·16合輯 ; 1995 「比斯伐加耶의 形成과 國家的 性格」 『韓國文化研究』 7.

5) 朴天秀, 1993 「三國時代 昌寧地域 集團의 性格研究」 『嶺南考古學』 13.

6) 李炯基, 1994 「非火伽耶에 對한 一考察」, 영남대학교 대학원 석사 학위논문.

7) 이희준, 2005 「4~5세기 창녕 지역 정치체의 읍락 구성과 동향」 『영남고고학』 37.

8) 주보돈·김용성·이한상·조효식, 2009 『한국 고대사 속의 창녕』, 창녕군·경북대 영남문화연구원.

또한 국공립박물관에서 2010년과 2011년에 걸쳐 고대 창녕을 조명한 특별기획전시가 개최된 바 있는데, 이의 내용에서도 이러한 경향을 반영하여 전시를 기획하였다.[10]

만약 4세기 대에 창녕 지역이 신라에 복속되었다고 한다면, 축조 중심 연대가 4~6세기 대인 교동과 송현동고분군은 물론, 계성고분군, 영산고분군 모두 신라 고분으로 보아야 한다. 2011년, 부산대학교 한국민족문화연구소에서는 창녕군이 발주한 학술용역을 수행한 바 있는데,[11] 이에서는 창녕이 신라에 복속된 시기를 6세기대로 보고 있어 경북대학교에서 간행한 책의 내용과는 이견을 보이고 있다.[12]

창녕 고대사와 관련하여 가장 중요한 논점은 단연 4~6세기 대 창녕의 역사적 성격 문제이다. 2020년 10월 16일, 한국고대사학회가 주최한 학술회의, 《한국고대사와 창녕》에서 많은 연구자들이 이에 대해 주목하였다. 그러나 결론이 난 것은 아니라고 생각한다. 현재 창녕 지역에 남아있는 교동과 송현동고분군을 비롯한 계성, 영산고분군 등의 이른바 고총고분들은 대부분 4~6세기 대에 축조된 것들이다. 이들로 보아 이 시기 창녕 지역에는 이러한 건축물을 축조할 만한 유력 정치체가 존재하고 있었음에 틀림없다. 만약 신라가 창녕 지역을 복속한 시기가 4세기 무렵이라면, 이들 고분군들은 신라의 지방 세

---

9) 주보돈, 2009「文獻上으로 본 古代社會 昌寧의 向方」『한국 고대사 속의 창녕』, 창녕군·경북대 영남문화연구원, pp.48~61.

10) 국립가야문화재연구소·국립김해박물관·창녕군·고령군, 2010『비사벌』. 복천박물관·국립가야문화재연구소, 2011『비사벌의 고분문화』. 울산대곡박물관, 2011『비사벌 송현이의 기억 -창녕 송현동 고분문화』

11) 김두철 외, 2011『고대 창녕 지역사의 재조명』, 경상남도 창녕군·부산대학교 한국민족문화연구소.

12) 김두철 외, 2011 위의 책에서 김두철은 6세기 2/4분기(p.185), 홍보식은 6세기 초(p.146), 백승옥은 530~544년 사이의 어느 시점(p.228), 백승충은 6세기 전~중반(p.69)으로 보고 있다.

력이 축조한 고분군이 된다. 그렇지 않고 독자적 국명을 사용한 독립된 국가가 존재했었다면 그들이 축조한 고분군이 된다. 이는 이 시기 창녕 지역의 역사적 성격과 관련하여 중요한 문제가 될 수 있다. 지역의 정체성과도 관련된다. 본고는 이러한 문제를 해결해 보기 위해 준비되었다. 그러나 본고만으로 모든 문제점들이 해결되리라고는 생각하지 않는다. 건강한 학문적 비판을 통해 史實에 다가갈 수 있기를 기대한다.

2. 1~3세기 不斯國의 성격

고고자료를 제외하면 고대 창녕의 역사를 검토 해 볼 수 있는 문헌 자료는 많지 않다. 있다 하더라도 국명과 지역명의 표기와 약간의 정황을 알 수 있을 정도의 단편적 기록들이다. 3세기 말 중국의 陳壽(233~297)가 편찬한 『삼국지』 위서 동이전 진·변한조 기사에 보이는 '不斯國', "창녕 신라 진흥왕 척경비"에서의 '比子伐', 『일본서기』 권9, 신공기 49년조에 보이는 '比自㶱', 『三國史記』 卷1, 婆娑尼師今 29年 5月條에 보이는 '比只國', 같은 책 신라본기와 지리지에 보이는 '比斯伐'과 '比自火', 『三國遺事』 오가야조에 보이는 '非火(伽耶)' 등이다. 이 외 '上部先人~'명 대도가 교동 11호분에서 출토된 바가 있으며, 계성고분군에서는 '大干'명 토기가 여러 점 출토되었다.

不斯國과 比只國, 比斯伐, 比子伐, 比自㶱, 比自火, 非火(伽耶) 등은 모두 고대 창녕지역을 일컫던 국명 또는 지역명으로 보인다. 이 가운데 불사국은 『삼국지』의 편찬 연도를 고려해 볼 때 3세기 이전의 국명이다. 나머지는 4~6세기 대, 또는 그 이후의 명칭으로 볼 수 있다. 이러한 명칭이 기록으로 남았다는 것은 곧 이곳에 유력한 정치체가 존재했음을 말한다. 이에 대한 고고학적 증거가 교동과 송현동, 계성, 영산고분군 등이다.

『삼국지』 한전 기사 가운데 나오는 不斯國을 3세기 대 창녕지역에 존재한

小國으로 비정함은 학계의 일반적 설이라고 보아도 좋다.[13] 이는 이미 일제 강점기 이마니시 류(今西龍)에 의해 제기된 바 있으며,[14] 광복 이후 이병도 등도 이를 인정했다.[15] 그러나 不斯國을 삼한 소국 중 창녕에 비정하는 근거는 의외로 약하다. 창녕이 확실한 비사벌의 앞 글자 '비'와 '부'의 음이 비슷하다는 것이 근거이다. 그 외에는 없다. 古代에 있어서 音相似한 地名은 대단히 많다. 普通名詞를 地名으로 사용한 경우에 그 地名을 漢字로 표기하는 과정에서 異地同名의 것이 많이 나타날 수 있다. 또한 주민이 이동할 경우 예전에 썼던 地名을 新地名에서도 똑같이 사용하는 경우가 많았다.[16] 이러한 音相似에 의한 位置比定의 경우 한계는 있다. 그러나 현재로서는 그 방법의 유효성을 인정할 수밖에 없다. 昌寧 지역에서 보이는 考古學的 양상, 不斯國과 창녕 지역이 확실한 比斯伐과의 음상사를 들어 不斯國을 삼한시대 昌寧 지역에 있었던 小國으로 정리한다.

그런데 기존의 학계에서는 고고학적인 증거와 음상사에도 불구하고 不斯國을 昌寧지역에 존재했던 小國으로 보기를 꺼려했던 것은 다음과 같은 통설에 얽매인 先入見 때문인 듯하다. 즉, "弁辰 24國 중 弁辰(혹은 弁)字가 붙어 있는 일부 국들의 위치비정 결과 洛東江 以西의 加耶지역에 비정되는 점으로 보아 이러한 國들(弁韓 12국)은 후의 加耶로 되고 그 외의 國들(辰韓 12국)은 후의 新羅에 통합된다."는 說이다.[17] 따라서 弁辰字가 붙어있지 않은 不斯國은

13) 백승옥, 1995 위의 논문, p.94. 주보돈, 2009 앞의 논문, p.24.

14) 今西龍, 1922 「新羅 眞興王 巡狩管境碑考」『고고학잡지』제12권 제11호 ; 본고 인용은 이부오·하시모토 시게루 옮김, 『이마니시 류의 신라사 연구』, 서경문화사, p.399.

15) 李丙燾, 1959 『韓國史』古代篇, 震檀學會, p.294. 梁柱東, 1960 『古歌의 研究』, 博文書館, p.122. 全榮來, 1975 「完山과 比斯伐論」『馬韓·百濟文化』創刊號, p.239.

16) 金廷鶴, 1976 「加耶 境域 新攷」『釜山大學校 論文集』21, 人文社會科學篇, p.29.

17) 金廷鶴, 1983 「加耶史의 研究」『史學研究』37, p.32. 李基白·李基東, 『韓國史 講座』I (古代篇), p.156.

후의 加耶 세력으로 발전한 것으로 보기 어렵기 때문에 加耶一國이 존재했던 昌寧 지역에 不斯國을 비정할 수는 없다는 것이다.

그러나 변한 소국들이 성장하여 가야 제국으로 발전하는 것이 일반적이 긴 하지만 일부 지역에서는 진한 소국이 가야로 성장하는 경우도 있을 수 있는 것이다. 반대로 변한 소국 중에서 경주 중심의 사로국이 신라로 성장할 때에 그 속에 편입되는 경우도 있을 수 있을 것이다. 때문에 진한=신라, 변한=가야로의 전환을 일률적으로 생각할 바는 아니다. 어째든 3세기 무렵 창녕 지역에 존재했던 국명은 不斯國으로 보아야할 것이며, 이는 창녕 지역에서 현재 확인되는 최초의 국명이라 할 것이다.

그런데 『三國史記』 卷1, 婆娑尼師今 29年(108년) 5月條의 다음과 같은 기사는 창녕 지역 최초 국명에 대한 의문을 제기할 수 있다.

사료 1. "군사를 보내어 比只國, 多伐國, 草八國을 아울렀다".[18]

이 기사에서 比只는 現 昌寧, 多伐은 陜川 혹은 大邱, 草八은 草溪로 비정되고 있다.[19] 신라 파사니사금 29년이면 108년에 해당한다. 이 시기 신라가 이들 지역에 진출했다고 보기는 어렵다. 필자는 이를 4세기 대 이후 어느 시점에 신라가 창녕, 합천, 초계방면으로의 일시 진출 기사로 본 바 있다.[20] 아마도 6세기 대 신라의 가야지역 진출과 관련된 내용을 올려 기록한 것일 가능성이 높다. 현재로서는 더 이상의 추정이 어렵다. 단, 比只國과 不斯國 모두 창녕

---

18) 『三國史記』 卷1, 新羅本紀1, 婆娑尼師今.

19) 李丙燾 譯註, 1987 『三國史記』 上, 乙酉文化社, p.34에서는 多伐을 大邱로 추정했으나, 陜川 玉田古墳群 발굴 이후부터는 고분군 근처 소재한 多羅里와 관련하여 多伐=多羅로 보아 陜川郡 쌍책면 일대로 보는 설이 우세하다.

20) 백승옥, 2011 「고대 창녕지역사 연구의 제문제」 『고대 창녕 지역사의 재조명』, 창녕군·부산대학교 한국민족문화연구소. p.196.

지역을 나타내는 국명으로 본다. 不斯國는 3세기 당시 중국인 진수의 표기법이고 比只國은 『삼국사기』식 표기법이라고 생각한다. '不'과 '比'는 서로 통하며, '斯'와 '只'는 比子伐에서의 '子', 比自火에서의 '自'와 마찬가지로 앞말과 뒷말을 부드럽게 이어주면서 '~의'란 뜻을 지닌 사이 'ㅅ' 같은 역할을 하는 것으로 생각한다. 이들은 결국 比斯伐, 比子伐, 比自火, 非火 등의 국명과 동일한 것이다.

『삼국지』 진·변한 국명 기재 중 12국명 앞에 弁辰字를 붙인 것은 선학들이 지적한 대로 弁韓과 辰韓을 구별하기 위한 것으로 보는 것이 타당할 것 같다. 그것은 24國名을 기재하는 데 있어서는 "弁辰瀆盧國"으로 써 넣고 있으면서도 그러한 구분을 할 필요가 없는 그 뒤쪽에서는 "其瀆盧國"이라 표현한 것으로 보아서도 알 수 있다. 그런데 "弁辰은 辰韓사람들과 뒤섞여 산다(弁辰如辰韓雜居)"라고 기록한 것으로 보아서 弁韓과 辰韓은 특별한 경계의 획정 없이 살았던 것 같은데 왜 국명 앞에 별도로 弁辰字를 붙여 구분을 했을까 의문이다. 정치적 구분을 표시하기 위한 것이라는 설명도 있지만,[21] 정치적 구분의 표시보다는 그 國의 주류를 이루고 있는 種族의 계통을 구분해 주기 위한 표시일 것이라고 생각한다. 韓條 앞부분의 "세 종류가 있으니 하나는 馬韓, 둘째는 辰韓, 세째는 弁韓이다."라는 기록도 이러한 사실을 잘 나타내 주고 있다고 생각한다. 三韓 3種 中 辰韓은 洛東江 以東지역을 중심으로 산재해 살았으며, 慶州의 사로국이 그 중심이었다. 弁韓은 洛東江 以東 지역에도 일부 존재했지만 주로 낙동강 以西 지역에 존재했다.

그런데 여기서 오해의 소지를 없애기 위해 하나 지적할 문제가 있다. 위와 같은 구분방식은 진·변한 소국들의 형성기에 만들어진 것이다. 그러나 이후 정치상황의 변화가 있었음에도 불구하고 國의 명칭 앞에는 여전히 弁辰을 冠稱했다는 점이다. 이는 변한, 혹은 진한 전체를 묶는 단일연맹체의 존재는

---

21) 김태식, 1993 『加耶聯盟史』, 一潮閣, p.29.

없었다는 것을 증거 해 준다. 그러나 전체적인 단일연맹체는 없었지만 일부 지역을 중심으로 하는 연맹체는 존재했다. 지역 단위의 경제적 교역망을 바탕으로 하는 지역연맹체였을 것이다. 그 대표적인 예가 포상팔국 지역연맹체이다.[22] 이들은 주변국들과 교역권을 둘러싸고 주도권 장악을 위해 연맹을 결성했다. 그리고 목적달성을 위해 전쟁까지 감행했다.[23]

진·변한은 서로 雜居하고 있었다. 때문에 연맹의 결성 또한 서로 섞여 결성되는 경우도 있었다. 한 연맹체 내에 진한국도 변한국도 있었을 가능성이 있다. 小國이 형성될 무렵에는 혈연적 상관관계가 小國의 성격을 구분 짓는 중요 요소로 작용하였으나, 小國 팽창기나 소국연맹단계에 오면 혈연적 요소는 퇴색되고 정치적 요소가 그 정치집단의 성격을 좌우하였던 것으로 생각된다. 『三國志』의 기록 자체만 놓고 보더라도 3세기대의 삼한 小國들은 혈연적 요소에 의해 움직이는 정치체가 아님을 알 수 있다.

변·진한 諸小國들은 각각 발전을 거듭하다가 그 중 慶州 주변의 小國들은 斯盧國을 중심으로 점차 통합되어 갔으나 그 외의 小國들은 지역연맹체단계와 같은 부분적 통합은 이루어졌지만 강력한 一國을 중심으로 통합되지는 못한 채 유지되어 나간 것으로 파악된다. 후자와 같은 경로를 걷는 소국들이 대개 洛東江 이서 지역에 존재했던 國들이었고 그러한 國들의 형성기 種族은 弁韓族이 主였다고 생각한다.

형성기 種族의 계통도 辰韓族이었고 그 위치도 洛東江 이동에 있었던 小國이라 할지라도 반드시 新羅에 통합되었다고 볼 수는 없다. 慶州의 斯盧세력과 같은 辰韓 계통으로 구성된 小國이라 하더라도 慶州의 斯盧세력으로부터 거리가 비교적 멀 경우 그 당시 斯盧세력의 역량으로는 服屬시킬 수 없었던 小

22) 백승옥, 2011 「포상팔국 전쟁과 지역연맹체」 『가야의 포구와 해상활동』, 주류성, pp.133~138.
23) 백승옥, 위의 논문, pp.129~133.

國도 있었을 것이다. 그리고 他小國들에 비해 독자성을 강력히 보존하고 있는 지역이라면 新羅에 통합되지 않고 독자적인 一國으로 발전해 나갔을 것이다.

창녕의 不斯國이 바로 이러한 경우의 하나였다고 생각한다. 비록 小國 형성기에는 主 種族이 辰韓 계통이었지만 斯盧國에 병합되지 않고 독자적 발전을 계속하여 후의 比斯伐이라는 一國으로 성장하는 것이다. 그런데 不斯國의 경우 처음에는 그 主 種族이 辰韓 계통이었지만 洛東江 연변에 위치해 있었으며, 또한 地理上으로 보아 東쪽으로부터의 교통보다는 강 건너의 現 陜川, 高靈, 咸安 쪽으로부터의 교통이 더 손쉬웠던 까닭에 차츰 변한계와의 교류가 많았으리라 생각한다. 기사 속에 보이는 "弁辰(韓)은 辰韓사람들과 뒤섞여 살며 城郭도 있다. 衣服과 居處는 辰韓과 같다. 言語와 法俗이 서로 비슷했다."라는 기사가 가장 잘 적용되는 지역이 바로 不斯國이 있었던 오늘날의 창녕 지역이 아닌가 생각한다.

한편, 弁辰彌離彌凍國의 경우 오늘날 경남 밀양 지역에 존재했던 소국으로 비정된다. 이는 불사국과 마찬가지로 낙동강 동쪽에 위치한다. 그러나 불사국과 달리 변한 소국이다. 변진미리미동국이 이후 어떠한 정치적 향방을 취했는지 지금으로서는 잘 알 수 없다. 변한의 일국으로서 낙동강 이동 지역에 위치한 소국이었다는 점에서 『삼국지』가 표현한 '弁辰如辰韓雜居'의 모습을 잘 보여 주는 예라 하겠다.

3. 「神功紀」 49년조의 진실과 比自烋

비사벌의 역사적 실체에 대해 검토해 볼 수 있는 사료가 영세함은 말한 바 있거니와 있다 하더라도 단편적이다. 그나마 『일본서기』 권9, 신공기 49년조의 이른바 가야 7국 평정 기사 속에 보이는 '比自烋'은 史的 내용을 엿 볼 수 있는 상황 속에서 등장한다. 앞서 말한 바와 같이 比自烋은 比斯伐과 동일한

國이다. 그런데 주지하다시피 이 기사는 편년은 물론 내용에 있어서도 문제가 많다. 본 장에서는 이에 대한 검토를 통해 비사벌에 대한 이해를 더하고자 한다.

> 사료 2. "봄 3월에 아라타와케(荒田別), 가가와케(鹿我別)를 장군으로 삼았다. (왜에 와 있던 백제인) 久氐(구저) 등과 같이 병사를 정돈하여 바다를 건넜다. 탁순국에 이르러 신라를 습격하려고 하였다. (중략) 모두 탁순에 모여 신라를 쳐서 깨부수었다. 이를 바탕으로 비자발(比自烌), 남가라(南加羅), 탁국(喙國), 안라(安羅), 다라(多羅), 탁순(卓淳), 가라(加羅)의 일곱 나라를 평정했다. 그리고 군대를 서쪽으로 돌려 고해진(古爰津)에 이르렀다. 남쪽의 오랑캐 침미다례(忱彌多禮)를 도륙하고 그 곳을 백제에게 주었다."[24]

『日本書紀』는 기본적으로 천황이 일본을 통치하는 기원과 그 과정을 기록한 역사서이다. 고대 한일관계에 대한 역사 서술도 그러한 목적을 가지고 기술되었다. 따라서 신공기 기사를 바탕으로 고대 한일관계사를 복원하기란 매우 어렵다. 그럼에도 불구하고 『일본서기』를 버릴 수 없는 것은 이유가 있다. 한반도와 관련한 내용을 구성할 때 그 기초자료들이 '백제기', '백제신찬', '백제본기' 등 백제 계통 사서들이 사용되어졌다는 점이다. 그리고 그 내용도 비교적 구체성을 띠고 있기 때문이다.

그동안 학계에서는 신공기의 연대를 일반적으로 2周甲(120년) 내려 보았다. 백제계 사료에 한정하여 보면 2주갑 인하함이 타당해 보인다. 왕의 사망기사 등을 비교해 보면 그러하다. 欽明紀의 百濟 聖王 언급기사와 더불어 神

---

24) 『日本書紀』 卷9 神功紀 49年條.

功紀 55년조의 "百濟肖古王薨" 기사와 56년조의 "百濟王子貴須立爲王" 기사를 120년 인하하면, 『三國史記』「백제본기」의 근초고왕 30년 "冬十一月 王薨" 기사와 근구수왕 원년의 "卽位" 기사와 내용이 일치한다. 2주갑 인하설의 중요한 근거이다. 이러한 홍거와 즉위 기사의 일치는 신공기 기사를 완전히 버릴 수 없는 근거이기도 하다. 이와 달리 야마오 유키히사(山尾幸久)는 3주갑 인하설을 제시하기도 했다.[25] 기사 속 木羅氏의 활동 연대에 주목한 것이었다.

그런데 이들 사료에서 2주갑 또는 3주갑을 인하하더라도 설명되지 않는 부분이 있다. 아마도 백제계 사료와 왜계 사료를 혼합하여 가상의 내용을 설정하였기 때문으로 보인다. 특히 기년의 문제에 있어서 기존설로서는 이해되지 않는 부분은 국명을 표기한 부분이다. 다나까 도시아키(田中俊明)의 지적대로 신공기 49년조의 가야 7국명은 3세기 또는 4세기 대에는 성립될 수 없다. 5세기 중엽 이후에야 등장할 수 있는 국명들이다.[26] 고령 대가야를 '加羅'라 하고 김해 가야세력을 '南加羅'라고 표기한 것은 가라(고령 대가야)가 주도적 위치에 있었던 시기의 국명 표기 방법이다. 또한 『삼국사기』와 『삼국유사』에 함께 나오는 박제상 관련 기사에서 왜에 인질로 간 미사흔을 박제상이 구출해 오는 연대를 『일본서기』에서는 신공기 5년(205)에 두고 있지만, 『삼국사기』에서는 눌지왕 2년(418)의 사실로 싣고 있다. 이러한 점들은 기존에 제출된 2주갑 또는 3주갑 인하설로서는 해명할 수 없는 것이다.

결국 신공기 49년조의 이해는 사료에서 고대 일본의 천황주의 사관을 제거한 후, 그러한 상황이 일어날 수 있는 정황에 근거해 이해해야 할 것이다.

---

25) 山尾幸久, 1989 『古代の日朝關係』, 塙書房, pp.113~127. 山尾幸久는 『日本書紀』 雄略紀 속의 『百濟新撰』의 기사를 주시하여, 神功紀 49년조를 중심한 神功紀의 기사를 3주갑 인하하여 새로운 역사상을 전개하고 있다. 그러나 이러한 기본적인 구상은 5세기 대 倭五王의 시대를 부각시키고자 한 의도로 보인다.

26) 田中俊明, 2018 「"일본서기"를 통해 본 안라와 왜의 관계」 『안라(아라가야)의 위상과 국제관계』, 학연문화사, pp.216~230.

이에 아래에서는 '비자발'의 주변 정세에 대해 살펴보고자 한다. 이를 바탕으로 신공기의 시기와 내용을 가름해 보아야 할 것이다.

사료 2의 주체는 역시 백제로 보아야 할 것이다. 『일본서기』의 한반도 관련기사들이 "백제삼서"를 바탕으로 이루어진 점과 더불어 '南蠻忱彌多禮'에서의 '南蠻'이라는 표현은 백제를 주체로 보지 않고는 이해가 되지 않는다. 백제는 먼저 탁순에 이르러 신라를 습격하고자 한다. 여의치 않자 군비를 보강한 다음 다시 신라를 공격하여 깨뜨린다. 이 부분은 윤색과 왜곡이 되었을 가능성이 있는 부분이다. 어느 정도 진실을 담고 있는 지 알 수가 없다. 다만 백제가 신라를 염두에 두고 있는 상황임은 인정할 수 있을 것이다.

탁순은 그 위치가 논란이 되고 있는 지역이다. 이를 백제와 신라와의 관계에 있어서 공격의 거점이 됨과 동시에 가야 북부 지역에서 여러 가야국으로 쉽게 나아갈 수 있는 지역이라면 현 대구광역시 지역이 유력한 후보가 된다.[27] 반면 이를 백제와 왜의 교통에 유리한 해안가로 본다면, 경남 창원으로 비정할 수 있다. 현 학계에서는 창원설이 우세하다. 그러나 신공기는 『일본서기』 찬자가 백제의 기록을 왜의 가야지역 정벌 기록으로 변개하여 사용한 결과에서 빚어진 것이다. 고대 왜 중심주의 번국사관에 입각하여 왜곡한 것이다. 이를 왜를 중심으로 한 백제와 가야, 왜의 대외관계 기록으로 파악하고 사료로 사용한다면 그 결과는 모두 의미가 없다.

『일본서기』의 고대 천황주의에 입각한 번국사관은 비교적 치밀한 구성 속에서 이루어졌다. 아래에서 검토해 보자. 다음은 신공기 9년 겨울 10월 3일 조이다.

사료 3. "겨울 10월 기해 삭 신축일에 화이진에서 출발했다. (중략)

---

27) 백승옥, 1995 「卓淳'의 位置와 性格-≪日本書紀≫ 관계기사 검토를 중심으로-」 『釜大史學』 19.

노를 젓는 수고로움 없이도 신라에 도착했다. (중략) 신라
왕은 (중략) 백기를 들어 항복하였다. (중략) 이에 신라왕
파사매금은 즉시 미질기지파진간기를 인질로 삼아 금은채
색 및 능라겸견을 80척의 배에 실어 관군을 따라가게 하였
다. 이로써 신라왕은 항상 배 80척의 조공선을 일본에 바치
게 되었는데 이것이 그 연유이다. 이에 고구려와 백제 두 나
라 왕은 신라가 도적(圖籍)을 거두어 일본국에 항복하였다
는 것을 듣고 몰래 그 군세를 엿보게 하였다. 그리고 도저히
이길 수 없다는 것을 알고는 스스로 영외로 나와서 머리를
조아리며 말하기를, "지금 이후부터는 길이 서번(西藩)이라
고 일컫고 조공을 그치지 않겠습니다."라고 하였다. 이로써
내관가로 정하였다. 이것이 이른바 삼한이다. 황후가 신라
에서 돌아왔다."[28]

　　위의 사료는 신공황후의 이른바 삼한정벌 기사이다. 보물로 가득 찬 신라
를 정벌하고, 이웃의 백제와 고구려도 항복해 와서 이들을 내관가로 삼았다
는 기록이다. 이 기사를 자세히 살피면 사료 2에서 왜가 신라를 습격하여 쳤
다는 것은 이해할 수 없는 상황 설정이 된다. 신라는 이미 일본(=왜)의 내관가
가 되어 춘추로 조공을 바치는 대상이었다. 사료 2의 주체를 수정해야만 되는
이유가 여기에도 있다. 신공기 62년조에는 신라가 조공을 바치지 않자 다시
공격하려고 하나 신라가 미인작전을 펼쳐 오히려 가라국을 공격하는 설정이
있다.[29]
　　사료 2를 『일본서기』 찬자가 설정한 이유는 사료 3에서 임나가 빠져있기

28) 『日本書紀』 卷九, 神功皇后攝政前紀 仲哀天皇九年條.
29) 『日本書紀』 卷九, 神功皇后 섭정 62년 春3月條.

때문일 가능성이 높다. 한반도의 여러 나라 모두가 일본의 번국이어야 되는데 임나를 내관가화 하는 사건의 구성이 필요했다. 이에 가상의 사료 2를 창출한 것이다. 창출의 기초 자료들로서는 백제계 사서와 고대 일본 유력 씨족의 家傳 자료들이 동원되었을 것이다. 신공기는 후대의 필요에 의해 그 내용이 가상적으로 정리된 것이다. 따라서 신공기의 내용을 통해서 倭가 가야제국을 정벌했다고 볼 수 없음은 물론이다.

그러면 주체 수정론에 입각하여 백제가 가야 7국을 정복하였다고 볼 수 있을까? 이에 대한 판단 여부는 당시 한반도의 상황 속에서 추구해 보는 것이 가장 합리적이다. 이는 사료 2의 시기도 마찬가지이다. 시기와 관련해서는 앞서 소개한 다나까(田中)의 견해를 참고하여 가야 7국 중, 고령의 가라국이 김해의 남가라 보다 우위적 위치를 점하는 시기를 염두에 두고자 한다.

연대 설정과 관련하여 가장 기준이 될 수 있는 자료는 금석문이다. 최근 충주 고구려비의 건립연대를 397년으로 보는 설이 학계에 제출되었다. 고광의는 비의 題額 부분을 '永樂七年歲在丁酉'로 읽었다.[30] 丁酉는 397년에 해당한다. 碑는 이해 5월에 이곳에서 일어난 사건을 새기고 있지만, 건비연대와 동일시해도 무방하리라 생각한다. 고구려 광개토태왕 7년, 신라 내물왕 42년에 해당하는 시기이다. 고구려의 이 지역 장악은 백제에게 있어서는 대단한 위기감을 느꼈을 것이다. 아신왕(6년)은 태자 腆支를 倭에 質子로 보내 동맹을 공고히 할 수 밖에 없었다. 3년 후 고구려 步騎 5만은 신라 왕성에 쳐들어온 왜적을 쫓아 임나가라 종발성까지 진출한다. 임나가라는 남가라를 의미하며 종발성은 오늘 날 부산광역시 수영구와 연제구 일대에 위치한 것으로 보인다.[31] 고구려가 경주를 거쳐 남부 해안에까지 이른 것이다. 고구려가 한반

30) 고광의, 2020 「충주 고구려비의 판독문 재검토 -題額과 干支를 중심으로-」『한국고대사연구』 98, p.86.
31) 백승옥, 2020 「'임나가라(任那加羅) 종발성(從拔城)'과 고대 부산」『항도부산』 40,

도 중남부에서 위세를 떨치며 세력을 유지한 시기는 늦어도 5세기 중엽까지
는 가능했다. 반면 이 시기까지 백제의 가야지역으로의 진출은 상상하기 어
렵다.

그 외의 정황을 보더라도 그러하다. 433년 이른바 나제동맹의 결성은 고
구려에 대한 백제와 신라의 공동 방어선 구축이었다. 그러나 고구려는 475년
백제 한성을 공격하여 함락시킨다. 8천명의 포로가 발생하고 개로왕은 전사
한다. 백제는 수도를 웅진(공주)으로 옮길 수밖에 없었으며, 거의 패망 상태에
까지 이르렀다. 이러한 상황 하에서는 백제가 사료 2와 같은 내용의 상황을
일어 킬 수 있는 상황이 아니었다.

결국 백제가 가야 지역으로의 진출과 그를 두고 신라와 쟁패할 수 있는
시기, 그리고 영산강유역에까지 눈길을 둘 수 있는 시기는 언제인가에 초점
을 맞추어야 할 것이다. 백제가 웅진 천도 후 어느 정도 안정화에 들어간 시기
는 6세기 초 무녕왕 즉위(501) 이후로 보인다.

> 사료 4. 백제가 姐彌文貴將軍과 州利卽爾將軍을 穗積臣押山('百
> 濟本記'에 의하면 倭의 意斯移麻岐彌라고 한다)에게 딸려
> 보내 오경박사 段楊爾를 바쳤다. 따로 주청하여 "伴跛國이
> 신의 나라인 己汶의 땅을 빼앗았습니다.[32]

> 사료 5. 조정에서 백제의 姐彌文貴將軍, 斯羅의 汶得至, 安羅의 辛
> 已奚, 賁巴委佐, 반파의 旣殿奚, 竹汶至 등을 나란히 세우
> 고 은칙을 받들어 선포하고, 己汶, 帶沙를 백제국에 주었
> 다. 이 달에 반파국이 즙지를 보내 珍寶를 바치고 기문의 땅

---

pp.110~122.

32) 『日本書紀』 卷17, 繼體 7년(513) 6월조.

을 달라고 하였으나, 끝내 주지 않았다.[33]

이들 기사도 번국사관에 의해 윤색 왜곡된 부분이 많다. 그러나 백제가
기문 대사지역으로의 진출을 보여 주는 내용임은 인정할 수 있을 것이다. 대
사는 지금의 경남 하동지역에 기문은 전북 남원 또는 그 주변 지역에 비정된
다.[34] 백제가 사료 2의 가야 제국들과 관계하기 위해서는 이들 양 지역(기문·
대사)에 진출한 이후가 될 것이다.

> 사료 6. "安羅의 次旱岐 夷呑奚 · 大不孫 · 久取柔利, 加羅의 上首
> 位 古殿奚, 卒麻의 旱岐, 散半奚의 旱岐의 兒, 多羅의 下旱
> 岐 夷他, 斯二岐의 旱起의 兒, 子他의 旱岐 등과 任那日本
> 府 吉備臣이 백제에 가서 조서를 들었다. (중략) 성명왕이
> 말하기를 "옛적에 우리 선조 速古王 · 貴首王의 치세 때에
> 安羅 · 加羅 · 卓淳旱岐 등이 처음으로 사신을 보내고 상통
> 하여 두텁게 친교를 맺어 자제로 삼아 항상 융성하기를 바
> 랐다. (중략) 그대들은 탁순과 같은 화를 불러들일까봐 두
> 렵다고 말하고 있지만 신라가 스스로 강하기 때문에 그럴
> 수 있었던 것은 아니오. 탁기탄은 가라와 신라 사이에 있어
> 서 매년 공격을 받아 패하는데도 임나가 구원할 능력이 없
> 었기 때문에 망했소. 남가라는 작고 협소하여 갑자기 준비
> 하지 못하고 의탁할 곳을 몰랐기 때문에 망했소. 탁순은 상
> 하 서로 다른 마음을 품고 있어서 그 國主가 스스로 종속되
> 기를 원하여 신라에 내응했기 때문에 망했소. 이로 보아 세

---

33) 『日本書紀』 卷17, 繼體 7년(513) 11월조.
34) 백승옥, 2020 「반파국 위치 재론」 『전북사학』 58, pp.95~96의 〈표 1〉 참조.

나라의 패망은 참으로 그 까닭이 있었던 것이오."[35]

위의 사료 6을 보면 사료 2에 보였던 나라 가운데 比自伐을 제외한 6국이 보이고 있다. 이 가운데 安羅와 加羅, 多羅는 여전히 존재하고 있으나, (南)加羅와 喙己呑(喙), 卓淳은 신라에 복속된 상황이다. 이 점은 사료 2의 시기가 513년(사료 4) 이후 541년(사료 6) 사이의 상황을 보여 주는 것으로 추측할 수 있다. 물론 比自伐은 513년까지는 독립된 가야 일국으로 존재하고 있었다고 보아야 한다. 사료 2에 기록된 가야 7국들은 백제의 입장에서 중요하게 인식한 국들이었을 것이다. 그 가운데 비자발의 경우 향후 신라로의 진출을 위한 중요 거점으로 여겼을 가능성이 있다. 비록 『일본서기』 찬자의 윤색과 왜곡 속에 존재한 비자발이지만 백제의 비자발에 대한 인식이 녹아 있는 것이다. 사료 6은 그 기년이 비교적 안정적이다. 541년 시기에 신라는 남부 가야에서는 낙동강을 넘어 김해의 남가라까지 진격했다. 반면 비사벌이 존재한 낙동강 중부 지역에서는 강을 넘지 못한 것으로 보인다. 다라(합천)와 가라국(고령)이 여전히 가야의 일국으로 존재하고 있었기 때문이다.

위 사료 6에서 백제 성왕이 회의에 참석한 가야 제국의 한기들에게 한 말은 당시 백제의 절실한 바람이었을 것이다. "옛적에 우리 선조 速古王, 貴首王의 치세 때에 安羅, 加羅, 卓淳旱岐 등이 처음으로 사신을 보내고 상통하여 두텁게 친교를 맺어 자제로 삼아 항상 융성하기를 바랐다."라는 표현에서 상호 상생하자는 의도가 보인다. 사료 2에 보이는 군사적 행동과는 다르다. 子弟라는 표현으로 보아 가야 제국에 대한 백제 우위적 인식은 있었다. 흠명기에서 성왕이 언급한 백제와 관계한 나라들은 安羅, 加羅, 卓淳의 3국이다. 비자발은 보이지 않는다. 비자발이 백제가 인식한 당시 가야 제국 중에서 중요한 국임에는 틀림없지만 이들 3국보다는 중요도의 비중이 낮았다고 볼 수 있다.

---

35) 『日本書紀』 卷19, 欽明 2년(541년) 4월조.

사료 2는 일본이 번국사관을 적용하여, 신라를 공격하여 깨뜨리고 가야 7국을 평정한 후, 오늘 날 전남 남부지역까지 장악했다는 내용으로 되어 있다. 이에서 윤색과 왜곡된 부분을 벗겨내면, '백제가 신라와 대립하면서 그 사이의 주요 가야국들을 열거하고 그들과의 우호적 관계를 도모하고자 했으며, 영산강 지역으로 진출하고자 하는 의욕을 보인 내용'으로 볼 수 있을 것이다. 이것이 사료 2의 진실일 것이다. 비자발은 당시 백제가 인식한 주요 가야국 중의 일국이었다.

4. 비사벌의 공간과 역사적 성격

1) 공간과 내부구조

비사벌의 공간(영역)에[36] 대한 논의는 몇 몇 연구자들에 의해 이루어진 바가 있지만 통일된 견해는 없다. 구체적 논의를 진행할 만한 자료가 영세하였기 때문이다. 박천수는 토기의 특징을 바탕으로 현풍 지역과 창녕 지역은 성격을 달리하는 집단으로 간주하였다.[37] 다케다 유키오(武田幸男)는 고총고분이 축조된 지역은 각 각 독자적인 개별 세력이 존재한 것으로 보았다.[38] 이

---

36) 領域이란 한 나라의 주권이 미치는 범위를 말하고, 空間은 앞뒤, 좌우, 위아래의 모든 방향으로 널리 퍼져 있는 입체적 범위를 말한다. 비사벌의 영역은 비사벌국의 통치 범위를 말하지만, 통치구조나 방식 등이 전혀 알려져 있지 않은 상태에서 이 용어를 사용하기에는 한계가 있다. 때문에 거의 같은 의미를 내포한 공간이란 용어를 병행해 사용한다.

37) 박천수, 2001 「考古資料를 통해 본 가야시기의 昌寧地方」『가야시기 창녕지방의 역사·고고학적 성격』, 국립창원문화재연구소 학술대회 발표 자료집.

38) 武田幸男, 1994 「伽耶-新羅の桂城'大干'-昌寧·桂城古墳群出土土器の銘文について-」『朝鮮文化研究』1, 東京大學 朝鮮文化研究室.

희준은 창녕 지역 정치체를 일대의 지리 지형 및 고총군 분포 등으로 볼 때, 달성 현풍 및 창녕 교동과 계성, 영산지구까지를 포괄하는 신라의 지방 세력으로 보았다.[39] 백승충은 지리지 기록들을 상세히 분석하여 비사벌의 영역을 현 창녕읍과 현풍읍 일대에 국한하여 보았다. 계성과 영산, 밀진(영산 남쪽의 낙동강 동안)은 별도의 가야국인 喙己呑이 존재한 것으로 보았다.[40]

물질문화의 동질성이 정치적 영역 범위와 무관계한 것은 아니지만 그렇다고 반드시 일치하는 것도 아니다. 지리적 환경 등 제반 상황을 고려하여 판단해야 할 것이다. 현풍과 창녕은 토기 형식에서 차이를 보이지만 이 지역에 독립된 국가의 존재가 확인되지는 않는다. 그리고 양식상으로 보면 동일한 양식권에 속한다.[41] 비사벌의 중심권으로 보이는 교동과 송현동고분군과의 거리도 20㎞ 이내에 포함된다. 뿐만 아니라 창녕과의 통행에 장애를 주거나 경계를 이룰만한 높은 산도 없다. 〈그림 1〉에서 보는 바와 같이 현풍과 창녕, 영산지역은 낙동강의 수로 및 그 강변을 이용하면 소통이 원활히 이루어 질 수 있는 곳이다. 내륙 교통로도 발달되어 있다.

토기 형식상 보이는 차이는 지역 집단 내 각 읍락들 간의 차이 정도로 보아도 될 것이다. 특히 신라가 비사벌을 복속한 후 설치한 화왕군의 영현에 현효현(지금의 달성군 현풍)이 있었다는 사실은 그 이전 시기의 관계를 살피는 데에 도움을 준다.

사료 7. "화왕군은 본래 비자화군이다.[비사벌이라고도 한다] 진흥
왕 16년에 하주를 두었다. 26년에 주를 폐했다. 경덕왕이 이

---

39) 이희준, 2005 앞의 논문, pp.1~2.

40) 백승충, 2011 「문헌을 통해 본 고대 창녕의 정치적 동향」『고대 창녕 지역사의 재조명』, 경상남도 창녕군·부산대학교 한국민족문화연구소, pp.6~32.

41) 하승철, 2013 「창녕 계성고분군의 성격과 정치체의 변동」『야외고고학』 18, 한국문화재조사연구기관협회, 영남 지역 창녕양식 토기 출토 유적 분포도 참조.

비사벌比斯伐의 공간과 역사적 성격   67

름을 고쳤다. 지금(고려)의 창녕군이다. 영현이 하나 있었
다. 현효현인데, 본래 추량화현이다[삼량화라고도 한다.]
경덕왕 때 이름을 고쳤다. 지금(고려) 현풍현이다"[42]

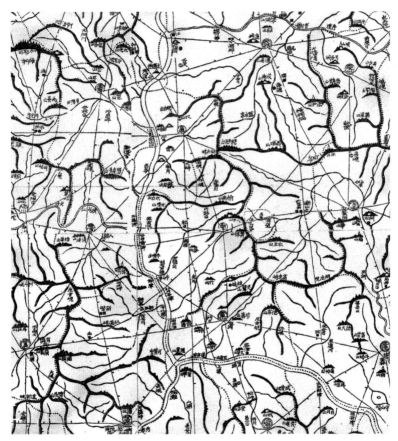

그림 1. 「대동여지도」(창녕 · 영산)

---

42) 『三國史記』권34, 雜志3, 地理1, 火王郡條.

사료 7은 『삼국사기』 지리지 火王郡條이다. 화왕군은 신라가 비사벌을 정복한 후 경덕왕 대에 고쳐진 이름이다. 영현으로는 현효현이 있었다. 현효현은 본래 추량화 또는 삼량화라 불리는 곳이었고 고려 때 현풍으로 되었다. 지금의 대구광역시 달성군 현풍읍과 유가읍 일대이다. 지리적으로 창녕군과 별다른 장애물 없이 소통되는 곳이다. 비사벌을 국읍으로 하는 그 아래의 읍락이었을 것으로 보인다.

한편, 계성과 영산, 남지 일대의 경우 거리상 하나의 읍락으로 볼 수도 있겠지만, 백승충이 주목한 바와 같이 별개의 정치체가 존재했을 가능성도 있다. 아래는 그 근거가 되는 『삼국사기』 지리지 密城郡 기록이다.

> 사료 8. "밀성군은 본래 추화군이다. 신라 경덕왕 때 이름을 고쳤는데 지금(고려)도 그에 따른다. 영현이 5이다. 상약현은 본래 서화현이다. 경덕왕 때 이름을 고쳤는데 지금의 영산현이다. 밀진현은 본래 추포현이다[죽산이라고도 한다.] 경덕왕 때 이름을 고쳤는데 지금의 어디인지 알 수 없다."[43]

위의 기록을 보면 지금의 창녕군 영산면은 밀성군(지금의 밀양)의 속현이었다. 서화현이었던 것을 경덕왕이 상약현으로 이름을 고쳤고, 고려 때 영산현이 된 것이다. 『고려사』 지리지에서도 이러한 사실을 확인시켜 줄 뿐만 아니라, 창녕군조차도 밀성군의 속군이었다. 현풍과 계성도 밀성군의 속현으로 있었다.[44] 이러한 문헌 기록으로 본다면 영산에는 창녕과 별개의 정치체가 존재했었을 가능성이 있다.

그러나 신라의 지방 군현은 전략 거점의 이동 및 통치의 편리 여부에 따

---

43) 『三國史記』권34, 雜志3, 地理1, 密城郡.
44) 『高麗史』권57, 志11, 密城郡.

라 편의적으로 설치되었던 점을 기억해야 한다. 비사벌은 신라가 낙동강 서쪽 가야 지역으로의 진출에 있어서는 매우 중요시 되었던 전략적 요충지였다.[45] 555년 하주 설치와 진흥왕 척경비가 세워지는 561년의 시기가 그 정점이었다. 그러나 하주가 합천 대야주로 이동 설치되는 565년 이후가 되면 사정은 달라진다. 신라에게 있어서 창녕이 전략적으로 중시되었던 시기는 6세기 중엽까지였다. 그 이후부터는 경주와의 교통로 등을 생각해 보면 밀양의 비중이 더 높았을 것이다.[46] 이러한 상황 속에서 영산은 밀성군의 속현으로 편입되고, 보다 통치가 안정되는 고려시기가 되면 창녕군조차 밀성군의 영현으로 편입되는 것이다. 따라서 창녕과 영산의 경우, 『삼국사기』 지리지와 『고려사』 지리지 등 후대 지리지에 보이는 영속관계를 통하여 비사벌 당대의 범위를 추정함은 무리가 있다.

그동안의 지표조사와 발굴조사 등을 통해서 확인된 창녕 지역의 가야고분군은 20여 개소에 이른다고 한다.[47] 창녕의 지형은 東高西低의 형상이다. 따라서 대부분의 하천들이 동에서 서, 또는 서남으로 흘러 낙동강으로 유입된다. 그 가운데 토평천과 창녕천 유역에는 교동과 송현동고분군을 중심으로 초곡리 소장미, 주매리 마산터, 왕산리, 우천리, 상울 안지골, 퇴천리, 퇴천리 겨우내, 선소리에 고분군이 집중하고 있다. 창녕읍에서 남쪽으로 10㎞ 정도 떨어져 있는 계성천 유역에는 계남리, 사리, 명리고분군으로 구성된 계성고분군이 있다. 그 주변지구에는 강리, 우강리, 거문리 등에 고분군들이 알려져 있다. 그 남쪽의 영산면에는 영산고분군에 다수의 고총고분들이 분포하고 있으며, 주변의 동리고분군은 발굴 조사된 바가 있다. 창녕 북부의 대합면에는

45) 백승옥, 1992 앞의 논문.
46) 하일식, 2020 「신라 말, 고려 초의 지방 사회와 창녕」『한국고대사와 창녕』, 한국고대사학회 가야사 기획 학술회의 발표문, p.3.
47) 창녕 지역 고분군 분포에 대해서는, 장상갑, 위의 논문, pp. 153~154를 참조하여 정리했다.

합리고분군과 무속고분군이 분포한다. 이 지역은 지형적으로 현풍천과 차천 유역에 해당하며 양리고분군(현재의 행정 구역 상으로는 대구광역시 달성군에 해당)의 하위집단이 축조한 것으로 판단된다.

〈그림 2〉에서 보는 바와 같이 비사벌의 중심고분군인 교동과 송현동고분

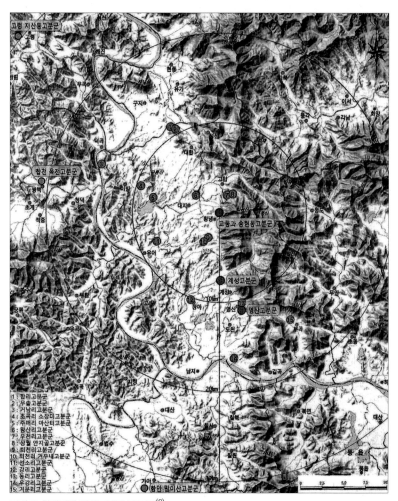

그림 2. 창녕지역 가야고분군 분포도⁴⁸⁾

군에서 북서쪽으로 30㎞ 지점에 고령 지산동고분이 있다. 그리고 남서쪽으로 30㎞ 지점에는 함안 말이산고분이 있으며, 낙동강 건너 서쪽 20㎞ 지점에는 합천 옥전고분군이 존재한다. 각 각 가라국과 안라국, 다라국의 중심 고분군들이다. 이들 고분군들의 사이에 있으면서 비사벌의 중심 고분군인 교동과 송현동고분군으로부터 반경 20㎞ 이내에 있는 고분군들은 동일 정치권 하에서 축조되어진 고분군으로 보아도 좋을 것이다. 곧 비사벌의 공간(영역)으로 볼 수 있는 것이다. 지형적으로 보면 북쪽으로는 낙동강과 대구광역시 달성군 소재의 비슬산이 그 경계로 볼 수 있다. 서쪽과 남쪽은 낙동강이다. 창녕군의 서쪽을 북에서 남으로 흐르다가 함안군 대산면에서 동류하는 남강과 합류한다. 남지에서 동류하여, 삼랑진에 이르러 다시 남류한다. 부산과 김해 사이에서 바다로 들어간다. 동쪽은 비슬산과 그 남으로 이어지는 화왕산-관룡산-영취산이 경계가 된다. 산들의 동쪽은 경북 청도군과 경남 밀양시 일대가 된다.

영산고분군은 비사벌의 중심고분군인 교동과 송현동고분군으로부터 10㎞을 조금 벗어나지만, 계성고분군은 10㎞ 범위 안에 위치한다. 그리고 이들은 모두 특유의 창녕 양식 토기의 범위 안에 위치한다.[49] 본고에서는 교동과 송현동고분군을 비사벌의 국읍 집단이 축조한 것으로, 계성고분군과 영산고분군은 그 하위의 읍락 집단이 축조한 고분군으

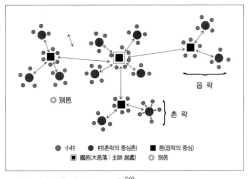

그림 3. 小國의 내부구조 모형[50]

48) 장상갑, 2018 「창녕 교동과 송현동고분군의 형성과정」 『가야고분군Ⅲ』-가야고분군 연구총서 4권-, 가야고분군 세계유산등재추진단, p. 154에서 전재함.

로 파악하고자 한다. 그러한 영산 지역이 신라 병합 후 밀양의 속현이 된 것은 앞서 설명한 바와 같이 신라의 지방 통치책과 관련된 것이었다.

고대 (小)國의 구조는 〈그림 3〉과 같은 이희준의 모형이 있어 이해에 도움이 된다. 복수의 소촌이 모여 촌락을 이루고, 촌락 가운데 대촌이 중심 촌이 된다. 복수의 촌락은 읍락을 이루고 그 중 중심 촌락이 읍락의 중심 촌락이 될 것이다. 복수의 읍락은 다시 중심 읍락의 대촌을 중심으로 국읍을 이루었을 것으로 추정할 수 있다.

비사벌도 대략 이러한 내부구조를 가지고 있었을 것이다. 그러나 반드시 촌락-읍락-국읍의 3단계 모형이 아닐 수도 있을 것이다. 단계의 수는 일률적이지 않고 소국에 따라 달랐을 가능성도 있다. 비사벌의 경우도 촌락과 국읍의 흔적이 없는 상태에서 어느 정도의 단계화로 이루어진 國이었는 지를 추측하는 것은 어렵다. 다만 현존하는 고분군을 통해 대략의 추정은 가능하게 한다.

비사벌의 공간과 고분군 군집을 고려 해 볼 때, 비사벌은 대략 4개의 읍락을 가진 정치체로 볼 수 있을 것이다. 그 가운데 교동과 송현동고분군 축조 집단의 읍락은 바로 비사벌의 국왕이 거주하는 곳으로서의 국읍이 되는 것이다. 국읍의 구체적 위치는 교동과 송현동고분군에서 그리 멀지 않은 곳이면서 신라가 이곳을 병합한 이후 세운 창녕비의 위치 등으로 보아, 현 창녕읍 일대일 가능성이 높다. 그 외의 읍락은 달성군 현풍읍 일대와 계성고분군이 존재한 주변 일대, 그리고 영산고분군 축조 집단이 거주한 지구였을 것이다. 영산고분군과 계성고분군의 경우는 그 지리적 위치와 고분군의 규모 등으로 보아 두 집단 간 상하의 위치일 가능성도 있다. 현효, 즉 현풍의 경우 비사벌의

---

49) 하승철, 2013 앞의 논문.

50) 이희준, 2000 「삼한 소국 형성 과정에 대한 고고학적 접근의 틀-취락 분포 정형을 중심으로-」『韓國考古學報』 43, p.130에서 수정 전재.

읍락이지만 박천수가 지적한 바와 같이 토기 형식을 달리하는 것은 일반적 읍락과는 차이가 있는 특수 읍락일 가능성도 있다. 『삼국지』가 표현한 별읍의 존재가 그 속성을 이어 존재했을 가능성도 있다. 그러나 더 이상의 추정은 어렵다.

2) 역사적 성격

앞의 사료 2를 보면 『일본서기』 찬자는 비자발, 즉 비사벌을 신라와는 구분되는 가야의 한나라로 인식하였음이 분명하다. 신라와는 별도로 구분하여 서술하고 있기 때문이다. 이는 사료 2의 원 사료가 백제계 사서였다면 당시 백제인들도 비자발을 신라와는 다른 하나의 나라로 인식하고 있었다고 볼 수 있다. 『일본서기』의 내용이 문제가 있긴 하지만 國과 國 사이의 인식에 있어서 별도로 구분하여 서술함은 왜곡의 이유가 없다. 그리고 앞 장에서 검토해 보았듯이 비자발(비사벌)은 6세기 초까지는 가야 일국으로 존재하고 있었다. 이 점은 비사벌이 6세기 초까지 신라와는 구별되는 일국으로 존재했었음을 보여 주는 명백한 증거가 된다.

『삼국유사』 오가야조의 내용은 가야 당대의 인식이라기보다는 13세기 고려 사람들의 가야에 대한 인식이다. 그러나 이에서도 고대 창녕지역이 가야에 속했었다는 인식은 있었다. 그래서 비화가야라는 표현이 등장한 것이다.

> 사료 9. "오가야[가락국기에 찬한 내용을 보면, 하나의 자색 빛 끈
> 을 타고 6개의 둥근 알이 하늘에서 내려왔다. 5개는 각 읍
> 으로 돌아가고 하나가 이 城에 남았다. 이가 곧 수로왕이
> 다. 나머지 다섯은 5가야의 주인이 되었다. 따라서 金官이
> 다섯 안에 포함되지 않음은 당연하다. 그런데 本朝(고려)
> 사략에 金官까지 그 수에 넣고 昌寧까지 더 기록해서 넣었

으니 잘못이다.] 阿羅伽耶(함안), 古寧伽耶(함녕), 大伽耶
(고령), 星山伽耶(경산, 또는 벽진이라고도 한다), 小伽耶
(고성), 또 본조 사략에는 태조 天福 5년 경자년(940)에 5
가야의 이름을 고쳤다고 한다. 1. 金官(김해부가 되었다). 2.
古寧(가리현이 되었다). 3. 非火(창녕인데 아마도 고령의
잘못일 것이다). 나머지 둘은 阿羅와 星山이다. [앞의 것과
같다. 星山은 혹 碧珍伽耶라고도 한다.]"[51]

위 사료에서는 '小伽耶[지금의 고성]'라 하고, 같은 책(『삼국유사』) 勿稽子
傳에서는 '古自國[지금의 고성]'이라 하고 있다. 이로 보면 小伽耶는 古自國이
며 지금의 경남 고성임을 알 수 있다. 그런데 가야 당시인들이 스스로 자신들
을 '작은 가야'라는 의미를 가진 '小伽耶'라고 불렀을 리 만무하다. 小伽耶는 후
대인들의 인식인 것이다. 김태식은 『삼국유사』 오가야조에 보이는 가야 국명
들의 모순점을 지적하고, '○○가야'식의 국명은 나말여초의 명칭이라고 하였
다.[52] 필자도 이에 동감한다. 성산이나 고녕이란 지명 자체가 가야 시기에는
없었다. 모두 신라 경덕왕 이후의 지명이다. 이로 보아서도 '○○가야'식 국명
은 가야 당대의 것이 아님을 알 수 있다.

그러면 나말여초에 왜 이러한 이름들이 생겨났을까? 이들은 고녕가야국,
벽진국 등에서 알 수 있듯이 국명임에는 분명하다. 이는 가야국을 제창하는
세력이 나말여초 당시 고녕 지역에 활거하고 있었음을 추정할 수 있게 한다.
나말여초의 지방호족들은 城主將軍 등을 칭하며 자신의 지역 기반을 바탕으
로 세를 확보하고 있었다. 그들 중에는 견훤과 궁예와 같이 국호를 제정하고
명실상부한 國의 형태를 가진 조직체계를 가지고 있었던 존재들도 있었다.

---

51) 『三國遺事』 권1, 기이1 五伽耶條.
52) 김태식, 1993 『加耶聯盟史』, 一潮閣, pp.72~73.

그런데 이 시기 이들 외에도 많은 지방호족들이 국호를 가지고 존재했을 가능성을 추측하기 어렵지 않다. 그것은 명분 확보를 위해 반드시 필요한 것이었다. 그리고 국호는 명분과 정통성의 확보를 위해 반드시 일치하지는 않는다 하더라도 그 지역과 연고가 있는 것이라면 더욱 선호되었을 것이다. 견훤이 '백제'로, 궁예가 '고려'로 국호를 정한 예가 그 점을 방증해 준다. 그렇다면 이 시기 옛 가야 지역이나 가야 지역과 연고를 느낄 수 있는 지역의 지방호족들이 자신의 국명을 내세울 경우 '가야'란 국호를 사용하였을 가능성은 매우 높다. 창녕 지역 非火伽耶의 경우도 그러했을 가능성이 있다. 이는 고대 창녕 지역에 가야국이 존재했었다는 인식이 나말여초 때까지 이 지역에 존재했음을 보여 준다.

3) 신라로의 복속 시기[53]

신라가 창녕 지역을 자국의 영역으로 한 확실한 증거는 555년 비사벌에 하주를 설치한 내용이다. 그로부터 6년 후 비사벌에 세운 진흥왕의 척경비는 그것을 확인하는 작업이었다. 그러나 州 설치 이전에 정복할 수도 있기 때문에 신라가 555년에 이 지역을 복속시켰다고 볼 수는 없다. 그 이전의 어느 시기일 수도 있는 것이다. 그러나 신라가 타 지역을 복속한 후 세운 순수비의 건비시기를 감안해 보면, 555년보다 아주 먼 시기에 복속한 것으로 볼 수는 없다.

그동안 학계에서는 비사벌의 신라 복속 시점에 대해 다양한 견해가 제시되었다. 고고 및 문헌자료 등을 근거로 하여 4세기 후반,[54] 5세기 초,[55] 5세기

---

53) 이 부분은 필자의 2011 논문을 수정 보충한 것이다. 백승옥, 2011 앞의 논문, pp. 221~228.
54) 이희준, 2005 앞의 논문.

중후반,[56] 6세기 초엽,[57] 540년대의 어느 시기[58] 등이다. 편입 시기를 4세기 말로 보는 주보돈은 비사벌의 존속을 6세기 전반 대까지 본 필자의 견해에 대해, 당시 신라가 복속지를 간접지배하였다는 측면을 고려하지 못한 결과라고 비판하였다.[59] 4세기 이후 신라는 복속세력의 기반을 그대로 온존해 주면서 貢納을 매개로 재지세력을 적극 활용하여 간접적 방식으로 지배하였는데, 비사벌도 이 경우에 해당한다고 본 것이다.[60]

그러나 고대 창녕지역이 신라의 간접지배지라고 볼 수 있는 문헌적 증거는 어디에도 없다. 문헌을 통한 정황적 설명과 더불어 고고학적 양상이 신라적 요소가 보이는 점 등을 통해 복속 시점을 설명하고 있다. 간접지배라고 볼 수 있는 기준은 무엇인가? 이에 대한 대답이 '공납을 통한 지배'라면 과연 이 부분을 어떠한 방법으로 증명할 수 있을 것인가? 문헌 사료가 없는 경우 고고학적 자료에 의거하여 증명할 수밖에 없다. 그런데 고고학적 동질성과 이질성의 여부를 정치적 관계와 관련지어 해석할 경우 자의적 해석의 위험이 있다.

고고학 자료를 바탕으로 간접지배라는 정치적 해석의 시도는 위험하다는 것이 필자의 생각이다. 이른바 간접지배(기존 지배세력의 기반을 그대로 온존해 주면서 공납을 통한 지배)지역에 대한 정치적 해석이 유물 유적을 통해 어떻게 가능한가? 간접지배지역을 자신들의 복속지(영토)로 획정할 경우, 『三國志』東夷傳에 보이는 東沃沮나 挹婁는 그 관련기록으로[61] 보아 모두 고구려

55) 최종규, 1983 「中期古墳의 性格에 대한 약간의 考察」『부대사학』 7.
56) 박천수, 2001 「고고자료를 통해 본 가야시기의 창녕지방」『가야시기 창녕지방의 역사·고고학적 성격』, 국립창원문화재연구소.
57) 정징원·홍보식, 1995 「창녕지역의 고분문화」『한국문화연구』 7, 부산대학교 민족문화연구소.
58) 백승옥, 1992 앞의 논문.
59) 주보돈, 2009 「文獻上으로 본 古代社會 昌寧의 向方」『한국 고대사 속의 창녕』, 창녕군·경북대 영남문화연구원, pp.42~67.
60) 주보돈, 위의 논문, p.91.

와 부여의 영역 안에 포함시켜야 한다. 그런데 『삼국지』의 찬자는 모두 각 각 별개의 國으로 기술하고 있다. 또한 4세기 말 5세기 전반 대 고구려와 신라와의 관계를 볼 때, 신라는 고구려에 속한 나라가 된다.

비사벌의 경우 4세기부터 신라가 간접지배하였다는 증거는 어떤 자료를 통해서도 도출해 내기 어렵다. 간접지배라는 용어는 사료에 등장하는 용어도 아니다. 후대 사가들이 이해의 편의를 위해 책상 위에서 만들어 낸 용어일 뿐이다.

필자는 전에 쓴 글에서 『일본서기』 계체기 24년(530) 9월조에 나오는 구례모라성[흠명기 5년(544) 3월조, 11월조에는 구례산으로 나옴]을 창녕의 화왕산으로 비정한 후, 이 지역이 신라 영역화 되는 시기는 530~544년 사이라고 논한바 있다.[62] 2011년의 논고에서도 이를 견지 했었다. 그리고 지금도 그 생각에는 변함이 없다. 다만 당시 논증의 과정에서 구례산의 위치를 음상사에 의거해 비정한 점은 보강이 필요하다는 생각을 해 왔다. 그러나 지명비정에 있어 음상사도 필요조건의 하나임에는 틀림없다.

> 사료 10. 모야신이 성을 굳게 지키고 움직이지 않으므로 잡을 수 없는 형세였다. 그래서 두 나라는 편한 곳을 도모하여 초승에서 그믐까지 머무르면서 성을 쌓고 돌아갔는데 그것을 이름하여 久禮牟羅城이라고 한다. 돌아갈 때 길에 닿는 騰利只牟羅·布那牟羅·牟雌枳牟羅·阿夫羅·久知波多枳 등 5성을 함락시켰다.[63]

---

61) "東沃沮~遂臣屬句麗 句麗復置其中大人爲使者". "抱婁~自漢以來 臣屬夫餘 夫餘責其租賦重~"(『三國志』魏書 東夷傳)

62) 백승옥, 1995 「「卓淳」의 位置와 性格 -《日本書紀》관계기사 검토를 중심으로 -」 『釜大史學』 19, ; 2003 『加耶 各國史 硏究』, 혜안, pp.243~249.

63) 『日本書紀』卷17, 繼體 24年(530) 9月條.

모야신 관계기사는 어느 정도 진실을 가지고 있는지 검토해야겠지만, 지명들의 표기에 대해서는 의심할 바가 없다. 사료 속에 보이는 두 나라는 백제와 신라로 생각되며 그들이 편한 곳을 도모하여 성을 쌓았다는 의미는 잘 알수 없다. 단 그들이 쌓은 久禮牟羅城은 이 시기 양국 간 군사적 접전지로 보인다. 주목할 곳은 騰利只牟羅·布那牟羅·牟雌枳牟羅·阿夫羅·久知波多枳 등 5성이다. 이들이 지금의 어느 지역인가를 살핌으로서 久禮牟羅城의 위치를 추정해 보는 근거를 마련해 볼 수 있다.

> 사료 11. 가라왕이 신라왕녀를 아내로 맞아들여 마침내 아이를 가졌다. (중략) 결국 지나가는 길에 刀伽·古跛·布那牟羅 3성을 함락시키고 또한 북경의 5성을 함락시켰다.[64]

이 기사는 『일본서기』 기사지만 『삼국사기』에 보이는 고령의 가라와 신라의 이른바 결혼동맹 기사와[65] 연결되는 기사이다. 따라서 사료의 신빙성도 높다. 기사에 따르면 신라가 고령에서 경주로 돌아가면서 刀伽·古跛·布那牟羅 3성을 함락시키고 또한 북경의 5성을 함락시킨다. 여기에 보이는 3성 중布那牟羅는 사료 11에 보이는 布那牟羅와 동일한 지역이다. 이로보아 사료 10의 騰利只牟羅·布那牟羅·牟雌枳牟羅·阿夫羅·久知波多枳 등 5성은 고령-경주사이에 존재하며 구례모라성과도 인접한 지역으로 볼 수 있다. 이로 보면 구례모라성을 고령 以西 지역으로는 설정할 수 없다. 종래의 연구에 의하면 이五城의 위치는 각기 玄豊, 大邱, 達城, 慶山 지역에 비정되고 있다.[66]

---

64) 『위의 책』 卷17, 繼體 23年(529) 3月條.
65) 『삼국사기』 권4, 신라본기4 법흥왕 9년조(522), "春三月 加耶國王遣使請婚 王以伊湌比助夫之妹送之" 이 기사에서의 가야는 고령의 대가야로 보아야 한다. 比助夫와 동일인으로 보이는 比枝輩가 『新增東國輿地勝覽』 권29 고령현 建置沿革條에 인용되어 있는 최치원의 「釋順應傳」에 보이기 때문이다.

사료 12. 신라가 봄에 탁순을 취하고, 이어서 우리(백제)의 구례산
의 방어를 물리치게 되었습니다. 그래서 안라에 가까운 곳
은 안라가 농사를 짓고, 구례산에 가까운 곳은 사라(신라)
가 농사짓게 되어 서로 침탈하지 않았습니다.[67]

사료 13. 가만히 들으니(생각해 보니) 新羅, 安羅 두 나라의 경계에
큰 강물이 있는데 요충지오. 나는 이곳에 군대를 두어 6성
을 수선하려고 하오. 삼가 천황에게 3천 병사를 청하여 성
마다 5백 명씩과 아울러 우리 병사로써 채워 作田을 못하
게 하고 핍박하면 구례산 5성은 스스로 병기를 던지고 항
복하게 될 것이니 탁순국도 다시 일어나게 될 것이오.[68]

이러한 기록들로 미루어 보아 다음과 같은 내용들을 정리할 수 있다.
①신라가 구례산을 점유하게 되자 당시 親百濟 세력인 安羅와 新羅(斯羅)
는 구례산의 사이에서 경계를 이루고 있었다(사료 12). ②흠명기 5년 당시 신
라와 안라 사이에는 큰 강이 있다. 당시의 신라 진출상황과 '大江水'라는 표현
을 고려한다면 대강수는 洛東江으로 보아야 할 것이다(사료 13). ③신라와 백
제에게 구례산은 전략적으로 상당히 중요시되었다. 또한 축성 가능한 요충지
로서 신라와 백제 간의 쟁탈지였다(사료 10, 12, 13). ④구례산 근처는 耕種할
수 있는 平野가 있어야 한다. 또한 주변에 5~6개 정도의 城의 흔적이 있어야
한다(사료 10, 12, 13).

---

66) 坂本太郎 等 校注, 1979 『日本書紀』 下, 日本古典文學大系68, p.45 頭注21. 酒井改藏,
    1970 「日本書紀의 朝鮮地名」 『親和』 195, p.17.
67) 『일본서기』 卷19, 欽明 5年(544) 3月條.
68) 『위의 책』 卷19, 欽明 5年(544) 11月條.

위와 같은 사실을 감안하여 구례산의 위치를 찾아야 할 것이다. 사료 10의 '久禮牟羅城'과 사료 12, 13에 각기 보이는 '久禮山'은 동일 지역이며 布那牟羅城과는 이웃 지역임이 분명하다. 현풍 琵瑟山의 옛 이름이 包山인 점으로 보아 이곳일 가능성이 있다.[69] 사료 13의 安羅는 오늘날 咸安 지역이다. 親百濟 세력인 安羅와 洛東江을 사이에 두고 서로 마주 보는 戰略的 要衝地로서는 창녕지역을 꼽을 수 있다. 따라서 구례산도 現 창녕지방의 山으로 比定할 수 있을 것이다.

조심스럽지만 구례산을 火旺山에 비정해 보고자 한다. 久禮牟羅는 火旺山 서쪽 평지인 지금의 창녕읍 부근으로 비정될 수 있을 것이다.[70] 실제로 比斯伐의 '比'는 日本音으로 'くり'로 발음되며 '斯'는 比自伐의 '自', 比子伐의 '子', 等과 같이 連辭 ㅅㅈ(S)로서 일본어 'の'(之)의 뜻이다. 『삼국유사』 오가야조의 非火는 그것이 생략되어 쓰인 것으로 볼 수 있다. 또한 지금의 창녕군 城山面에는 지금도 求禮라는 地名이 남아 있다(창녕군 성산면 구례동).

사료 12는 백제 聖王의 회고 기사이기 때문에 회고의 시점인 544년 이전에 久禮山 지역은 신라에 복속되었다. 따라서 창녕 비사벌은 544년 이전에는 신라에 복속되는 것으로 볼 수 있다. 사료 10에 보이는 久禮牟羅는 곧 久禮山이 있는 城 또는 지역이다. '牟羅'는 마을, 城, 村을 나타내는 말이다. 이는 같은 사료 속의 '騰利枳牟羅', '布那牟羅', '牟雌枳牟羅' 등을 '五城'으로 표현한 것으로 보아서도 알 수 있다. 久禮牟羅城에서 牟羅와 城은 이중으로 겹쳐 표현된 것으로 볼 수도 있고, 구례모라 지역의 城이란 의미로 볼 수도 있을 것이다. 이 사료로 보아 구례모라성, 즉 비사벌은 530년대까지 존재하고 있다. 비사벌은

---

69) "同隱包山[鄕云所瑟山 乃梵音 此云包也]"(『三國遺事』 권 제5, 避隱 제8, 包山二聖條).
"琵瑟山[一名苞山]"(『新增東國輿地勝覽』 권 27, 玄風縣 山川條)

70) 李鎔賢도 가야의 분해과정을 고찰하면서 久禮山=火旺山의 결론을 내리고 있다. 李鎔賢, 1988 「6세기 前半頃 伽倻의 滅亡過程」 高麗大석사학위논문, pp.62~74.

530~544년 사이의 어느 시점에 신라에 복속되었음을 알 수 있다. 신라는 이 곳에 555년 下州를 설치한다. 561년 창녕에 세워진 진흥왕 척경비는 신라의 비사벌 지역 장악을 기념하는 동시에 낙동강 이서로의 진출을 위한 군사 시 위적 성격을 가진 것이다. 비사벌이 신라와 백제 간에 있어서 중요한 전략적 요충지임을 보여 주는 것이기도 하다.

5. 맺음말

자료가 부족한 지역의 역사를 정리함에는 많은 한계가 있다. 그러나 관심을 가지고 집중해 보면 점점 그 정체를 찾을 수 있을 것이다. 고대 창녕지역에 대한 자료가 충분하지는 않지만 다음과 같은 몇 가지 정도는 논의가 가능했다.

『삼국지』 한전에 보이는 삼한 소국 중 不斯國을 1~3세기 대 창녕지역에 존재했던 국으로 보았다. 이는 변한 소국들이 성장 발전하여 가야 제국이 된다는 통념과 달리, 진한 소국이 가야의 일국으로 성장한 경우이다. 본고에서는 이러한 모습을 『삼국지』가 '弁辰韓雜居'라고 보았던 것으로 파악했다.

『일본서기』 신공기 49년조에 기록된 가야 7국 중에 '比自㶱'이 등장한다. 그러나 해당 기사는 고대 일본의 번국사관에 의해 왜곡과 윤색과 가해진 것이기 때문에 충분한 검토가 필요하다. 본고에서는 이 기사를 '주체수정론'에 입각하여 주체를 倭가 아닌 백제로 보았다. 기사 속 '南蠻忱彌多禮'에서의 '南蠻(남쪽 오랑캐)'이라는 표현 등이 그 근거가 된다.

그리고 기년 설정과 관련하여, 기존의 2주갑 내지 3주갑 인하설을 따르지 않고 6세기 전반대의 사실로 보았다. 수정의 근거는 기사 내에서 보이는 모순의 해결과 4~6세기 대 한반도의 정황이었다. 『일본서기』는 國名 기재에 있어서 비록 '倭'를 '日本'으로 고쳐 기록한 예는 있지만, 국명과 지명, 인명 등 고유명사의 경우 시대성을 반영하고 있다. 가야 7국을 기록함에 있어서 대가야를 加羅로, 금관가라를 南加羅로 기재함은 5세기 중엽 이후에야 가능한 것으로 보았다. 그리고 백제가 가야 지역으로 시야를 돌릴 수 있는 시기는 웅진기 말 ~사비 천도 이후라고 보았다. 백제의 가야지역 진출 시발은 『일본서기』 계체 7년(513)조의 기문·대사지역 장악이다. 그 以東 가야지역으로의 진출은 그 이후에 가능했다.

비사벌의 공간(영역)에 대해서는 현재 남아 있는 고분군의 분포와 『삼국 사기』 지리지 기사 등을 근거로 검토해 보았다. 북쪽으로는 경상북도 달성군 현풍읍에서 부터 남쪽으로는 창녕의 남지에 이르는 범위로 보았다. 동쪽은 비슬산, 화왕산, 영취산 등이 경계이고, 서쪽은 낙동강이 경계이다.

신공기에서 비자발을 신라와 달리 가야 7국과 함께 기록한 것은 이를 신라가 아닌 가야국으로 인식했기 때문이다. 『일본서기』 신공기 한반도 관련 기록이 백제계 사서가 그 원전임을 감안해 보면 백제인들도 비자발을 가야로 인식했음을 알 수 있다. 『삼국유사』 오가야조의 '비화가야'는 나말여초 시기의 인식이지만 당시인들도 고대 창녕지역이 가야국이었다는 인식을 가지고 있었다고 보아야 할 것이다.

논란이 많은 신라로의 복속 시기에 대해서는 『일본서기』 관련 기사들에 대한 분석을 근거로 530~544년 사이로 보았다. 신라가 555년 비사벌에 下州 를 설치한 것이라든지, 진흥왕이 561년 척경비를 세운 것은 이곳이 나제 간에 중요한 전략적 요충지임을 말해 주는 것이다.

참고문헌

고광의, 2020 「충주 고구려비의 판독문 재검토 -題額과 干支를 중심으로-」『한국고대
　　　　사연구』 98

김두철, 2011 「고고유물을 통해 본 창녕 정치체의 성격」『고대 창녕 지역사의 재조명』,
　　　　창녕군·부산대학교 한국민족문화연구소

노용필, 1996 『新羅眞興王巡狩碑研究』), 一潮閣

백승옥, 1992 「新羅·百濟 각축기의 比斯伐加耶」『釜大史學』 15·16(합)

백승옥, 1995 「比斯伐加耶의 形成과 國家的 性格」『韓國文化研究』 7

백승옥, 1995 「卓淳의 位置와 性格-≪日本書紀≫ 관계기사 검토를 중심으로-」『釜大史
　　　　學』 19

백승옥, 2011 「고대 창녕지역사 연구의 제문제」『고대 창녕 지역사의 재조명』, 창녕군·
　　　　부산대학교 한국민족문화연구소

백승옥, 2019 「4~6세기 加耶의 對百濟·新羅 관계」『韓國古代史研究』 94

백승옥, 2020 「영·호남 경계지역 가야 정치체의 성격」『백제학보』 30

백승옥, 2020 「임나가라(任那加羅) 종발성(從拔城)과 고대 부산」『항도부산』 40

백승충, 2011 「문헌을 통해 본 고대 창녕의 정치적 동향」『고대 창녕 지역사의 재조명』,
　　　　창녕군·부산대학교 한국민족문화연구소

이영식, 1993 「昌寧 校洞 11號墳 出土 環頭大刀銘」『송갑호교수정년퇴임기념논문집』

이형기, 1994 「非火伽耶에 對한 一考察」, 영남대학교 석사학위논문

선석열, 1997 「昌寧地域 出土 土器 銘文 '大干'의 檢討」『지역과 역사』 3

안성현·배한·윤용술, 2011 「창녕지역 고대 성곽에 대한 연구-낙동강 연안에 축성된
　　　　성곽을 중심으로-」『한국성곽학보』 19

이수훈, 2001 「6세기 신라의 창녕지역 지배형태」『창녕 계성 신라 고총군』

이희준, 2005 「5세기 창녕 지역 정치체의 읍락 구성과 동향」『嶺南考古學』 37

장상갑, 2018 「창녕 교동과 송현동고분군의 형성과정」『가야고분군Ⅲ』-가야고분군 연
　　　　구총서 4권-, 가야고분군 세계유산등재추진단

정징원·홍보식, 1995 「昌寧地域의 古墳文化」『韓國文化研究』 7

조효식, 2008 「5세기 말 가야와 신라의 국경선」『한국 고대 사국의 국경선』, 서경문화사

주보돈, 2009 「文獻上으로 본 古代社會 昌寧의 向方」『한국 고대사 속의 창녕』, 창녕군·
　　　　경북대학교 영남문화연구원

하승철, 2013 「창녕 계성고분군의 성격과 정치체의 변동」『야외고고학』 18, 한국문화
　　재조사연구기관협회
홍보식, 2011 「고분을 통해 본 고대 창녕지역 정치체의 성격」『고대 창녕 지역사의 재
　　조명』, 창녕군·부산대학교 한국민족문화연구소

穴澤咊光·馬目順一, 1975 「昌寧校洞古墳群 -「梅原考古資料」を中心とした谷井濟一氏發
　　掘資料の研究-」『考古學雜誌』 60-4
定森秀夫, 1981 「韓國慶尙道昌寧地域出土陶質土器の檢討 -陶質土器に關する一私見」
　　『古代文化』 33-4
田中俊明, 2018 「"일본서기"를 통해 본 안라와 왜의 관계」『안라(아라가야)의 위상과 국
　　제관계』, 학연문화사

삼국시대
창녕지역 정치세력의
성장과 가야

· 홍보식 ·

이 글은 2020년 10월 15일 한국고대사학회 주최 가야사 기획 학술회의에서 발표하고, 2021년 3월에 간행된 『한국고대사연구』 101집에 수록된 바 있음.

1. 머리말

삼국시대 영남지역의 정치적 구도는 크게 신라와 가야로 구분되었지만, 그 공간적 범위와 가야와 신라의 경계, 즉 점이지대에 위치한 창녕지역과 부산지역의 귀속에 대해서는 연구자 간에 견해 차이가 심하게 노정되었다. 특히 창녕지역은 낙동강 중류의 우안에 위치하며, 『삼국사기』와 『일본서기』 등에 비자벌 또는 비화가야로 기록되었지만, 이 지역의 유적 발굴조사 결과 다양한 계통의 문화요소들이 확인되어 그 귀속을 둘러싸고 논쟁이 치열하게 이루어졌고, 현재도 평행선이다.[1]

---

[1] 창녕지역이 신라로 귀속된 시기에 대해서는 4세기 후반, 5세기 초, 5세기 중엽 이후, 6세기 초 등 다양하게 제시되었으며, 연구사는 기왕의 논문에 다루어져 있으므로 여기서는 다루지 않고, 대표적인 논문만 제시해 둔다.

申敬澈, 1990 「5世紀代에 있어서 嶺南의 政勢와 韓日交涉」 『迷の五世紀を探る』(심포지움 東아시아의 재발견), 江上波夫·上田正昭 共著 ; 박천수, 2001 「고고자료로 본 가야시기의 창녕지방」 『가야시기 창녕지방의 역사·고고학적 성격』, 국립창원문화재연구소 ; 이희준, 2005 「4~5세기 창녕지역 정치체의 읍락구성과 동향」 『嶺南考古學』 37, 영남고고학회 ; 주보돈, 2009 「文獻上으로 본 古代社會 昌寧의 向方」 『한국고대사 속의 창녕』, 창녕군·경북대 영남문화연구원 ; 홍보식, 2011 「고분을 통해 본 고대 창

창녕지역의 정치적 향방을 둘러싸고 가장 논쟁이 되는 점은 창녕지역이 어느 시기까지 가야이었는가, 즉 창녕지역이 어느 시기부터 신라에 귀속되었는가의 문제이다. 그리고 이를 나타내는 물질자료가 무엇인가라는 것과 더불어 동일 물질자료일지라도 연구자의 관점에 따라서 가야로 보기도 하고, 신라로 보기도 하는 등 해석에도 가야 아니면 신라라는 이분법적인 잣대로 재단이 되기도 하였다. 특히 창녕지역이 일찍부터 신라에 귀속되었다는 논리는 신라라는 틀을 설정하고 물질자료를 대입하거나 문헌기록에 근거한 것이 대부분이다.

창녕지역을 주체로 놓고, 물질자료를 검토하여 삼국시대 창녕지역의 정치적 향방을 이해하는 방법이 필요하다. 이 관점에서 지금까지 창녕지역에서 조사된 물질자료-생활·생산·분묘 유적(유구)과 출토 유물-을 검토 분석하여 삼국시대 창녕지역의 정치체 성장과 가야와의 관계를 밝혀보고자 한다.

2. 유적과 유물

1) 5세기 전반 이전 시기의 유적

삼국시대의 창녕지역을 대표하는 유적으로는 계성고분군, 영산고분군, 교동과 송현동고분군, 합리고분군, 초곡리 소장미고분군, 거문리고분군 등의 분묘 유적과 도천면 일리와 계성면 큰골·봉화골1의 생활유적, 여초리·퇴천

녕지역 정치체의 성격」『고대 창녕 지역사의 재조명』, 경상남도 창녕군·부산대학교 한국민족문화연구소 ; 김두철, 2014 「신라·가야의 경계로서 경주와 부산」『嶺南考古學』70, 嶺南考古學會 ; 하승철, 2014 「토기와 묘제로 본 고대 창녕지역의 정치적 동향」『嶺南考古學』70 ; 嶺南考古學會.

리의 토기 생산유적 등이다.

4~5세기 전반의 창녕지역 상황을 나타내는 유적은 초곡리 소장미고분군의 목곽묘, 계성고분군 평성지구, 영산고분군 동리지구의 분묘, 일리와 큰골과 봉화골1의 생활유적, 여초리와 퇴천리의 토기 생산유적 등이다. 5세기 후반 이후의 상황을 나타내는 유적은 계성고분군의 계성지구와 사리지구 고분군, 영산고분군의 고총고분, 교동과 송현동고분군, 합리고분군, 거문리고분군 등이다. 창녕지역의 삼국시대 유적 중 발굴조사된 주요 유적은 대부분 5세기 후반 이후에 해당한다.

5세기 후반 이후에 조영된 유적의 자료도 삼국시대 창녕지역의 정치적 발전과 사회구조, 그리고 정치적 향방을 이해하는데 중요하지만, 삼한에서 삼국으로의 전환 및 전환 이후의 양상을 파악하기 위한 4세기에서 5세기 전반에 해당되는 조사 자료는 많지도 않을 뿐더러 집중적이지도 않다. 그럼에도 불구하고 이 시기 창녕지역 집단의 성장과 향방을 알려주는 문헌기록이 거의 전무한 상태에서 그 일단이나마 파악할 수 있는 점에서 자료적 가치는 높다.

이하 4세기에서 5세기 전반의 창녕지역 발굴조사 자료의 특징을 검토한다. 5세기 후반 이후의 자료에 대해서는 이미 여러 논고에서 다루어졌기 때문에 소개는 생략한다.

2) 생활유적

생활유적으로는 도천면 일리와 계성면 큰골과 봉화골1을 들 수 있다. 일리유적에서는 해발 50m 전후의 구릉 사면에 수혈주거지·지상식 건물지·단야유구·수혈·폐기유구 등이 확인되었다. 수혈주거지는 평면형태가 방형·부정형이다. 주거지와 수혈·폐기유구 등에서 조합우각형파수부호·통형고배·무개고배·컵형토기·광구소호·와질양뉴부호·와질삼뉴부옹·시루·컵형토

그림 1. 도천면 일리유적 출토 토기

기·대부파수부호·노형토기 등이 출토되었다(그림 1).[2]

일리유적의 삼국시대 조사 내용과 성과가 아직 보고되지 않아 구체적인 내용 검토는 어렵지만, 출토된 토기들은 창녕 양식 토기 등장 이전의 모습을 파악할 수 있는 자료들이다. 고배중에는 대각이 통형으로 삼각형·장방형·원형의 관통하거나 반관통한 투공과 상하 투공 사이에 찍은 문양이 시문된 예가 있다. 배신은 깊이가 얕은 것과 반구형화 과정을 보이는 것들이 있다. 배심이 깊지 않은 것은 구연 아래에 돌대가 돌려져 있다. 배신이 반구형화 과정을 보이는 것들은 구연 직하에 1~2조의 돌대가 돌려져 있다. 이런 특징의 도질고배들은 함안양식 또는 내륙양식 토기로 파악되기도 하지만, 꽤 광범위한 영남지역에서 유사한 사례들이 분포하는 점을 고려하면, 특정 지역과의 관계성을 보이기보다 동 시기 각 지역에서 생산된 공통성을 지닌 토기로서 파악된다.

무개식상하엇갈림투창고배는 후에 서술할 계성 봉화골 8호 주거지 출토품과 매우 유사하다. 광구소호는 바닥이 편평하고, 구경과 몸통의 비율이 2 이상으로 구경부 비율이 높고, 외면에 일정간격으로 각 1줄의 돌대를 돌려 3단으로 구분하였다. 노형토기는 후술할 여초리 토기생산유적 출토품과 유사하다. 시루는 우각형 손잡이가 부착되고, 바닥에 장방형의 쨴 증기공을 중앙부와 주변에 방사상으로 배치한 형태이다. 와질삼뉴부옹은 몸통 상방과 바닥에 뉴상 돌기가 부착되었다. 일리유적 C지구 폐기장에서 출토된 토기들은 4

---

2) 창녕박물관, 2018 『창녕을 다시 만나다(창녕박물관 재개관 전시도록)』, pp.29~32.

세기 후반에서 5세기 초의 특징을 보인다.

위에 설명한 토기들은 4세기 후반에서 5세기 초(전반) 낙동강 하류의 광범위한 지역에서 출토되지만, 창녕 여초리와 퇴천리의 토기 생산유적에서도 출토된 사례가 있는 점 등을 고려하면, 창녕지역 생산품일 가능성이 있다.

창녕 계성리유적은 낙동강 중류의 우안인 계성천 좌측의 나지막한 야산 구릉 사이의 충적지에 형성되었고, 아래쪽의 큰골과 위쪽의 봉화골Ⅰ의 2개 마을로 이루어졌다. 2개의 마을은 모두 5세기 전반에 조성되었는데, 이 양 마을을 이루는 집자리는 큰골이 9기, 봉화골Ⅰ이 13기로 모두 22기이다. 22기 집자리의 특징은 다음과 같다.

집자리는 평면형태가 대부분 방형이고, 기둥구멍이 있는 것과 없는 것으로 구분된다. 집자리의 기둥 배치는 4주식이고, 벽면을 따라 설치된 배수구가 집자리 바깥으로 길게 뻗었다. 배수구가 집자리 밖으로 길게 뻗은 사례는 거제 아주동유적의 사례를 제외하면,[3] 영남지역에서 거의 예가 알려져 있지 않다. 방형의 평면형태와 4주식, 집자리 밖으로 길게 뻗은 배수구, 그리고 벽면에 붙은 직선형 부뚜막 등의 특징은 같은 시기 영남지역 집자리와 다르고, 호남 남서해안에서 많이 확인되는 집자리와 유사하다.

계성유적 집자리에서 출토된 연질토기로는 시루·옹·귀때토기·호·완·파수부옹 등이 있고, 도질토기로는 뚜껑·고배·단경호·광구소호·발형기대 등이 있다. 이 토기들은 호남지역계와 영남지역계로 구분된다. 바닥이 둥글고 목이 있는 시루와 평행타날된 대형 연질옹, 쇠뿔모양 손잡이가 붙어 있는 옹 등은 같은 시기 영남지역의 토기 특징과 같지만, 편평한 바닥에 목이 없는 시루, 귀때토기, 평저완, 격자타날 된 대형 옹과 소형 옹 등은 영남지역의 토기와 형태 및 타날문양에서 다르다. 바닥 중앙의 둥근 증기구멍을 중심으로 주

---

3) 거제 아주동유적에서 확인된 배수구가 집자리 밖으로 길게 나온 집자리들은 4주식이고 호남지역 계통의 토기들이 포함되어 있어 호남지역계 집자리로 알려져 있다.

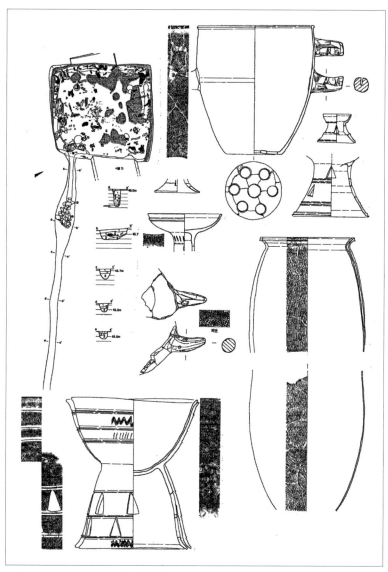

그림 2. 봉화골 I -7호 집자리와 출토 유물

위에 둥근 증기구멍을 환상으로 배치한 시루는 영남지역, 특히 낙동수계에서는 확인되지 않는다. 계성유적에서 출토된 연질토기 중 낙동강수계에서 확인되지 않는 기종 또는 형식의 연질토기는 호남의 남서해안 지역에서 4세기부터 5세기까지 보편적으로 출토되어 집자리의 구조와 함께 호남 남서해안 지역의 토기와 유사성이 높다. 집자리의 구조와 출토된 토기의 종류 및 특징 등을 고려할 때, 큰골과 봉화골1의 마을 거주인들은 출자가 호남 남서해안 지역에 있었음을 추론할 수 있다.[4]

3) 토기 생산유적

여초리 토기생산 유적은 2기의 가마터와 그에 부속된 폐기장이 조사되었다. 2기의 가마터는 구릉 경사면에 조성된 등요이고, 가마터 앞쪽에는 폐기장이 조성되었다. 가마터 내부와 폐기장에서 많은 수량의 토기들이 출토되었다. 발굴조사에서 출토된 토기들의 종류가 실제 생산된 모든 종류의 토기들이 포함되었다고 말할 수 없지만, 생산된 대부분의 종류가 포함되어 있을 개연성은 있다(그림 3). 출토된 토기의 종류와 개략적인 수량을 제시하면 표 1과 같다.

표 1을 보면, 몇 가지 특징을 확인할 수 있다. 우선 기고 50㎝ 이상일 것으로 추정 되는 대호 구경부와 저부 편의 수량이 많은 점이다. 모두 파편이라서 정확한 크기와 형태를 파악하기 어렵다. 여초리 토기 생산유적에서 대호 편의 수량이 많은 점은 대호 생산과 공급 수량이 많았음을 나타낸다. 4세기 후반에 대호 소비가 높은 지역은 김해와 부산 등 낙동강 하구 지역이다. 창녕 여초리 토기생산유적에서 대호 생산 수가 많은 점은 낙동강을 연계한 하구지역

---

4) 홍보식, 2013 「신라·가야의 이주 자료와 이주유형」 『한국고고학보』, 한국고고학회, p.51.

표 1. 창녕 여초리 토기생산유적 출토 기종과 수량
(개별 기종의 수치는 보고서의 보고 내용에 따름)

종류	호수	A지구 가마	B지구 가마
대호	구경부	39	32
	저부	33	24
소문양이부단경호		12	3
소문단경호		15	12
타날문단경호		8	10
노형토기		10	14
파수부동이			6
뚜껑		3	7
고배			18
시루		6	4
컵형토기			17
기대(통형·발형)			3

과의 토기생산 정보 유통이 이루어졌음을 나타낸다.

둘째, 도질 소문양이부단경호의 수량이 많은 점이다. 특히 A호 가마와 관련된 곳에서 모두 18점이 확인되었다. 도질의 소문양이부단경호 수량이 많은 점은 창녕지역의 집단들이 선호하였음을 나타낸다.

퇴천리와 퇴천리 겨울내 토기생산유적은 여초리 토기생산유적으로부터 북동쪽으로 1.0㎞ 가량 떨어진 야트막한 야산의 구릉 경사면에 위치한다. 이 중 퇴천리 토기생산유적에서는 가마터 1기와 폐기장이 발굴조사 되었다. 가마터 내부와 폐기장에서 출토한 토기의 종류와 수량은 아직 정식 보고가 이루어지지 않아 정확하지는 않지만, 약식 보고서를 통해 어느 정도 파악 가능하다.[5] 토기 종류로는 대호 구경부와 동체·저부편, 단경호 구경부와 동체편, 뚜껑·고배·노형토기·발형기대·시루·파수부호·대각 등의 편들이 170여 점 수집되었다. 위의 기종들 중에서 대호 편의 수량이 가장 많고, 노형토기의 대각으로 추정되는 대각 편도 20여 점 포함되었다. 퇴천리 토기 생산유적 출토 토기들은 종류와 특징, 시기 등이 여초리 토기생산 유적에서 출토한 토기들과 유사하다.

---

5) 창녕군·동아세아문화재연구원, 2019 『창녕 퇴천리 토기가마 유적 精密發掘調査 略式 報告書』.

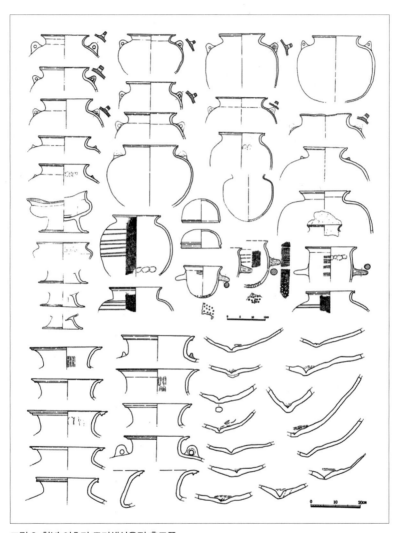

그림 3. 창녕 여초리 토기생산유적 출토품

4) 분묘유적

분묘유적으로는 이방면 초곡리 소장미고분군의 목곽묘와 영산고분군 동리지구의 목곽묘와 수혈식석곽묘가 조사되었다. 그리고 정식조사는 되지 않았지만, 계성고분군이 위치한 구릉의 서쪽 끝에 해당하는 평성마을 뒤쪽 일대(계성고분군 평성지구)에서 4세기에서 5세기 전반에 해당하는 유물들이 채집되었고, 이곳에는 목곽묘가 조영되었을 것으로 알려져 있다.[6]

소장미고분군은 고분이 분포할 것으로 추정되는 범위의 1/10 미만이 조사되었고, 목곽묘가 조사된 범위는 710㎡이고, 11기가 확인되었다. 목곽묘는 묘광 길이가 2.0m 이하로 소형이고, 단독식으로서 묘광의 길이:너비의 비율이 1.79~3.0으로 장방형이다. 옹관묘 2기도 확인되었다. 부장품은 와질대부호·와질원저단경호·양뉴부대부호·와질첨저옹 등의 토기류와 유관식장신철모·철부·철촉·철겸 등의 철기류이다. 석곽묘가 조영되면서 목곽묘가 파괴되어 잔존상태가 좋지 않고, 부장품이 확인되지 않은 목곽묘도 있는 등 발굴조사에서 확인된 부장품 구성은 부장 당시와 다를 여지도 있다(그림 4).

영산고분군 동리지구는 영산고분군의 서쪽 구릉 경사면에 위치하며, 동쪽에는 고총고분이 분포한다.[7] 동리지구에서 확인된 고분은 목곽묘 5기, 수혈식석곽묘 6기이고, 평면형태는 장방형이다. 고분이 소형임에도 불구하고

---

6) 홍보식, 2015(a) 「고고자료로 본 계성고분군의 역사문화적 가치」 『계성고분군』, 창녕군·경남발전연구원 역사문화센터, p.108.

7) 창녕군·한겨레문화재연구원, 2014 『창녕 동리 유적 Ⅰ-창녕 군립도서관 건립부지 내 유적-(발굴보고서)』에는 동리유적으로 명명하였으나 전체적으로는 영산고분군에 포함된다. 영산고분군은 동리지구, 영산지구, 죽사지구 등으로 구분해서 파악하는 방법이 타당하다고 생각하여 본 논문에서는 동리지구로 지칭한다. 일부 면적만 조사되었기 때문에 조사된 고분보다 이른 시기의 목곽묘가 존재할 가능성이 있을 것으로 추정된다.

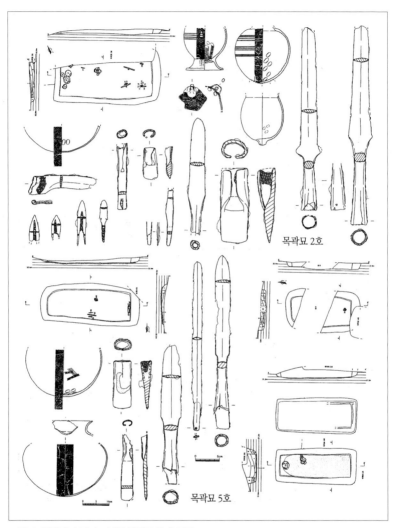

목곽묘 2호

목곽묘 5호

그림 4. 초곡리 소장미고분군 목곽묘와 출토품

장구로 꺾쇠가 사용된 사례가 있다. 묘형이 장방형으로 같은 시기 낙동강 하류지역의 고분 묘형과 상통하며, 장구로 꺾쇠를 사용한 점도 같지만, 신라 지역의 목곽묘와는 상이하다. 동리지구에서 조사된 고분 중 규모가 크고 부장품 수량이 많은 5호 목곽묘는 동쪽에 부곽, 서쪽에 주곽이 배치된 동혈주부곽식이다. 주곽과 부곽 모두 합해 길이:너비의 비율이 1.97이다.

동리지구에는 계열이 다른 유개(유개식)고배가 확인되었다. 첫째는 중앙이 뾰족하게 솟아오른 단추형 꼭지손잡이에 5~7치의 횡침선을 1단 또는 2단 돌리고 침선대 사이 또는 아래에 즐묘열점문을 시문하고, 개신이 편반구형 또는 'ㄇ'자인 뚜껑과 배신이 반구형이고, 뚜껑받이턱이 수평으로 돌출하고, 상하일렬로 세장방형투창이 배치되고, 나팔모양으로 벌어지는 대각의 고배(이하 A계열이라 함)이다. 둘째는 대각축소형 꼭지손잡이에 5~7치의 횡침선을 1단 돌리고 침선대 상하에 즐묘열점문을 배치하고, 개신이 편반구형인 뚜껑과 반구형 또는 편반구형 배신과 수평으로 돌출한 뚜껑받이턱, 장방형 투창이 상하교호로 배치되고, 사방향으로 뻗은 대각의 고배(이하 B계열이라 함)이다.

A계열 고배는 7호 목곽묘에서 7점, 1호 석곽묘에서 2점, 3호 석곽묘에서 1점, 10호 석곽묘에서 1점 출토되었다. B계열 고배는 1호 석곽묘에서 2점, 2호 목곽묘에서 2점, 3호 석곽묘에서 2점, 5호 목곽묘에서 8점, 9호 석곽묘에서 6점, 10호 석곽묘에서 5점이 출토되었다. 7호 목곽묘에는 A계열 고배만 출토되었고, 1·3·10호 석곽묘에는 A·B계열 고배가 공반되었는데, 출토 수는 B계열 고배가 많다. 5호 목곽묘와 2·9·10호 석곽묘에는 B계열 고배만 출토되었다. 낙동강 중하류지역의 토기 변천에서 보면 A계열이 B계열보다 선행한다. B계열은 5세기 후반부터 6세기 1/4분기까지 창녕지역에 생산·소비된 소위 창녕양식 토기의 한 기종이다.

동리지구 분묘의 선후를 보면, A계열 고배만 출토된 7호 목곽묘가 앞서고, A·B계열 고배가 공반된 1·3·10호 석곽묘가 그 뒤를 잇고, B계열 고배만 출토된 5호 목곽묘와 2·9·10호 석곽묘가 늦다. 다만 A계열이 급격하게 사라졌거나 그 반대로 B계열이 급격하게 확산되고 A계열이 흔적적으로 남을 경우 A·B계열이 공반한 유구가 B계열만 출토한 고분보다 빠르다고만 보기 어렵다. 여러 요인에 따라 해석의 차이가 존재함에도 불구하고, 동리지구 고분들은 창녕지역의 매장주체시설이 목곽묘에서 수혈식석곽묘로 교체되는 시기가 5세기 중엽인 점, 그리고 이 시기에 창녕양식 토기가 성립되었음을 보여주는 중요한 자료임은 분명하다.

그리고 동리지구 고분 부장품 목록에서 간취되는 또 하나의 중요한 점은 원저단경호의 집중 부장이다. 4호 목곽묘에는 모두 10점이 출토되었고, 3호 석곽묘에서는 4점, 6호 목곽묘에서는 5점, 9호 석곽묘에서는 2점, 10호 석곽묘에서는 4점, 11호 목곽묘에서는 2점 출토되었다.[8] 그런데 동리지구에서 조사된 가장 빠른 유구인 7호 목곽묘에 원저단경호가 1점도 출토되지 않았고, B계열 유개고배만 출토한 5호 목곽묘에도 원저단경호가 1점도 출토되지 않았다. 이 양상을 볼 때, 목곽묘 단순기에 원저단경호가 집중 부장되지 않았고, 창녕양식 토기 성립기에는 원저단경호의 집중 부장이 시작되는 과도기임을 나타낸다. 원저단경호의 집중 부장은 이후 창녕지역에 고총고분이 조영되고 성행하는 5세기 후반부터 6세기 1/4분기까지 창녕양식 토기 부장과 함께 창녕지역 고분 부장품을 구성하는 특징적인 요소이다.

계성고분군은 지금까지 5세기 후반에서 7세기까지 장기간 조영된 고분군으로 알려져 왔으나 지표조사 결과 고총고분 조영 이전부터 고분군 조영이 시작되었음을 간접적으로 확인할 수 있다. 현재 고총고분이 집중 분포된 계남지구의 서쪽인 구릉 말단부의 평성마을 뒤편의 얕은 구릉 일대(그림 6 참조)에서 4세기에서 5세기 전반의 토기들이 다수 채집되었고, 매장시설 부재는 확인되지 않아 목곽묘가 조영되었을 것으로 추정된다. 이곳에 목곽묘가 조영되었다면, 계성고분군은 늦어도 4세기부터 시작하여 7세기까지 장기간에 걸쳐 조영되었다고 할 수 있다.

---

8) 동리지구의 조사 분묘는 부장 원상이 훼손되었는데, 당초에는 부장품이 많았을 것이며, 원저단경호의 부장 수량도 이보다 많았을 것으로 추정된다.

3. 비사벌의 성장과 발전, 가야

1) 창녕지역 정치체의 성장과 가야

2장에서 검토한 것처럼 3~5세기 전반의 자료는 부분적이고 단편적이어서 창녕지역의 정치체 성장의 모습을 세밀하게 검토할 수 있는 상황은 아니고, 큰 틀에서의 논의는 어느 정도 가능하다. 2장에서 검토한 유적들에서 간취되는 내용들을 중심으로 이 시기 창녕지역의 정치체 성장과 가야와의 관계에 대해 검토한다.

4세기에서 5세기 전반의 창녕지역 정치체의 모습을 보여주는 자료로는 초곡리 소장미고분군의 목곽묘와 여초리와 퇴천리 토기생산유적, 도천면 일리와 계성리 큰골과 봉화골1의 생활유적, 계성고분군 평성지구, 영산고분군 동리지구 등이다. 5세기 전반 이전 시기에 해당하는 유적중 초곡리 소장미고분군의 목곽묘를 제외한 유적들이 현재의 창녕읍 중심지로부터 남서쪽 일대에 집중 분포한다. 북쪽으로부터 용석천변의 여초리와 퇴천리 토기 생산유적이 분포하고, 그 남쪽인 계성천변에는 계성고분군과 계성리 큰골과 봉화골1 유적이 소재한다. 영산천변에는 일리유적과 영산고분군이 위치한다(그림 5). 이러한 분포는 5세기 중엽 이전까지 창녕지역의 중심지가 창녕군의 남쪽 일대였음을 나타낸다. 그리고 계성고분군이 5세기 중엽 이전 시기까지 현 창녕지역의 중심 유적인 점을 고려하면, 계성고분군의 조영 시작 시기와 구성의 이해는 삼국시대 창녕지역 정치체의 성장과 발전 과정, 특징 등을 밝힐 수 있는 주요한 정보가 될 수 있다.

용석천변에는 여초리 토기가마터 Ⅰ과 Ⅱ유적이, 퇴천리가마터와 서쪽으로 500m 이격된 지점에 토천리 겨울내 토기가마터 등이 1.5㎞ 이내에 분포한다. 여초리Ⅰ과 퇴천리 토기가마터의 발굴조사 결과 4세기 후반에서 5세기 전반경에 조업이 이루어졌음이 확인되었고, 지표조사 결과 여초리Ⅱ와 퇴천

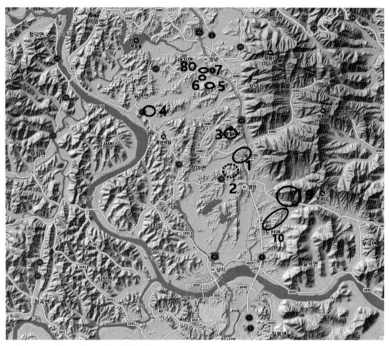

그림 5. 4~5세기 창녕지역의 주요 유적 분포
(1. 계성리고분군, 2. 추정 계성리고분군 조영집단 취락, 3. 계성리유적, 4. 여초리유적Ⅱ, 5. 여초리유적Ⅰ, 6. 퇴천리유적, 7. 퇴천리 겨울내유적, 8. 유어면 광산유적, 9. 영산고분군, 10. 도천면 일리유적)

리 겨울내 토기가마터에서도 거의 같은 시기의 토기들이 채집되어 같은 시기에 조업되었음을 알 수 있다. 그리고 이 토기생산 지역으로부터 서쪽으로 4㎞ 남짓 이격된 용석천이 낙동강에 합수하는 인근에 광산리유적이 위치한다. 광산리유적은 얕은 구릉으로 이루어졌고, 지표조사에서 와질토기와 함께 토기 내박자가 여러 점 채집되었다.[9] 여초리와 퇴천리의 토기생산유적과 거리적으로도 가깝고 같은 시기의 토기 내박자가 출토된 점 등을 고려하면, 광산유

---

9) 정징원·홍보식, 1995 「창녕군의 새로 찾은 생활유적-유어면 광산유적과 도천면 일리유적-」『부대사학』 19, 부산대학교 사학회, pp.11~12.

적 집단이 여초리와 퇴천리 토기생산유적 운영과 관련되었을 가능성도 있다. 이 관계는 향후 광산유적의 조사를 통해 밝혀질 수 있을 것으로 기대된다.

계성천변에는 계성리고분군이 남안에 위치하고, 큰골과 봉화골1유적이 북안에 위치한다. 계성리고분군 조영은 늦어도 4세기부터 시작되었을 가능성은 앞서 언급한 바와 같이 고분군의 구릉 서쪽 말단부에 위치한 고분군의 흔적으로부터 알 수 있다. 계성고분군을 조영한 집단의 취락은 아직 확인되지 않았으나 계성고분군 남서쪽의 광계마을이 위치한 구릉 일대가 유력한 후보지이다. 현재 논으로 사용되고 있는 주변 지역은 삼국시대 당시 저습지나 하천 범람지일 가능성이 있기 때문에 생활대지는 해발고도가 낮은 구릉 일대였을 것으로 추정된다.

계성리 큰골과 봉화골 1유적은 계성고분군으로부터 직선거리로 2㎞밖에 떨어져 있지 않다. 당시 창녕지역의 중심 집단인 계성고분군 조영집단이 위치한 곳에서 멀리 떨어지지 않은 곳에 왜 호남 서남부지역으로부터 이주해 온 집단이 정착하였을까. 이곳으로 이주해 온 집단이 이주하기 전 이미 이곳의 사정을 이해하고 있었거나 또는 이주 이전에 이미 계성고분군 조영집단과의 접촉이 있었을 가능성도 있다. 당시 창녕지역 중심 집단은 외부로부터 이주해 온 집단을 그들의 거주지 가까운 곳에 정착시키고 그들의 관리 하에 두고자 하였을 것이다.

그리고 앞서 설명한 여초리와 퇴천리 일대에 조성된 대규모 토기생산 시설은 계성고분군으로부터 직선거리로 5㎞에 위치하여 일일생활권 내에 포함된다. 4세기 후반에서 5세기 전반의 시기에 창녕지역에는 계성고분군보다 상위 고분군이 확인되지 않는 점을 볼 때, 여초리와 퇴천리 일대의 토기생산시설은 계성고분군의 관리 하에서 운영되었을 것으로 추정된다.

도천면 일리 생활유적은 영산고분군이 위치한 함박산에서 남쪽으로 길게 뻗은 얕은 구릉에 위치하며, 영산고분군으로부터 직선거리로 2㎞ 남쪽에 위치한다. 일리유적은 구릉 말단부 일부만 조사되어 유적의 전모는 알기 어렵지만, 출토품에는 5세기 전반의 토기도 포함되어 있다. 그리고 영산고분군 동리지구에서 조사된 분묘 중에도 5세기 전반의 늦은 시기에 해당하는 사례가 확인되어 양 유적이 동일 시기에 존재했음을 나타낸다. 일리유적 집단들의 사후 안식처가 영산고분군일 가능성이 있다. 5세기 후반에 조영된 영산고분군의 고총고분은 봉분 규모나 매장주체시설의 구조, 부장품의 질과 양 등에서 계성고분군의 고총고분보다 위계가 낮은 점 등을 고려하면, 5세기 전반 이전 역시 양 고분군의 위계도 동일하였을 것이다.

4세기에서 5세기 전반 시기 창녕지역의 주요 유적들은 현 창녕읍보다 남쪽에 위치하며, 동쪽에서 서쪽 또는 북쪽에서 남쪽으로 흘러 낙동강으로 합수하는 소하천변에 분포한 공통성이 있다. 소하천중에서도 길이가 가장 길고, 상대적 수량이 많고, 선상지가 상대적으로 넓은 계성천변이 중심 세력의 매장지인 계성고분군이 위치하게 된 지리적 배경이 되었을 것이다. 4세기 전반부터 계성천변에서 성장한 계성고분군 조영집단은 여초리와 퇴천리 일대에 대규모의 토기생산시설과 생산물을 장악 관리하면서 하위에 일리-영산고분군 조영 집단을 배치시키고, 그보다 하위에 초곡리 소장미고분군 조영집단들을 배치시킨 정치체가 성립되었을 것으로 추정되며, 그 실체가 비사벌일 가능성이 높다.

낙동강이 북에서 남으로 흐르다가 꺾여 동쪽으로 흐르는 현 남지읍에서 계성천과 영산천이 합수된다. 계성천이 낙동강에 합수되는 곳에서 계성고분군까지는 직선거리로 9㎞밖에 되지 않는다. 계성천과 영산천이 합수되는 현 남지읍 중심지 일대는 삼국시대 당시 낙동강 하상폭이 넓은 지점을 이루었을 것이다. 그리고 서쪽에는 남강이 낙동강에 합수된다. 이와 같이 4세기에서 5세기 전반의 창녕지역 주요 세력인 계성고분군 조영집단과 영산고분군 조영집단은 낙동강을 통해 남해안과 낙동강에 면한 집단들과 다양한 형태의 네트워크를 형성하였을 것으로 추정된다. 특히 당시 남해안에서 가장 선진문화가 소비된 낙동강 하구의 금관가야와의 관계가 강하였을 것으로 보인다.

이는 여초리와 퇴천리의 토기생산 유적에서 출토한 토기의 종류와 특징들을 통해 어느 정도 추정 가능하다. 여초리와 퇴천리의 토기생산시설에서 출토한 토기의 종류와 특징들은 낙동강 하구지역의 4세기 후반 토기 구성 및 특징들과 유사하다. 여초리와 퇴천리 토기 생산유적 출토품에서 도질의 소문 양이부단경호와 대호 출토량이 많다. 도질의 소문 양이부원저단경호는 3세기 말부터 낙동강 하구의 김해와 부산지역에서 등장하여 집중하고, 그 외 지역에는 소량 확인된다. 김해와 부산 지역의 목곽묘에는 도질의 소문원저단경호가 가장 빨리 등장하였을 뿐만 아니라 복수 부장된 사례도 다수 알려져 있어 김해·부산지역에서 선호된 종류이다.[10] 4세기 후반에서 5세기 전반에 창녕지역에서 생산·소비된 토기들에서 같은 시기 낙동강 하구인 고김해만 일대의 토기들과 유사한 점들은 낙동강을 매개로 창녕지역과 낙동강 하구지역 집단들과 교류가 빈번하였음을 나타낸다. 도천면 일리유적 출토품과 계성리 큰골과 봉화골 1유적에서 출토된 낙동강 하구지역의 특징이 있는 도질토기들도 이러한 추정의 가능성을 높인다.

초곡리 소장미고분군에서 확인된 목곽묘는 규모가 소형인데, 평면형태가 장방형으로서 낙동강 하구 지역의 목곽묘 평면형태와 유사하다. 대부호는 몸통 외면에 격자타날이 되었는데, 이는 낙동강 하류지역에서 확인되는 대부호의 특징이다. 철제 무기중 장신철모는 목곽묘 2호와 5호에서 각 2점, 1점 출토되었다. 이 장신철모는 유관식의 직기형인데, 1~2점 부장된 점은 3세기 후반부터 4세기 김해지역 목곽묘의 장신형철모 부장 양상과 유사하다. 김해 양동리고분군의 3세기 후반~4세기 전반의 목곽묘에는 유관식직기형장신철모 1~2점과 직기형철모 1점 등 3~4점 내외가 부장되었고, 일부 목곽묘에는 철모와 함께 장검이 부장된 사례가 있다. 초곡리 소장미고분군의 목곽묘 규모

---

10) 홍보식, 2014 「4세기의 아라가야와 금관가야」 『고고학을 통해 본 아라가야와 주변 제국』, 경남발전연구원 역사문화센터 엮음, p.194.

가 김해 양동리고분군의 목곽묘보다 작은 점, 초곡리 소장미고분군에서 조사된 목곽묘의 수가 적은 점 등 직접적인 비교는 어렵다. 그럼에도 불구하고 초곡리 소장미고분군에 부장된 철모의 부장 수량을 고려하면, 김해 양동리고분군의 철모 부장 수량 및 특징과 유사하다.

계성리 큰골과 봉화골1유적에서 출토된 토기들 중에서 영남지역계로는 뚜껑·고배·광구소호·소형기대·발형기대·대부파수부완·시루 등이 있다. 위의 토기들 중 뚜껑은 횡침선+종집선문이 시문되었거나 즐묘열점문이 시문되었다. 고배는 유개식과 무개식이 확인되고, 투창이 삼각형·세장방형·방형 등 형태가 다양하고, 1단·상하일렬 또는 상하엇갈리림 등 배치도 다양하다. 대체로 유개식고배는 투창이 세장방형으로 상하일렬로 배치되었고, 무개식은 장방형이고 상하엇갈리게 배치된 예가 많다. 대각이 통형이고 원형 투공이 배치된 예도 있다. 광구소호는 바닥이 편평하고, 호에서 목으로의 연결이 C자형을 이룬다. 소형기대는 삼각형 투창이 배치되었고, 내부가 관통되었다. 발형기대는 대각부만 4점 출토되었는데, 투창이 없거나 삼각투창이 상하 엇갈리게 배치되었다.

큰골과 봉화골1유적에서 출토한 영남지역의 토기 기종 구성과 특징들이 어느 특정 지역과의 관련성을 구체적으로 설정하기는 어렵다. 그러나 발형기대·광구소호와 소형기대 등의 구성과 특징들은 낙동강 하구의 금관가야 양식 토기 요소들이 반영되었고, 같은 시기의 경주지역 토기의 특징은 보이지 않는다. 4세기에서 5세기 전반의 창녕지역은 가야의 문화 요소가 지배적이므로 가야권에 포함되어 있었음을 나타낸다.

2) 정치체의 발전

5세기 초 낙동강 하구에 위치하였던 금관가야가 쇠퇴하고, 가야 각 지역 정치체의 재편이 이루어지면서 고령·함안·합천 등 가야의 주요 지역에 고총고분이 조영되고, 해당 지역의 특징을 보이는 토기 양식이 성립되었다. 창녕지역의 정치체도 이러한 물결에 적극 참여하였음이 확인된다. 5세기 중엽 이후 창녕지역에는 창녕지역만의 독특한 지역적 특징이 있는 물질자료들이 생산 소비되었을 뿐만 아니라 이를 주도한 세력 집단의 발전도 수반되었다. 그것을 나타내는 물질자료가 고총고분과 창녕양식 토기의 성립이다.

5세기 중엽 이후 계성고분군의 묘역이 구릉 정상부와 그곳에서 파생된 가지 능선의 정선부와 사면부로 이동하였다. 구릉 정상부와 가지 능선의 정선부에는 고총고분이 조영되었고, 사면부에는 중소형 석곽들이 밀집 분포되었다. 그동안 실시된 정밀분포조사 결과 계성고분군에는 고총고분이 261기가 확인되었고, 5세기 후반에서 6세기 초에 해당하는 고총고분이 분포한 계성지구에는 대략 150여 기 이상이다. 100여 기 이상의 고총고분이 분포한 가야 고분군으로는 고령 지산동고분군, 함안 말이산고분군, 합천 삼가고분군, 창녕 교동과 송현동고분군 등 몇 사례에 불과할만큼 계성고분군에 고총고분 수가 많음을 나타낸다. 이는 계성고분군 조영집단의 규모가 꽤 크고, 지배층의 성장이 두드러졌음을 나타낸다.

계성고분군 계성지구에서 조사된 고총고분은 1~4호분과 북5호분이다. 이 가운데서 1~4호분은 계성고분군에서 규모도 클 뿐만 아니라 계성고분군의 특징을 가장 뚜렷하게 보여준다. 1~4호분은 매장주체시설을 거의 지상에 구축하고, 주인공을 묻은 주곽과 부장품을 넣은 부곽이 '日'자 모양으로 배치된 수혈식석곽이다. 주곽은 벽체에 면이 둥근 냇돌을 주로 사용하고, 부분적으로 점판암을 혼용하여 쌓았다. 벽체 뒤쪽에는 냇돌을 채웠는데, 너비가 대략 70~100㎝로 두텁다. 내부에는 꺾쇠로 고정한 목곽이 벽면에 밀착되게 설치하고, 내부 바닥에는 납작한 돌을 깔고 주검과 부장품을 안치하였다. 부곽은 면이 반듯한 점판암을 사용하고, 부분적으로 냇돌을 사용하여 쌓았고, 주곽과 동일하게 벽체 뒤쪽에 냇돌을 두텁게 채웠다. 목곽을 설치하지 않고, 벽면에 밀착된 상태로 항아리를 포함한 토기 등의 유물이 상당 수량 부장되었

그림 6. 계성고분군 고분 분포도와 지구 구분

다. 주곽과 부곽 모두 뚜껑돌이 확인되지 않아 나무 뚜껑을 사용하였을 것으로 추정된다.

계성고분군이 위치한 곳의 기본암은 점판암이다. 점판암은 경도가 낮아 하중을 견디는 강도가 약한데 이를 대체하기 위해 석곽을 지상에 구축하고, 석곽 구축재로 고분군 북편의 계성천에서 구할 수 있는 냇돌을 사용하였다. 석곽을 지상에 구축하고, 높이를 높게 하고 나무 뚜껑을 사용한 요인은 봉분을 고대화 하여 시각적인 과시성을 높이기 위한 고안이었다.[11]

계성고분군 고총고분의 매장주체시설과 유사한 구조의 석곽은 낙동강 서안의 합천 옥전고분군 M1·M2·M3호분과 고령 지산동고분군 73호분 등이

---

11) 홍보식, 2017 「영남지역 장방형 수혈식석곽과 봉분 축조 공법」 『고고학』 13-1, 중부 고고학회, pp.30~31.

있다. 이 고총고분들은 옥전고분군과 지산동고분군에서 등장기의 고총고분
이다. 이 고총고분의 부장품에는 창녕 양식 토기와 조익형관식·편원어미형
행엽과 입주부운주 등 신라 중앙의 위세품들이 포함되었다. 옥전고분군과 지
산동고분군의 고총고분이 등장기부터 완성된 형태를 보이고, 석곽 구조와 부
장품에서 창녕지역과의 관련성이 높은 점은 고총고분의 상징성과 조영 기술
을 창녕지역 집단으로부터 제공받았을 가능성이 있다. 이를 제공한 주체세력
은 계성고분군 조영 집단이며, 고총고분 조영 기술과 상징의 제공을 통해 그
들의 정치적 위상을 높였을 것이다.

5세기 중엽 창녕지역 양상을 일부 엿볼 수 있는 자료는 영산고분군 동리
지구의 고분과 부장품들이다. Ⅱ장의 동리지구에서 조사된 분묘의 매장주체
시설과 부장품 구성 및 특징을 검토하였듯이 창녕지역의 문화에 변화가 나타
나는 전환기적 양상을 엿볼 수 있다. 동리지구의 분묘에서 출토한 토기들은
낙동강 하구의 광범위한 지역에 분포한 토기에서 창녕지역의 특징을 갖춘 토
기 양식으로의 전환을 나타낸다.

동리지구에서 출토한 A계열의 유개고배를 창녕양식 토기로 이해하는 견
해도 있다.[12] 그런데 이 계열의 유개고배는 창녕 영산고분군뿐만 아니라 낙
동강 하구에 위치한 부산 괴정동·미음동·구랑동·가달고분군, 김해 죽곡리·
안양리·본산리고분군, 함안 오곡리고분군, 청도 성곡리고분군 등 광범위한
지역에 분포하여 중핵지역을 설정하기 어렵다. 특히 이 계열의 유개고배는
낙동강 하구지역에서 5세기 2/4분기부터 등장하여 4/4분기까지 존속하여 가
장 오랜 기간 생산·소비되었을 뿐만 아니라 부장된 유구는 물론 수량 등에서
도 창녕지역보다 앞선다. 따라서 이 A계열의 유개고배는 낙동강 하구를 거점
으로 하여 중류지역까지 광범위한 지역에 분포한 고배이며, 창녕양식 토기의

---

12) 박천수, 2019 「고고학으로 본 비화가야사의 새로운 접근」 『창녕 영산고분군의 조영
과 성격』, 창녕군·(재)두류문화재연구원, pp.52~57.

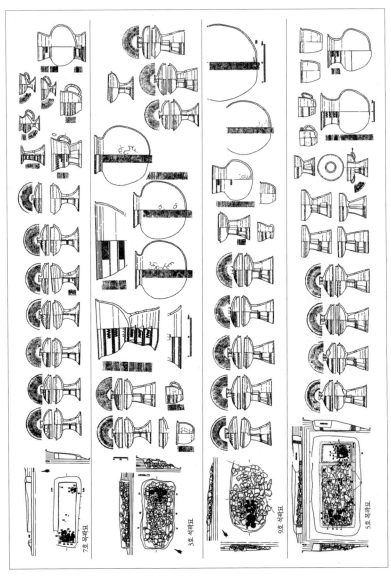

그림 7. 창녕 영산고분군 동리지구 고분과 출토품

한 기종으로 보기 어렵다.

　가장 뚜렷한 창녕 양식 토기는 B계열의 뚜껑과 고배이다. 동리지구 분묘에서 이 B계열의 고배는 A계열의 유개고배와 공반한다. B계열 유개고배에는 A계열 유개고배의 요소들도 반영되어 있다. 예를 들면, 개신이 편반구형인 점과 외면에 5~7치의 횡침선이 있고, 상하에 즐묘열점문을 시문한 점은 A계열의 뚜껑에도 존재한다. 5~7치의 횡침선이 있고, 상하에 즐묘열점문을 시문한 요소들은 앞 시기 또는 같은 시기의 신라 토기 뚜껑에 일반적이지는 않았다. 등장기의 B계열 고배는 배신이 편반구형이고, 투창이 상하교호로 배치되었지만, 그 형태는 세장방형으로서 A계열 고배의 요소들을 계승하였다. 이 계승관계를 구체적으로 보여주는 B계열 유개고배가 동리지구 9호 석곽묘 출토품이다(그림 7).

　위의 계승관계를 고려하면, 창녕 양식 토기로의 전환 배경에 어떤 특정 계통만의 영향력이 작용했다고 보기 어렵다. 앞 시기 토기 양식의 전통에 새로운 모델을 적용하여 창녕양식 토기가 성립되었다고 판단된다. 창녕양식 토기 성립은 창녕지역에 고총고분이 등장하기 직전에 이루어졌을 가능성이 있다. 창녕양식 토기가 성립 된 이후 창녕지역에 고총고분이 조영되었다. 이는 창녕지역의 정체성이 보다 구체적으로 정립된 것을 배경으로 해서 고총고분이 조영되었음을 보여준다. 창녕양식 토기의 성립과 동시에 발형기대의 부장이 거의 이루어지지 않고, 원저단경호의 복수 부장이 새로운 전통으로 성립되었다. 원저단경호의 다량 부장은 창녕양식 토기와 함께 창녕지역 고분 부장품 품목에서 가장 주목된다.

　이 창녕양식 토기는 5세기 중엽에 창녕지역의 남쪽인 계성천 일대에서 성립되고 이어서 현재의 창녕군 범위에 해당하는 지역으로 확산되었을 뿐만 아니라 낙동강 하류의 동·서안 지역은 물론 중류지역의 서안인 의령·합천·고령 지역으로도 반출되었다. 창녕양식 토기는 부산 복천동·연산동·당감동·괴정동고분군, 낙동강 서안의 부산 가달·분절·구랑동고분군, 김해 대성동·

능동·죽곡리·화정고분군, 함안 오곡리고분군, 창원 도계동·합성동·현동고 분군, 합천 옥전고분군, 의령 유곡리고분군, 합천 옥전·삼가고분군, 고령 지산동고분군, 통영 남평리 10호분 등 광범위한 지역에 분포하는 사실은 해당지역의 유적 조사에 의해 확인되었다.

창녕양식 토기가 신라 중앙인 경주와 그 주변부인 울산, 대구, 경산, 포항 등지에 분포하지 않고 가야권역에 주로 분포하는 점은 창녕지역의 수장층들이 낙동강 하류지역 뿐만 아니라 서안의 대가야 수장층은 물론 그 주변 지역의 수장층, 낙동강 중하류 지역의 다양한 가야 집단들과 활발하게 교류관계를 맺었음을 나타낸다. 창녕양식 토기가 신라화된 지역보다 가야지역에 보다 광범위하게 분포하는 점은 창녕지역 집단들이 다른 가야와 상호 소통관계를 유지하고 있었음을 나타내는 자료이다. 따라서 이러한 점들을 고려하면, 창녕양식 토기가 유행하는 시기에 비사벌은 가야의 일원으로서 존재했음을 나타낸다. 5세기 중엽 고총고분 조영과 창녕양식 토기 등장과 반출 등은 비사벌의 발전을 보여주는 물적자료이자 가야와 신라를 매개하는 존재로서의 위상이 강화되었음을 보여준다.

3) 세력 재편과 중심 권력의 이동

5세기 말 이후 창녕지역에는 새로운 중심 고분군이 등장하였는데, 그것이 바로 교동과 송현동고분군이다. 교동과 송현동고분군은 현재의 창녕군 내의 북쪽에 치우쳐 있다. 5세기 말 이후 창녕지역의 중심 고분군이 계성고분군에서 교동과 송현동고분군으로 바뀌면서 중심지역도 계성천변에서 하왕산록으로 이동되었다. 중심 고분군이 하왕산록에 조영되는 시점부터 계성고분군에는 고총고분의 규모와 수가 줄어들었다. 영산고분군도 계성고분군과 동일하게 고분 규모가 줄어들었다.

교동과 송현동고분군이 새로 조영되면서 창녕지역의 정치적 향방에 큰 변화가 이루어졌다. 5세기 중엽 이전까지 주요 유적들이 계성천변 일대에 집중되었으나 5세기 말에서 6세기 전반에는 하왕산록 일대를 중심으로 북쪽에 위치한 토평천과 평지천·용호천 일대에 고분군의 분포가 두드러진다. 이는 5세기 말부터 비화가야의 중심지가 하왕산록 일대로 바뀌면서 북부지역 개발이 이루어지고, 다수의 취락들이 조성되었음을 나타낸다. 비사벌의 권력이 계성천변에서 하왕산록 일대로 바뀐 배경은 현재로선 구체적으로는 알기 어렵다. 계성고분군의 조영 세력 일부가 하왕산록으로 이동하면서 나타난 현상인지 계성고분군 조영 집단과 별개 집단이 새로 부상하였는지에 대해서는 불확실하다.

교동과 송현동고분군 고총고분의 매장주체시설은 평면형태가 세장하고, 목곽이 아닌 목관을 사용하였고, 돌 뚜껑을 사용하는 등 계성고분군의 고총고분 매장주체시설 및 장구 등에서 차이가 있다. 석곽 벽면에 밀착해서 목곽을 설치하고 목곽 내에 주검과 부장품을 안치한 구조에서 목곽을 설치하지 않고, 주검과 착장형 위세품만을 목관에 격납하고 그 외의 부장품은 관외의 석곽 내부에 부장하는 방식은 낙동강 동안지역 고총고분에는 확인되지 않는다. 매장주체시설의 구축방식과 매장프로세스, 뚜껑으로 돌을 사용한 점에서도 계성고분군의 고총고분 매장주체시설과 다르다.

교동과 송현동고분군은 모두 4개의 군으로 구성되었는데, 제Ⅰ·Ⅱ군(종래의 교동고분군)의 고총고분 규모가 가장 크다. 이 교동과 송현동고분군의 고총고분은 분형이 원형이고, 매장주체시설의 구조가 특이하다. 이 매장주체시설의 구조를 횡구식으로 파악하기도 했지만, 횡구식석실이 아니다. 이는 교동 Ⅰ군 7호분의 발굴조사에서 분명하게 확인되었을 뿐만 아니라 Ⅲ군(종래의 송현동 6·7호분)의 발굴보고서 내용을 제대로 검토하였다면, 횡구식석실로 판단하기 어려웠을 것이다. 지하식으로 판단한 Ⅱ군 1·3·5호분은 동쪽이 높고 서쪽이 낮은 원지형을 고려하면, 통로가 마련된 곳과 서쪽의 정지면이 지상에 위치하는 지상식이다. 교동과 송현동고분군에서 긴 통로가 설치된 고

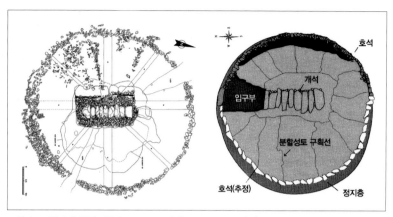

그림 8. 교동과 송현동고분군 Ⅰ군 7호분(좌)과 Ⅱ군 88호분(우)

분의 매장주체시설은 모두 장축의 1/2 내외가 지상에 위치한 공통적인 특징
이 있다. 그런데 매장주체시설이 지하에 위치한 Ⅰ군 7호분은 북쪽 단벽 앞쪽
에 부정형의 길이가 짧은 수혈만 존재하지 긴 통로는 확인되지 않았다. 매장
주체시설이 지상에 구축된 고분에만 통로시설이 설치되었다. 지상에 통로시
설을 설치한 것은 교동과 송현동고분군의 독특한 매장프로세스에 기인한다.

　교동과 송현동고분군의 대형 고분의 매장 과정을 간략하게 정리하면, ①
위치 선정 및 구지표 제거 → ②묘광 구축, 한쪽 단벽에 바닥보다 깊이가 얕은
수혈 굴착 → ③한쪽 단벽을 제외한 3벽체 구축, 벽체가 지하에 위치할 경우,
벽체만 구축, 경사가 낮은 한쪽 장벽체가 지상에 구축될 경우, 벽체 구축과 병
행해서 봉분 조성하되, 외부에서 석곽으로 진입할 수 있는 통로 마련 → ④주
검과 부장품 매납 → ⑤한쪽 단벽 구축 → ⑥벽체 내면에 점토 미장 →⑦뚜껑
돌 설치 → ⑧석곽 주위 밀봉(밀봉석으로 밀봉한 후 점토 밀봉) → ⑨봉분 조
성(통로가 있는 경우, 통로 매몰 및 상부 봉분 조성) 순서이다.[13] 송현동 7호

────────────

13) 홍보식, 2015(b) 「창녕 교동과 송현동고분군 석곽의 매장프로세스」『우정의 고고

분의 석곽 내부의 목관 반대쪽에는 각목들이 철도 침목처럼 깔려 있다. 이 각목은 석곽 외부에서 안으로 목관을 들여와 목관이 놓일 위치로 이동할 때, 이동의 편리를 도모하기 위해 깐 시설이다.

교동과 송현동고분군의 고총고분에는 관(금동 또는 은)·모관·이식(태환·세환)·대금구 등 착장형 금공품이 다수 확인되었다. 창녕지역에서 출토한 착장형 장신구는 신라식과 가야식으로 나뉘며, 많은 수가 신라식이다. 신라식 착장형 장신구는 5세기 후반부터 6세기 전반 사이에 집중한다.[14]

교동과 송현동고분군에 신라식 창작형 장신구의 부장을 둘러싸고, 창녕지역이 신라에 귀속되었는지의 여부에 대한 논쟁이 있었다. 신라에 귀속되었다고 보는 견해에 의하면, 금속공예품을 제작하려면 원료산지의 확보를 비롯하여 복잡한 제작공정과 전문화된 공인의 존재가 필요하며, 공인집단을 움직일 수 있는 생산조직이 갖추어져야 가능하지만, 창녕지역에는 공인집단이 존재하기 어려웠을 것이므로 신라식 착장형 장신구는 신라 중앙으로부터의 사여로 이해하였다.[15]

이와 달리 지역마다 존재했던 재래의 제작기술을 바탕으로 현지에서 제작한 것으로 보기도 한다.[16] 이는 지역 모방제작설이다. 장신구 가운데 대관은 초기부터 중앙에서 분배된 것이 아니었고, 지방에서 모방 제작 하였으며, 6세기 전반까지 소국은 자립적인 성향을 지닌 채 경쟁적으로 성장하였다고 보기도 한다.[17]

학』, pp.440~441.

14) 신라식 착장형 금공품이 창녕지역에 본격적으로 파급된 시기를 경주 황남대총 북분 단계 이후 금관총 단계에 걸쳐 이루어진 것으로 보기도 한다(이한상, 2009 「장신구로 본 5~6세기 창녕지역의 정치적 동향」 『한국 고대사 속의 창녕』, 창녕군·경북대 영남문화연구소, p.175).

15) 이한상, 2009 앞의 논문, p.176.

16) 박보현, 1987 「수지형입화식관의 계통」 『영남고고학』4, 영남고고학회, p.31.

5세기 말 이후 창녕지역의 주요 고분에서 출토한 착장형 장신구중 일부는 신라 중앙인 월성북고분군에서 출토한 것과 동일하거나 유사한 사례도 있는 반면, 창녕지역에서만 출토되는 형식도 있다. 예를 들면, 교동 II지구 12호분 출토 태환이식과 교동 II지구 10·11호분, 계성 1호분, III지구 7호분, II지구 1·3호분 출토 대금구의 경우 지역적인 특징이 현저하여 창녕지역 공방에서 제작한 것으로 파악된다. 특히 교동 II지구 10호분 대금구처럼 수하부에 많은 수의 엽문이 투조된 예는 창녕지역에서만 확인되어,[18] 창녕지역에서도 착장형 장신구가 제작된 시스템을 갖추고 있었음을 유추할 수 있다. 창녕지역에서 착장형 장신구를 제작하였다면, 신라 중앙으로부터 완제품으로 들어왔을 것으로 추정되어 온 착장형 장신구 중 일부도 창녕지역 공방에서 제작되었을 개연성도 존재한다. 동일하다고 해서 모두 경주로부터 완제품으로 반입되었다고 볼 수 있는 적극적인 근거는 없다.

이와 같이 특정 계통의 착장형 장신구가 부장된 것만을 근거로 창녕지역이 신라에 귀속되었다고 보는 논리는 영남지역의 집단들을 신라 아니면 가야라는 이분법적인 귀속 틀에 대입시켜 파악하는 방식이다. 이 방식의 이해는 해당 지역의 정체성을 이해하는데 있어 별로 도움이 되지 않는다. 창녕지역 집단의 자율성이란 관점에서 당시의 창녕지역 집단의 정치적 향방을 파악할 필요가 있다.

교동과 송현동고분군 조영집단이 5세기 말 비사벌의 중심세력으로 부상하면서 계성고분군 조영집단이 낙동강 하구 및 서안의 가야세력과 활발한 네트워크를 구축하여 가야 세력으로서 존재한 것과 달리 신라와의 관계 형성을 중시하였다고 보인다. 6세기 초부터 교동과 송현동고분군의 부장품에 신라

---

17) 이성주, 2006 「考古學からみた新羅の成立とアイデンティティ」『東アジア古代國家論』, すいれ社, pp.206~209.

18) 이한상, 2009 앞의 논문, p.178.

중앙 양식 토기의 수량이 증가하면서 창녕양식 토기와 공반된다. 6세기 2/4 분기부터 창녕양식 토기는 더 이상 소비되지 않는다. 이와 같이 비사벌의 신라 귀속은 일시에 이루어졌다기보다 점진적인 과정을 거쳐 6세기 2/4분기에 완전히 이루어졌다고 보는 것이 합리적이다. 6세기 2/4분기 이후 신라화가 진전되었고, 그 결과 555년에 하주를 설치하고 주치를 현 창녕읍에 두었다고 이해할 수 있다.

4. 맺음말

최근 창녕지역에서 이루어진 일련의 발굴조사 자료를 분석하여 삼국시대 창녕지역 정치체의 성장과 발전 과정을 검토하였다. 검토 결과 창녕지역은 4세기에 낙동강 하구지역의 문화요소를 수용하여 계성천변에 위치한 계성고분군 집단이 중심세력으로 부상하였고, 예하에 일리-영산고분군 조영집단을 편재하고, 여초리와 퇴천리 일대에 대규모 토기생산유적을 관리하는 정치체를 성립하였고, 이 정치체가 문헌에 등장하는 비사벌로 추정할 수 있었다. 이 시기 창녕지역만의 특징적인 문화요소는 성립되지 않았으나 생활 및 토기 생산유적 출토 토기의 구성과 특징, 목곽묘의 형태와 부장품 구성에서 낙동강 하구를 중심으로 한 가야 세력과 활발한 교류를 통해 가야사회의 일원으로서 존재하였다.

5세기 중엽 이후 다른 가야지역에서 전개된 각 가야권역의 토기 양식 성립과 동일하게 창녕지역에서도 토기 양식이 성립하였고, 현재의 창녕 관내와 현풍 일대에 소비되면서 비사벌의 권역이 마련되었다. 창녕 양식 토기의 성립과 고총고분이 조영되면서 비사벌의 정체성이 뚜렷하게 발현되었다. 창녕 양식 토기가 낙동강 하류와 서안의 가야지역으로 반출되고, 합천 옥전고분군과 고령 지산동고분군의 고총고분의 상징과 조영 기술의 전달 등을 통해 신라와 가야를 연계하는 주도세력으로 발전하였다.

5세기 말 비사벌의 중심 세력이 교동과 송현동고분군 조영집단으로 교체하면서 신라 중앙과의 강화를 통해 신라 중앙의 착장형 장신구 문화를 수용하여 지배층의 권위를 강화하였다. 창녕지역의 고총고분에 부장된 착장형 위세품에는 창녕지역에서 생산된 것들도 다수 포함되어 있어 일방적인 사여로 파악하기 어렵다. 뿐만 아니라 신라 중앙의 착장형 위세품이 지속적이지 않을뿐더러 금동신발이 출토되지 않은 등 신라의 다른 지역과 양상이 달랐다. 창녕지역에 신라식 착장형 위세품의 일부가 반입되었는데, 이는 신라 중앙이 창녕지역 집단을 그들의 편으로 끌어들이기 위해 투자한 것으로 파악할 수 있었다. 그리고 비사벌 지배층만의 독특한 매장시설을 고안하였다. 중심 지역이 하왕산록 일대로 이동하면서 북부지역이 활발하게 개발되었다.

이와 같이 창녕지역은 4세기부터 6세기 초까지 주변지역의 정세변동에 따라 유연하게 적응하면서 정체성을 유지하였으나 6세기 2/4분기 신라에 귀속되었다.

김두철, 2014 「신라·가야의 경계로서 경주와 부산」『嶺南考古學』70, 嶺南考古學會

박보현, 1987 「수지형입화식관의 계통」『嶺南考古學』4, 嶺南考古學會

박천수, 1993 「삼국시대 창녕지역 집단의 성격연구」『嶺南考古學』13, 嶺南考古學會

박천수, 2019 「고고학으로 본 비화가야사의 새로운 접근」『창녕 영산고분군의 조영과 성격』, 창녕군·(재)두류문화재연구원

申敬澈, 1990 「5世紀代에 있어서 嶺南의 政勢와 韓日交渉」『迷の五世紀を探る』(심포지움 東아시아의 재발견), 江上波夫·上田正昭 共著

이성주, 2006 「考古學からみた新羅の成立とアイデンティティ」『東アジア古代國家論』, すいれ社

이한상, 2009 「장신구로 본 5~6세기 창녕지역의 정치적 동향」『한국 고대사 속의 창녕』, 창녕군·경북대영남문화연구소.

이희준, 2005 「4~5세기 창녕지역 정치체의 읍락구성과 동향」『嶺南考古學』37, 嶺南考古學會

주보돈, 2011 「진한에서 신라로」『고고학으로 보는 신라의 형성기』, (사)한국문화재조사연구기관협회

주보돈, 2009 「문헌상으로 본 고대사회 창녕의 향방」『한국고대사 속의 창녕』, 창녕군·경북대영남문화연구원

창녕군·동아세아문화재연구원, 2019 『고대 창녕의 성곽과 토기가마터(지표조사 및 보존방안 수립 학술용역보고서)』

창녕군·동아세아문화재연구원, 2019 『창녕 퇴천리 토기가마 유적 精密發掘調査 略式報告書』

창녕박물관, 2018 『창녕을 다시 만나다(창녕박물관 재개관 전시도록)』

하승철, 2014 「토기와 묘제로 본 고대 창녕지역의 정치적 동향」『嶺南考古學』70, 嶺南考古學會

정징원·홍보식, 1995 「창녕군의 새로 찾은 생활유적-유어면 광산유적과 도천면 일리유적-」『부대사학』19, 부산대학교 사학회

홍보식, 2011 「고분을 통해 본 고대 창녕지역 정치체의 성격」『고대 창녕지역사의 재조명』, 창녕군·부산대학교 민족문화연구소

홍보식, 2013 「신라·가야의 이주 자료와 이주유형」『한국고고학보』, 한국고고학회

홍보식, 2015(a) 「고고자료로 본 계성고분군의 역사문화적 가치」『계성고분군』, 창녕
        군·경남발전연구원 역사문화센터
홍보식, 2015(b) 「창녕 교동과 송현동고분군 석곽의 매장프로세스」『우정의 고고학』
홍보식, 2017 「영남지역 장방형 수혈식석곽과 봉분 축조 공법」『고고학』13-1, 중부고
        고학회

고고학 자료로 본
신라와 창녕

· 심현철 ·

1. 머리말

고대 창녕지역 정치체의 성격에 관한 문제는 오랜 논쟁의 대상이다. 신라·가야사에서 가장 논의가 활발한 부분이기도 하다. 창녕지역 정치세력의 정체성과 신라로의 편입 시점을 중심으로 크게 상반되는 2가지 견해가 있다. 먼저, 창녕지역이 4세기 전반까지는 가야세력이었지만 4세기 후반부터 신라의 간접지배를 받기 시작하고 적어도 5세기 후반에는 직접지배에 들어가 신라의 지방으로 편제된다는 견해이다.[1] 이는 고총축조기의 낙동강이동양식토기는 바로 신라토기이며 창녕양식토기를 신라토기의 한 지역양식으로 이해하는 입장이다. 그리고 이와 함께 출토되는 착장형 장신구 등이 모두 신라식 위세품이라는 것이 또 다른 근거이다. 한편, 창녕세력의 독자성을 강조하여 신라의 지배시기를 늦추어 보는 견해도 있다. 구체적으로는 창녕양식토기

---

1) 이희준, 2005 「4~5세기 창녕지역 정치체의 읍락구성과 동향」 『嶺南考古學』 37, 영남고고학회 ; 주보돈, 2009 「文獻上으로 본 古代社會 昌寧의 向方」 『한국 고대사 속의 창녕』, 창녕군·경북대 영남문화연구원 ; 김용성 2011 「창녕지역의 新羅古塚과 그 의의」 『신라사학보』 22, 신라사학회.

가 4세기후반에 성립하여 5세기 2/4분기까지 유행하는 것으로 보아 이때까지는 가야로 인식하며, 5세기 3/4분기부터는 점차 신라양식화되고, 이때부터 경주산 위세품이 본격적으로 사여되면서 신라의 지배하에 들어간다고 보는 입장이다.[2] 반면, 이러한 견해와는 달리 창녕양식토기는 낙동강 이동양식으로서 5세기 후반 초에 성립하며, 동시에 고총의 축조가 시작되고 경주산 위세품이 부장되는데, 이때부터 신라와의 관계가 강화되는 모습을 보이다가 6세기 2/4분기에는 창녕양식토기가 완전히 소멸되고 경주양식토기로 대체되는 것으로 볼 때, 이 무렵부터 신라의 지배하에 들어갔다고 보는 견해가 있다.[3]

이렇듯 동일한 고고자료를 두고서도 연구자 간의 인식 차이[4]에 따라 창녕지역에 대한 역사 해석이 완전히 달라지고 있다. 따라서 이 글에서는 이러한 논쟁의 진전을 위해 기존의 연구 성과를 최대한 객관적으로 정리하고, 신라와의 관련성이 높은 새로운 요소들을 집중 검토하여 창녕 세력의 정체성 및 신라와의 관계를 설명하고자 한다. 이를 잘 반영하는 고고자료로는 역시 고총고분(이하 고총)과 그 출토유물이다.

2) 박천수, 2001「고고자료를 통해 본 가야시기의 창녕지방」『가야시기 창녕지방의 역사·고고학적 성격』, 국립창원문화재연구소.

3) 정징원·홍보식, 1995「창녕지역의 고분문화」『한국문화연구』 7, 부산대학교 한국민족문화연구소 ; 홍보식, 2003『新羅 後期 古墳文化 硏究』, 춘추각 ; 홍보식, 2011「고분을 통해 본 고대 창녕지역 정치체의 성격」『고대 창녕지역사의 재조명』, 창녕군·부산대학교 한국민족문화연구소 ; 김두철, 2011「고고유물을 통해 본 창녕 정치체의 성격」『고대 창녕지역사의 재조명』, 창녕군·부산대학교 한국민족문화연구소 ; 백승옥, 2021「比斯伐의 공간과 역사적 성격」『한국고대사연구』 101, 한국고대사학회.

4) 가장 큰 차이는 역시 고분의 연대관이며, 이와 더불어 이 시기의 고분문화를 이해하는데 있어 창녕지역 세력의 자립성을 강조하느냐 혹은 신라의 강한 영향력을 강조하느냐와 같은 해석 관점의 차이에 따라 달라지고 있는 것이다.

2. 고총

1) 고분군의 분포와 축조 흐름

창녕지역에서 고총의 축조는 연구자에 따라 차이가 있지만, 5세기 전반 또는 중후엽부터 시작되어 6세기 전반까지 이어지는 것으로 알려져 있다. 지형적으로 보면 크게 현풍지구, 교동·송현동지구, 계성지구, 영산지구로 나눌 수 있고, 여기에는 각각 양리고분군, 교동과 송현동고분군, 계성고분군, 영산고분군으로 불리는 각 지구의 중심고분군이 자리하고 있다. 고고학에서는 이러한 고분군의 규모와 분포상태에 따라 고총축조기 창녕지역 정치체의 구성을 다양하게 이해하고 있다. 우선, 계성지구와 교동·송현동지구만을 창녕지역 집단으로 보고 현풍지구는 별개의 집단으로 상정하고, 세력의 중심이 계

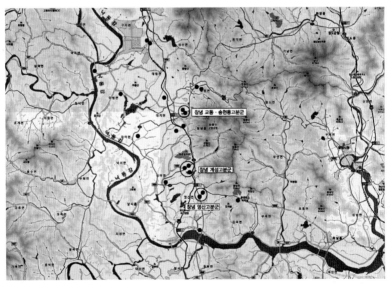

그림 1. 창녕지역 고총고분의 분포(창녕군 · 경남발전연구원 역사문화센터, 2015 『계성고분군의 학술적 가치 그리고 활용』)

성지구에서 교동지구로 이동하는 것으로 이해하는 견해가 있다.[5] 이에 반해 현풍지구, 교동·송현동지구, 계성지구, 영산지구의 4개 지구를 각각 읍락의 중심으로 보고 창녕지역의 동일한 세력집단으로 이해하기도 한다.[6] 그리고 이와 유사하지만 영산지구의 동리고분군은 그 규모나 위치로 보아 계성지구 의 하위 주변집단 정도로 이해하는 것이 타당하다는 견해도 있다.[7]

이 가운데서 창녕의 최유력고분군이라고 한다면 개별 고총의 규모나 전 체 수로 보아 교동·송현동고분군과 계성고분군이다. 양 고분군은 최근까지 활발한 조사를 통해 고총의 양상과 출토유물의 내용이 알려졌다. 이를 통한 기존의 인식은 계성고분군이 3~4세기대부터 목곽묘를 축조하며 창녕의 중 심세력으로 유지되다가 5세기 중후반에 들어와 교동·송현동고분군이 축조 되면서 중심이 이동한다는 것이다. 그런 다음 6세기 전반에 들어와서는 양 고 분군에서 고총의 축조가 중단되고 이후 완전히 신라에 편입되는 것으로 이해 되고 있다.

2) 묘제와 장법

계성고분군과 교동·송현동고분군의 묘제는 형태와 변화에 차이가 있다. 먼저 계성고분군의 고총은 주부곽식의 목곽묘 또는 목개석곽묘(과도기)로부 터 출발하여 6세기대 전반 장방형횡구식석실묘로 이어지고 6세기대 후반 방 형횡구식 석실묘로 변화한다.[8] 반면, 교동·송현동고분군 고총의 묘제는 횡구 식석(곽)실 또는 수혈식석곽묘인데, 길이 대 너비의 비율이 4.5:1일 정도로 세

---

5) 박천수, 2001 앞의 논문.

6) 이희준, 2005 앞의 논문.

7) 김용성, 2011 앞의 논문.

8) 하승철, 2014 「토기와 묘제로 본 고대 창녕의 정치적 동향」 『영남고고학』 70, 영남고 고학회.

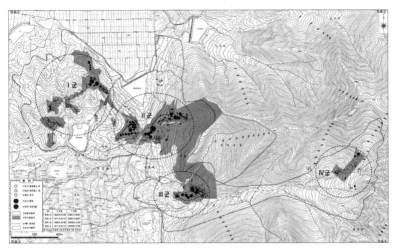

그림 2. 교동과 송현동고분군 분포도(우리문화재연구원, 2014(a) 『사적 제514호 창녕 교동과 송현동고분군 —종합학술연구보고서—』, 도면 38)

장하며 전체 길이도 6m 이상인 것이 많다. 이렇듯 새로이 축조되는 교동·송현동고분군 축조세력이 계성고분군의 묘제 요소를 따르고 있지 않아 신흥세력의 등장으로 보기도 한다.[9] 또 다르게는 낙동강 이동지역에서 고총의 등장을 신라 중앙의 지원을 받은 읍락이 신흥세력으로 부상한 증거로 보거나,[10] 신라에 의한 후발 축조집단에 대한 전폭적 지원을 통해 지역 전체를 통하려는 이이제이책에 의한 결과물로 해석하는 경우도 있다.[11]

이러한 상황에서 여기서는 5~6세기 전반 창녕지역 최대유력집단인 교동·송현동고분군의 묘제와 장법을 검토하여 그 특징을 명확히 하고자 한다. 왜냐하면 고총 축조집단의 정체성을 가장 잘 표출하는 요소 중 하나가 묘제

---

9) 홍보식, 2011 앞의 논문.

10) 김용성, 2011 앞의 논문.

11) 이희준, 2005 앞의 논문.

와 장법이기 때문이다.

(1) 교동·송현동고분군의 묘제

교동·송현동고분군은 크게 4개의 군으로 나눠져 있고 다른 어떤 지역보다 많은 고총(총 20여 기)이 조사되었는데, 묘제는 크게 3가지 유형이 확인된다.

먼저, Ⅰ유형은 지하식 혹은 일부지상식의 석곽에 북쪽을 제외한 세 벽면

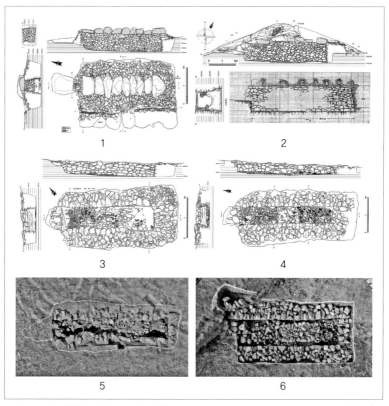

그림 3. 교동·송현동고분군 묘제(Ⅰ유형)
1. Ⅰ군 7호, 2. Ⅰ군 8호, 3. Ⅰ군 13호, 4. Ⅰ군 14호, 5. Ⅱ군(우리문화재) 18호, 6. Ⅱ군(우리문화재) 20호

을 먼저 축조한 후 북쪽 묘광의 벽면을 일부 굴착하여 수혈을 파고 수혈 내부를 마지막으로 외부에서 막아 단벽을 축조하는 형태이다. 이때 북쪽의 수혈은 기존 묘광의 바닥면까지 굴착을 하지 않기 때문에 석곽 내부에서 북쪽 단벽을 보면 U자상의 묘광(암반)선이 확인되는 특징이 있다. 평면적으로는 묘광의 북쪽에 돌출된 작은 수혈이 부가된 모습이다. 수혈의 평면적인 형태와 방향이 정연하지 않고 축조된 석곽의 내부 폭과 수혈의 폭이 완벽히 일치하는 것으로 보아 석곽의 세 벽면이 축조된 후 수혈이 굴착된 것으로 추정된다. 또한 북쪽 단벽은 내면이 정연하지 않고 그 위로 개석이 올라가지 않기 때문에 개석이 설치된 후 가장 마지막에 외부에서 막음된 것을 알 수 있다. 또한 이러한 축조과정을 미리 의도했기 때문에 북쪽의 첫 번째 개석은 평면적으로 직선적인 것을 사용하는 특징도 확인된다. 즉, 외부 막음용을 위해 의도된 형태의 개석을 설치한 것이다. Ⅰ유형의 가장 큰 특징 중 하나는 북쪽에 부가된 수혈이 봉분 기저부인 호석까지 이어지지 않을뿐더러 석곽 밀봉과 함께 완전히 복토되어 매장주체부 축조나 매장을 위해서 설치된 임시 출입시설로만 사용되었다. Ⅰ유형의 대표적인 예로는 Ⅰ군 7호분, 8호분, 10호분 13호분, 14호분과 Ⅱ군(교리112번지 일원) 18호, 20호, Ⅲ군 8호분 등이 있다.

Ⅱ유형은 Ⅰ유형과 마찬가지로 북쪽을 제외한 석곽의 세 벽면을 먼저 축조한 후 북쪽 단벽을 마지막으로 축조한 구조이다. 다만, 최초 굴광한 묘광 안으로 들어와 북쪽 단벽을 축조(외부 막음)하고 있어 묘광의 바닥에서부터 벽석이 쌓인 형태이다. 북쪽 단벽을 마지막에 외부에서 막음하였기 때문에 내면이 고르지 못하고 단벽 위로 개석이 올라가지 않는 점, 북쪽 첫 번째 개석의 면이 직선적인 것은 Ⅰ유형과 완전히 동일하다. 하지만 Ⅰ유형과의 가장 큰 차이점이라고 할 수 있는 것은 북쪽에 설치된 입구 시설이 북쪽의 봉분 기저부인 호석에 까지 이어져 있어 일반적인 횡구식 묘제의 묘도시설처럼 설치된 점이다. 이 묘도는 단면이 U상을 이루는 것이 보통이고 Ⅱ군 3호분처럼 내면을 따라 석축을 길게 쌓은 것도 확인된다. 최근 완전히 미도굴 상태로 확인되

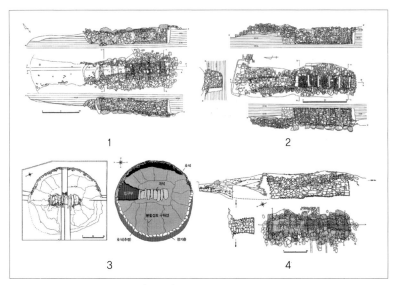

그림 4. 교동 · 송현동고분군 묘제(Ⅱ유형)
1. Ⅱ군 1호, 2. Ⅱ군 3호, 3 · 4. Ⅱ군 88호

어 국립가야문화재연구소에서 조사가 진행 중인 Ⅱ군 63호분에서도 북쪽 입구시설이 단면 U자상으로 호석까지 이어져 있고, 내면에는 점토를 발라 마무리한 것이 확인되기도 하였다. 입구 시설 혹은 묘도가 봉분 기저부의 호석까지 이어지는데, 이 부분의 호석 형태가 다른 부분과 달리 긴 장대석을 횡치하여 설치된(Ⅱ군 88호분)것도 확인된다. 현재까지의 조사 예로 본다면 Ⅱ군내에서도 창녕박물관 위쪽 구릉 일대에서만 확인되고 있는데, Ⅱ군 1호, 3호, 88호 등이 해당된다. Ⅲ군의 6·7호분과 15호분 등도 이러한 유형에 속할 가능성이 있으나 정확히는 알 수 없다.

Ⅲ유형은 Ⅱ군 89호분을 대표로 하여 116호분과 최근 조사가 이뤄진 39호분 등이 해당된다. Ⅱ군의 89호, 116호분은 일제강점기에 조사가 이뤄진 고분으로 Ⅱ군내 에서도 중심이 되는 대형분이다. 이뿐만 아니라 최근 조사된 39호분 역시 봉분의 규모가 직경 30m에 이르는 대형분으로 교동과 송현

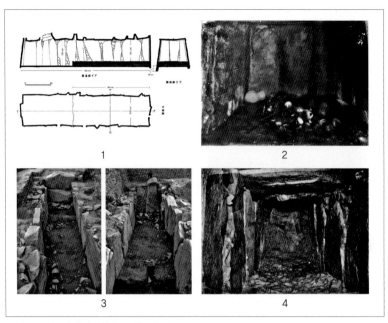

그림 5. 교동·송현동고분군 묘제(Ⅲ유형)
1·2. Ⅱ군 89호, 3. Ⅱ군 39호, 4. Ⅱ군 116호

동고분군 내에서도 최대형급에 속하는 고분이다. 아쉽게도 현재까지 조사 내용이 상세히 밝혀진 고분이 없어 정확한 축조공정은 알 수 없지만, 네 벽면 모두 개석에 사용될 만한 장대석을 수적하여 벽면을 축조한 것이 가장 큰 특징이다. 최근 보고서가 발간된 89호분과 조사가 이뤄진 39호분의 양상으로 보아 Ⅰ·Ⅱ유형과 마찬가지로 북쪽 단벽을 마지막에 축조했을 가능성이 있고 입구 시설로 활용했을 것으로 추정된다. 현재까지 이 3기를 제외하면 확인된 고분이 없어 교동·송현동고분군 내에서는 벽석을 축조하는 재료와 방식 등이 독특하지만 나머지 축조공정과 매장방식 등은 Ⅰ·Ⅱ유형과 유사할 것으로 추정된다.

　이상에서 살펴본 바와 같이 교동·송현동고분군 내에서는 크게 3가지 유형의 묘제가 확인된다. 이와 같은 특징 외에도 벽면이 안으로 경사지는 단면 사다리꼴 모양과 수직으로 올라가는 형태가 확인되며, 개석 상부에 일반적인 밀봉 외에 다량의 석재를 쌓아 봉긋하게 축조한 경우(Ⅲ군 6·7·15~17호)도 확인되고 있어 주목된다. Ⅱ군 2호분과 3호분의 경우에는 벽석 사이와 바닥에서 침목을 설치한 흔적이 홈으로 남아 있다. 이러한 구조는 비교적 가까운 거리에 있는 현풍지구 성하리 1호분에서도 확인되며, 분구묘인 영산강유역의 영암 옥야리 방대형분에서도 동일한 구조가 확인되고 있다. 이렇게 침목을 설치한 구조는 현재까지 그 수량이 많지 않지만 창녕 교동지구, 현풍지구 등에서 자료가 증가하고 있어 그 계통과 분포권이 주목된다.

한편, 대형의 판상 장대석을 수적하고 그 사이 틈은 작은 할석으로 쌓아 벽체를 구성한 Ⅲ유형과 유사한 구조로 축조된 고분은 대구 달성고분군(비산동·내당동고분)과 성주 성산동고분군의 수혈식 석곽묘에서 확인되며, 소위 판석조 석곽으로 불린다. 벽석의 구조와 축조방식에 있어 유사성이 있어 분포 범위가 갖는 의미가 있다. 이 지역들과 창녕지역간의 교류에 의한 것인지는 향후 검토가 필요하다. 그러나 Ⅲ유형의 묘제가 갖는 가장 큰 의미는 교동·송현동고분군 내에서 39호분, 89호분, 116호분 모두 최대형분에 속한다는 점이다. 특히, Ⅱ군 89호분은 Ⅰ군 7호분와 함께 고분군 내 최대형 고총이며, 석곽의 규모로만 본다면 7호보다도 길이가 1m 정도 더 긴 약 10m이다. 따라서 이러한 유형의 묘제가 현재까지 확인된 수량은 적다고 할지라도 창녕지역 최고수장층의 묘제로 채용되고 있다는 점에서 의미하는 바가 크다.

이렇듯 교동·송현동고분군 내에는 동일 시기에 최소 3가지 유형의 묘제가 확인된다. 무엇보다 이러한 묘제가 단순히 과도적인 형태로 나타난 것이 아니며, 각 유형은 고분군 내에서도 위치나 규모, 부장유물의 양과 질에서 위계가 높은 중심 고총이란 점이 주목된다. 이는 동시기 주변지역 고분군에서는 볼 수 없는 교동·송현동고분군만의 특징이며, 교동·송현동고분군 축조세력의 구성과 성격을 이해할 수 있는 실마리가 될 것이다.

(2) 교동·송현동고분군의 장법

교동·송현동고분군의 묘제에 관해 횡구식석곽이라는 분류를 사용하는 연구자들이 많다. 이는 구조로 보아 매장시설의 한 쪽 단벽에 입구부가 존재하여 '횡구식'을 사용한 것이며, 곽과 실의 차이에 있어서는 매장 이후 매장주체부내 여유 공간의 유무를 기준으로 하여 '석곽'으로 분류하고 이 둘을 접목하여 사용하고 있다.[12]

발표자는 기본적으로 수혈식석곽에서 횡구·횡혈식석실로 변화하는 삼국시대 묘제의 큰 변화 흐름을 인식하고 있으며, 여기서 室墓의 등장은 추가장을 전제하여 구조적으로는 출입시설(묘도, 연도, 현문)을 갖추고 있으며, 지속적으로 매장이 가능한 장법으로의 변화로 이해하고 있다. 이러한 관점에서 교동·송현동고분군의 묘제를 구조적으로 살펴보면, 입구부가 존재하며 한 쪽 단벽을 통해 횡방향으로 매장하는 방식임에는 틀림없다. 하지만 무엇보다 이러한 구조와 상관없이 기본적으로 추가장을 전제하지 않은 단장묘이며,[13] 순장이 확인된다. 다만, 현재까지 II유형에 해당하는 고분이 횡구식 석곽과 같은 개념으로 분류가 가능할지도 모르겠으나, 역시 순장과 추가장 등이 확인되지 않기 때문에 일반적인 횡구식 석실이 아닌 것은 분명하다.

표 1. 槨과 室의 분류와 기준

분류 \ 기준	장법	묘도·연도	순장	입구시설	매장방식	묘제
槨	單葬	×	○	×	縱(↓)	수혈식
室	多葬(追加葬)	○	×	○	橫(→)	횡구·횡혈식

▨ : 교동·송현동고분군 묘제의 요소

---

12) 김용성, 2011 앞의 논문, p.254 ; 강승규, 2019 「창녕지역 횡구식 석곽의 축조 방법과 출현 배경」『한국고고학보』 113, 한국고고학회, pp.162~165.

13) 대표적인 예로 I군 7호분은 묘제가 대체로 횡구식석곽으로 분류되지만 북쪽 단벽에 붙은 작은 수혈이 존재할 뿐 발굴조사 당시 봉토 상에서 묘도 및 추가장의 흔적은 전혀 확인되지 않았다.

이렇듯 교동·송현동고분군의 묘제는 일반적인 개념으로 보아 곽과 실의 요소를 동시에 갖추고 있기 때문에 지금까지 다양한 용어로 불려왔던 것이다. 곽에서 실로 변화는 삼국시대 묘제의 큰 흐름을 생각해보면 추가장을 전제하지 않고 이와 관련된 뚜렷한 묘도시설을 갖추고 있지 않기 때문에 개념적으로는 수혈식석곽묘로 분류하는 것이 가장 타당하다고 생각한다[14]. 그렇다면 입구부가 존재하며 이를 통해 횡방향으로 매장이 이뤄지는 것에 대한 검토가 필요하다. 이는 앞서 언급한 석곽의 구조와 매장방식의 복원을 통해 설명할 수 있다.

전형적인 횡구식 석실처럼 묘도를 갖추고 있지 않았음에도 교동·송현동고분군의 석곽이 한 쪽 단벽을 입구처럼 활용할 수밖에 없는 이유에 대해 필자는 2가지 가능성을 제기하고자 한다. 먼저, 교동·송현동고분군 석곽의 가장 큰 특징 중 하나인 단면 사다리꼴 벽체인데, 이러한 구조로 벽석을 쌓아 올리기 위해서는 벽석축조 시 석곽의 내부에 반드시 나무로 된 고임시설 등이 필요하게 된다. 그리고 무엇보다 벽석축조가 거의 최상단에 이르렀을 때에 그 위로 아무런 받침시설 없이 거대한 개석을 올린다는 것은 거의 불가능에 가깝기 때문이다. 대체로 반지상화한 석곽의 벽체를 경사지게 축조하기 위해 내부에 보조 목재를 설치하고 개석을 덮은 후 석곽의 축조가 완료되면 이를 제거하여 매장주체부를 완성하는 방식이다. 현재까지 내부에 임시로 설치된 보조 목재의 흔적이 확인된 바는 없으나 경사진 단면 사다리꼴의 벽체를 쌓고 그 위로 거대한 개석을 올리기 위해서는 이와 같은 방식이 필연적이었을 것으로 추정된다.

두 번째로 Ⅰ유형의 예처럼 지금까지 횡구부로 인식하였던 북쪽 단벽 부근의 작은 수혈은 대부분 묘도 시설과 관련된 것이 아니라 단순히 매장행위

---

14) 교동·송현동고분군 묘제에서 뚜렷한 묘도시설을 갖춘 횡구부가 명확하지 않은 점에 대해서는 홍보식, 2011 앞의 논문에 의해 상세히 지적된 바 있다.

를 위한 것으로 생각된다. 석곽의 축조가 완료 시점을 전후하여 본격적인 매장을 위해 석곽의 내부로 출입하기 위한 용도로 사용한 수혈일 가능성이다. Ⅰ군 7호, 8호, 10호, 13호, 14호 등이 석곽의 규모에 상관없이 공통된 구조를 가지고 있다. 즉, 석곽 내부로 출입할 수 있는 최소한의 수혈을 굴착하고 이를 통해 유물을 부장하고 목관을 밀어 넣어 안치하였던 것이다. 비교적 석곽의 구조가 뚜렷하고 봉토에 대한 조사가 명확한 Ⅰ군 7호분의 예를 통해 교동·

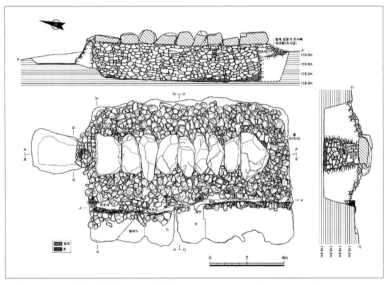

그림 6. 교동·송현동고분군 Ⅰ군 7호분(우리문화재연구원, 2014 『창녕 교동과 송현동고분군 제Ⅰ군 7호분 및 주변 고분』의 도면 101을 개변)

표 2. 교동·송현동고분군 Ⅰ군 7호분의 축조과정 복원

1. 묘광굴착	6. 북쪽단벽(입구)폐쇄
2. 북쪽 단벽을 제외한 벽석축조(보조목주 설치)	7. 석곽밀봉 ① 개석상부 적석 및 점토 1차 밀봉
3. 북쪽단벽(입구)부 수혈 굴착	② 북쪽 수혈복토
4. 개석설치 및 석곽완성(보조목주 제거)	③ 수혈포함 매장주체부 2차 밀봉
5. 본격적인 매장(유물부장/목관안치/순장)	8. 봉분 성토

송현동고분군 I유형의 축조과정을 복원하면 다음과 같다.

이러한 축조과정 중에서 4, 5공정은 앞서 언급한 것과 같이 서로 순서가

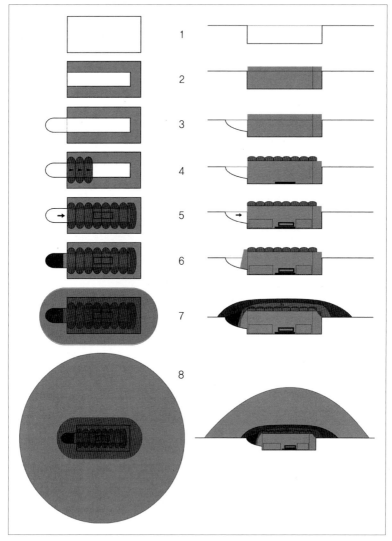

그림 7. 교동 · 송현동고분군 묘제의 축조과정 복원(I 군 7호분의 예)

바뀔 가능성도 있다. 북쪽에 설치된 수혈의 의미와 용도에 따라 달라질 수 있고 현재로선 정확히 밝혀내기 어려운 부분이기도 하다.

　이러한 축조과정과 장법은 교동·송현동고분군의 고총에서 확인되는 특징이다. 이외에도 교동·송현동고분군의 고총은 모두 하나의 봉토 안에 하나의 매장시설을 갖추고 있는데, 이는 고령 지산동고분군을 제외한 함안 말이산고분군, 합천 옥전고분군, 부산 연산동고분군 등의 가야지역 고총과 동일한 양상이다.[15] 매장주체부의 구조에 있어서는 단면형태가 사다리꼴을 이루고 있는데, 이는 매장주체부의 벽체가 하부에서 최상부로 갈수록 폭이 좁아지는 형태이며 내부에서 바라보았을 때 벽면이 상당한 경사를 이루고 있다. 이러한 특징이 이 지역 고분군에서만 확인되고 있어 이러한 구조의 묘제를 '송현동식 수혈식석곽'으로 명명하기도 한다.[16] 또한 개석의 상부에는 밀봉의 개념으로 다량의 적석을 하고 있는 것이 확인된다. 개석 위의 적석은 개석이 보이지 않을 정도로 그 양이 많으며 단면형태가 ∩자형을 하고 있다. 대표적

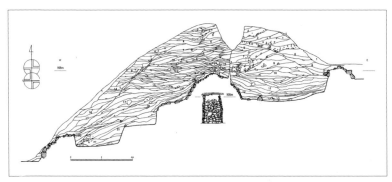

그림 8. Ⅲ군 6호분의 석곽 단면과 적석 양상(국립가야문화재연구소, 2011(a) 『창녕송현동고분군Ⅰ』의 도면 12)

---

15) 홍보식, 2011 앞의 논문, p.86.
16) 홍보식, 2011 앞의 논문, p.115.

인 예로 I군 7호분, III군 6·7호분, 15~17호분 등이 있고 주로 대형분에서 확인된다.

그 다음으로 묘형을 살펴보면, 교동·송현동고분군 내 고총은 대형분과 중소형분 사이에 약간의 차이는 있지만 대체로 평면 세장방형이다. 비슷한 시기 낙동강 동안지역 고총의 묘형이 장방형인데 비해 낙동강 서안지역의 함안 도항리고분군, 고령 지산동고분군의 수혈식석곽묘 묘형과 유사하다. 매장주체부의 길이가 6m 이상인 고분을 중심으로 살펴보면 그 비율은 평균적으로 1:4.5 정도이다(표 3 참조).

한편, 이러한 세장방형의 매장주체부는 공간을 크게 3분할하여 활용하고 있는데,[17] 중앙에는 높은 관대를 설치하고 피장자와 함께 棺을 안치한다. 그리고 머리 쪽 부장공간에는 공헌유물을 부장하는데, 주로 토기류와 함께 마구류, 무기·무구류가 부장된다. 또한 발치 쪽 공간에는 토기류 중심의 생활유물을 부장하며, 나머지 공간에는 피장자의 위계에 따라 순장자를 안치한다.[18]

표 3. 교동·송현동고분군 고총의 묘곽 크기와 비율(심현철, 2013 「창녕 교동12호분의 구조와 성격」 「야외고고학」, 18, 한국문화재조사연구기관협회, 표 4)

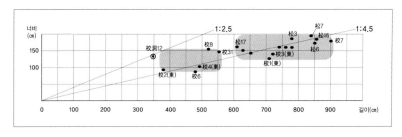

---

17) 김용성, 2011 앞의 논문, p.270

18) 주피장자의 발치에 순장자를 직교하여 배치한 것은 함안 말이산고분군의 순장 형태와 유사하다(이성준·김수환, 2011 「한반도 고대사회의 순장문화」 「한국고고학보」 81, 한국고고학회, p.124).

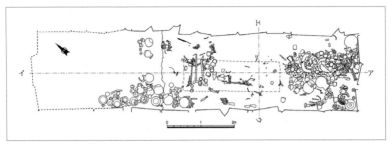

그림 9. 교동·송현동고분군 고총의 매장공간활용(II군 89호분/국립김해박물관, 2019 『昌寧 校洞 89 號墳 I −본문편−』, 도면 6)

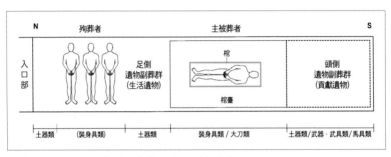

그림 10. 교동·송현동고분군 고총의 기본구조와 공간 활용

　주피장자의 두향은 주로 남향이며, 순장자가 안치된 단벽 쪽 즉, 피장자의 발치 쪽인 북쪽에 입구가 설치된다. 매장주체부의 장축방향은 대체로 남북방향이며 북쪽 단벽에 입구가 마련된 구조인 것이다. 한편, 상대적으로 위계가 낮아 순장자가 안치되지 않는 중소형 석곽묘의 경우에는 피장자 발치 쪽 공간이 대형 석곽묘에 비해 길이가 짧지만, 기본적인 장법에 있어서는 동일한 공간활용법을 사용하고 있다. 피장자를 석곽의 가운데에 안치하고 머리 쪽과 발치 쪽에는 각각 공헌유물과 생활유물을 부장하는데, 대형 석곽묘과 비교했을 때, 순장자 공간만이 사라진 형태이다.

　이처럼 다양한 유형의 묘제가 축조되었음에도 공통된 매장방식과 특유의 매장공간 활용법을 공유하고 있는 점은 교동·송현동고분군 고총만의 특질이다. 이러한 요소들 중에서도 가장 특징적인 것은 한 쪽 단벽에 입구가 있음에도 추가장이 이뤄지지 않는다는 점이다. 즉, 입구부의 존재와 상관없이 지금까지 확인된 거의 모든 고분이 추가장을 전제하지 않은 단장묘이다. 이러한 특징은 교동·송현동고분군 고총의 가장 중요하고 독특한 요소로서 기존의 연구에서는 이러한 특징을 갖춘 교동과 송현동고분군의 묘제를 횡구식석곽,[19] 횡구식석실,[20] 수혈계 횡구식석실,[21] 수혈식석곽[22] 등으로 분류하였고, 최근에는 이 중 횡구식석곽이라는 용어가 주로 많이 사용되고 있다. 이러한 분류 현황은 입구를 갖춘 매장주체부 구조와 추가장을 전제하지 않은 장법 등 교동·송현동고분군 고총만의 특징을 그대로 반영하고 있는 것이다.

3) 적석목곽묘의 존재

교동·송현동고분군 내에는 일제강점기 이래 알려진 적석목곽묘가 1기 있다. Ⅰ군 7호분에서 동남쪽으로 이어지는 가지 능선의 마지막에 위치하는 12호분이 그것이다. 일제강점기에 조사되어 적석목곽묘로 알려졌지만, 석곽묘의 가능성이 제기되는 등(홍보식 2011) 논란이 지속되었지만, 추가 시굴조사와 일제강점기 자료에 대한 전면적인 분석을 통해 경주지역의 중소형 적석목곽묘와 구조 및 매장방식이 동일하고 출토유물로 보아 적석목곽묘로 판단할 수 있게 되었다(심현철 2013). 시굴조사(우리문화재연구원 2014b)를 통해 개

---

19) 김용성, 2011 앞의 논문 ; 강승규, 2019 앞의 논문.

20) 홍보식, 2003 앞의 책 ; 하승철, 2014 앞의 논문.

21) 조영현, 1994 「영남지역 횡구식고분의 연구(Ⅰ)-형식분류와 전개를 중심으로-」 『가야고분의 편년 연구Ⅱ-묘제-』, 영남고고학회.

22) 홍보식, 2011 앞의 논문 ; 심현철, 2015 「묘제로 살펴본 비사벌의 성격 검토」 『비사벌-가야에서 신라로-』, 특별전 '비사벌의 지배자' 개최기념 심포지엄, 국립김해박물관·우리문화재연구원.

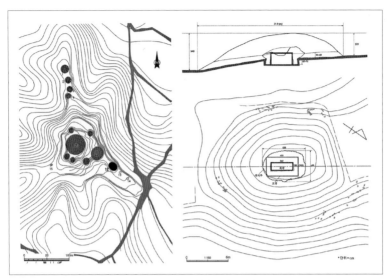

그림 11. 교동 · 송현동고분군 Ⅰ군 12호분의 위치와 평면 · 단면도(심현철, 2013 그림 14 · 6)

석이 확인되지 않았을 뿐 아니라 묘곽의 장단 비율에서도 일반적인 교동·송현동고분군의 고총(1:4.5)과는 달리 1:2.5로 장방형이며, 이는 경주지역 적석목곽묘의 묘곽 비율과 같았다(표 3 참고). 또한 묘곽 내 공간 활용법에 있어서도 교동·송현동고분군의 3분할 방식이 아닌 피장자 두부에만 부장공간을 두는 2분할 방식이다.

출토유물로는 피장자가 착장한 장신구류가 다량 확인되었고 금제태환이식과 천, 지환, 은제과대 등은 경주지역에서 확인되는 소위 신라식 위세품과 형식적으로 유사하다. 특히 보주형 꼭지가 달린 개에는 말과 사람 등이 선각되어 있는데, 시문기법이나 문양의 형태 등이 경주지역에서 출토된 토기(전경주 남산 출토 대부장경호, 쪽샘 B19호 석곽묘 출토 대부장경호)에 시문된 문양과 흡사하여 경주산일 가능성이 있다.

12호분은 구조와 축조공정 등 모든 면에서 경주지역 중소형 적석목곽묘와 차이가 없는 적석목곽묘로 이해된다. 필자는 나아가 무덤의 규모와 출토

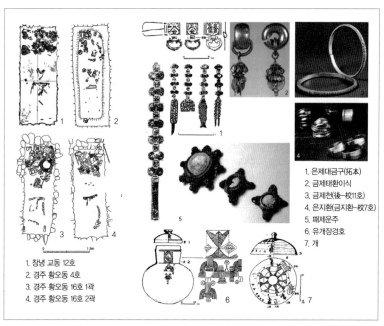

1. 은제대금구(拓本)
2. 금제태환이식
3. 금제천(後-校11호)
4. 은지환(금지환-校7호)
5. 패제운주
6. 유개장경호
7. 개

1. 창녕 교동 12호
2. 경주 황오동 4호
3. 경주 황오동 16호 1곽
4. 경주 황오동 16호 2곽

그림 12. 교동 · 송현동고분군 Ⅰ군 12호분의 유물배치도 및 출토유물(심현철, 2013 앞의 논문 그림 9 · 11)

된 장신구류의 세트관계 등으로 보아 12호분의 피장자를 신라(경주)에서 이 주해온 왕경 귀족 여성으로 추정하고, 12호분의 축조 공인 역시 신라 왕경(경주)인으로 추정한 바 있다.[23]

다만, 여기서 가장 주목해야 할 것은 12호분의 규모와 축조 시점 그리고 창녕지역 내 추가적인 적석목곽묘의 존재 가능성에 관한 부분이다. 봉분의 단순 규모만 본다면 12호분 보다 규모가 큰 고분은 교동·송현동고분군 내에 20여기가 존재하며, 현재까지 조사된 내용으로 보아 추가적인 적석목곽묘의 존재 가능성은 매우 낮다. 만약 교동·송현동고분군 내에 또 다른 적석목곽묘

───────────

23) 심현철, 2013 앞의 논문.

가 존재한다면 12호분 보다 규모가 작은 고분일 수밖에 없다. 현재 대부분의 중대형고분은 조사가 되어 그 내부구조가 알려진 상황이기 때문이다. 또한 12호분은 출토유물로 보아 6세기초 혹은 전반에 축조된 것으로 추정되는데, 이러한 점들을 종합적으로 고려한다면, 12호분은 창녕지역 내에서 매우 돌출적이고 특별하게 축조될 수밖에 없는 정치적 상황 등을 고려해보아야 한다.

4) 봉분 연접

지금까지의 연구에 따르면 봉분을 축조하는 방식 가운데 선축고분에 덧

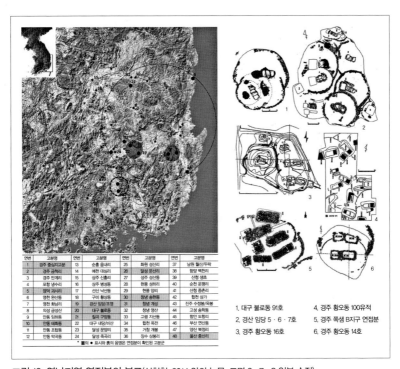

그림 13. 영남지역 연접분의 분포(심현철, 2014 앞의 논문, 도면 2·7·8 일부 수정)

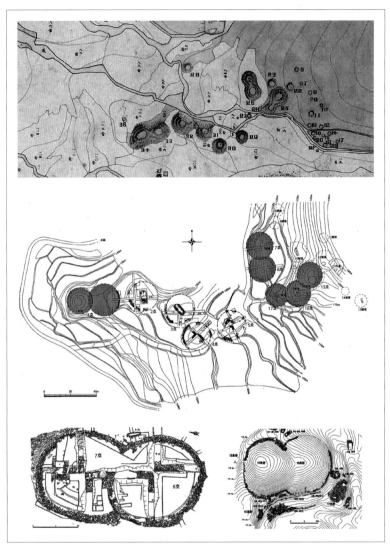

그림 14. 교동 · 송현동고분군 Ⅲ군 내 봉분 연접 현황(국립가야문화재연구소, 2011(a) 앞의 보고서 및 2011(b) 『창녕송현동고분군Ⅱ』)

대어 연접하여 후축고분을 축조하는 방식은 경주·경산을 중심으로 한 신라 권역 고총에서 주로 확인되는 봉분축조 방식이다.[24] 이러한 방식으로 조영된 고분을 연접분이라고 한다. 이 같은 봉분 축조방식은 경주나 경산지역 등 신라의 중심과 그 주변지역을 중심으로 고총축조기에 크게 유행하며, 교동·송현동고분군 내에서도 확인되는 점이 주목된다. 주로 III군에서 집중적으로 확인되는데,[25] 나머지 교동·송현동고분군의 고총은 기본적으로 봉분을 서로 연접하지 않는 봉분조성방식을 가지고 있다.[26]

최근 조사를 통해 II군 39호분 일원에서도 봉분의 연접축조가 확인되고 있긴 하나 의도된 봉분의 연접인지 지형에 따른 봉분의 단순 중복인지 추가적인 검토가 필요하다. 이러한 연접분의 존재는 다른 가야지역 고분군에서는 확인되지 않는 요소로 창녕 교동·송현동고분군 내에서도 주로 III군 내에서만 확인되는 것이 특징인데, 현재까지 조사된 내용으로만 본다면 모두 6세기 전반대의 고분이다. 봉분 연접축조를 완전한 신라 고총의 요소로 볼 수 있다면, 이 시기 무렵 신라(경주)로부터 다양한 신라의 고총문화가 유입되는 것으로 이해할 수 있다.

5) 봉분의 외형과 축조기술

교동·송현동고분군으로 대표되는 창녕지역 고총의 봉분 외형과 축조 기술에 관해서는 신라·가야 고총의 전체 틀 속에서 이해할 필요가 있다. 고총을

---

24) 심현철, 2014 「三國時代 嶺南地方 封土墳의 連接築造에 관한 研究」『考古廣場』 15, 부산고고학연구회.

25) III군 6·7호분과 15·16·17호분이 연접되어 있고, 현재의 1호분도 일제강점기 자료와 시굴조사 결과 원래는 연접분이었던 것이 확인된다. 이러한 III군의 봉분연접은 신라권역 고총의 영향에 의한 것으로 보인다.

26) 심현철, 2014 앞의 논문, p.49.

이해하는 데는 봉분이 가장 중요한 요소이나 이와 함께 매장시설, 입지 등을 종합적이고 상호 유기적으로 이해하려는 노력이 필요하다. 그래야만 단순 축조기술의 파악을 넘어서 지역별 고총의 축조 매커니즘을 이해하게 되고 고총의 축조 흐름을 파악할 수 있다. 필자는 이를 위해 각 지역별 고분군 내의 최고위계 大型高塚[27]을 중심으로 분석을 시도한 바 있다.[28] 방법론적으로는 시

표 4. 영남 각지 고총의 특징(심현철, 2017 앞의 논문)

특징 / 지역		慶州地域 (中心地)	大邱地域 (不老洞)	星州地域 (星山洞)	昌寧地域 (校洞·松峴洞)	高靈地域 (池山洞)	陜川地域 (玉田)	咸安地域 (末伊山)	釜山地域 (蓮山洞)
封墳	외형비율 높이:직경	1:4	1:4	1:4.1	1:4.1	1:6.5	1:5.8	1:5.9	1:5.7
	평면형태	타원형 /원형	타원형 /원형	원형	원형	타원형 /원형	타원형	타원형 /원형	타원형
	개석위 성토높이	최대15m	최대 5.2m	최대 3.8m	최대5.4m	최대 2.5m	최대 1.8m	최대 3.6m	최대3m
	성토방식	상사향 수평 내사향	상사향 수평 내사향	상사향 수평 내사향	상사향 수평 내사향	토제 수평 상사향	수평 상사향	토제 수평 상사향	토제 수평 상사향
	구획요소	방사상 석열	구획석열	방사상 석열	방사상 이색점토열	석열	석열?	·	·
	호석구조	석축식 5~8단	석축식 6~7단	석축식? 2~4단	석축식 4~8단	석축/ 즙석식 2~4단	즙석식 폭넓음	없음	즙석식 1단
	연접	활발	활발	없음	일부	없음	없음	없음	없음
墓槨	위치	지상식	반지하식	반지하식	반지하식	지하식	반지하식	지하식	지하식
	묘형	장방형	세장방형	장방형	장방형	세장방형	장방형	세장방형	세장방형
	묘제	적석목곽	석곽	석곽	석곽	석곽	목곽/석곽	석곽	석곽
	봉분대비 묘곽면적	0.5%	2.1%	2%	2.5%	2.9%	5.5%	3.4%	4.4%

27) 우선, 각 고분군 내 대형고총은 잔존상태와 조사상황이 가장 양호하다. 대체로 해당 지역의 최고위계에 해당하는 고분으로서 위계에 따른 구조적·기술적 차이를 고려하지 않아도 되며, 그들의 정체성과 기술력을 고스란히 담고 있어 각 지역의 대표성을 가지기 때문이다.

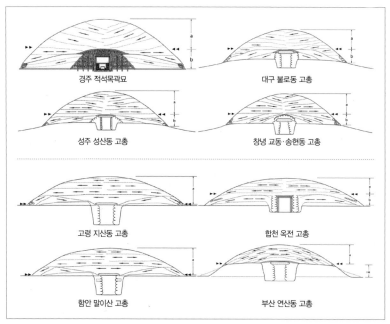

경주 적석목곽묘   대구 불로동 고총

성주 성산동 고총   창녕 교동·송현동 고총

고령 지산동 고총   합천 옥전 고총

함안 말이산 고총   부산 연산동 고총

그림 15. 영남 각지 고총의 단면모식도(縮尺不同)

간 폭을 한정하여 위계와 시간에 따른 구조와 축조방식의 차이가 존재하지 않는 고총만을 대상으로 하였다. 이는 구조나 규모에 따라 변수가 되는 정보는 제외하고, 최대한 공통적 요소를 추출하여 각 지역별 고총의 특징으로 삼기 위함이었다. 그 결과, 핵심내용은 표 4와 같이 정리할 수 있었고, 최종적으로는 단면 모식도를 제시하여 각 지역별 고총을 시각화하였다(그림 15).

　이렇게 본 각지 고총들은 각각 지역색이 뚜렷하면서 개성적인 모습이다. 이 중 가장 주목되는 점이 고총의 외형인데, 봉분의 높이:직경의 비율에서 드러나듯이 크게 두 그룹으로 나뉘진다. 평균적으로 1:4~4.5 정도의 비율을 가

---

28) 심현철, 2017 「嶺南地域 高塚古墳의 地域性과 蓮山洞 高塚古墳」 『항도부산』 34, 부산 시사편찬위원회.

지는 A유형과 1:5.7~6.5정도의 비율을 나타내는 B유형으로 구분된다. 외형적으로 보아 A유형은 봉분이 높고 봉긋한 형태이고, B유형은 A유형에 비해 봉분이 낮고 완만한 형태이다. 봉분의 외형에서 이와 같이 극명한 차이를 보이는 가장 큰 이유는 매장주체시설의 위치이다. A유형 고총은 매장시설이 모두 地上 또는 半地上인 반면, B유형은 옥전 고총을 제외하면 전부 地下에 위치한다. 매장시설의 위치는 봉분의 외형(높이)에 큰 영향을 미친다.

고총의 외형과 규모에서 뚜렷한 차이를 나타내는 두 유형의 분포를 살펴보면, A유형에 속하는 고총은 경주 중심지, 대구 불로동, 성주 성산동, 창녕 교동·송현동 등이며, B유형에 속하는 고총은 고령 지산동, 합천 옥전, 함안 말이산, 부산 연산동

그림 16. 영남지방 고총의 지역성(심현철, 2017 앞의 논문, 그림 10)

등이다). A유형은 신라의 중심인 경주와 그 주변에 해당하는 지역으로 낙동강 서안의 가야지역보다 일찍이 신라세력에 편입된 곳들을 포함하고 있다. 반면, B유형은 대체로 낙동강 서안에 해당하며, 전통의 가야지역으로서 후기 가야의 핵심세력들이 자리하고 있는 곳들이다.

이와 같은 뚜렷한 지역차 때문에 발표자는 영남지방 고총을 新羅式 高塚(A유형)과 加耶式 高塚(B유형)으로 나눈 바 있다.[29] 이에 따라 교동·송현동고

---

29) 심현철, 2013 앞의 논문.

분군은 신라식고총에 속하게 되나 연산동고분군과 마찬가지로 시간의 흐름을 배제한 채 그 성격을 간단히 설명하기는 어렵다. 용어가 가지는 정치적의미를 고려한다면 고총축조문화의 중심과 주변이라는 관점에서 다시 생각해볼 필요가 있다.

3. 토기와 위세품

1) 창녕양식 토기와 신라양식 토기의 문제

창녕양식 토기란 일반적으로 뚜껑의 꼭지가 대각도치형으로 중간에 돌대를 가지며 그 아래에 투창을 뚫은 뚜껑, 그리고 이것과 조합되는 고배는 대각이 직선적이고 각거부를 가진 3단각의 2단투창 고배로 구연은 내경하고 배신은 얕아 배신고:대각고=1:2에 가까운 형식을 지표로 한다. 뚜껑과 고배에는 즐묘열점문(소위 유충문)이 주로 시문된다. 현재 가장 빠른 창녕양식 토기의 사례는 창녕 동리 1호, 3호, 5호, 9호 출토품인데, 계남리 1·4호 출토품과 유사하나 약간 앞서는 것으로 평가된다.

다음의 표 5에서 보듯이 연구자들은 창녕지역 고총(계남리 1·4호)의 성립 시점을 빠르게는 4세기 후반도 있지만, 5세기 3/4분기로 보는 연구자들이 많다. 이에 따르면 창녕양식 토기도 5세기 3/4분기에는 성립하게 된다. 이 시기 경주는 황남대총 남분이 조영되고 전형적인 남분 토기라고 할 수 있는 끝부분이 두툼하게 처리되는 대각도치형 뚜껑 꼭지가 유행한다. 이러한 차이로 인해 창녕지역과 경주지역 토기문화를 하나로 파악하는 것에 많은 비판이 있다.[30]

---

30) 김두철, 2011 앞의 논문.

表 5. 창녕지역 고분 편년안(하승철, 2014 앞의 논문, 표 1)

	定林秀夫 (1981)	朴天秀 (1993)	李熙濬 (1998)	李盛周 (1993)	鄭澄元·洪普植 (1995)	朴天秀 (2001)	河承哲 (2009)	朴天秀 (2010)	배정연 (2012)
4C 4/4			계1·4			청도 고철동	일?, 여	봉5	여A, 일, 강
5C 1/4		IV : 교116	교3			가5		성가-46, 가5	
5C 2/4		V : 교3, 계1·4	교1·4			옥31 2 / 교3	계1·4(前半)	성나-1호, 옥31 2	
5C 3/4	교116(中葉) 교89(中葉)	VI : 교2	교2·11	III 교3, 계1·4, 옥M1	III : 계1·4	교2	교3·4	교3, 계1 / 교2	교동116호(?) 계남1·4
5C 4/4		VII	교31古	교1·4	IV : 교3·116	교11	교1·2, 우기기	교11	교3·4(?)
6C 1/4		VIII (교11·31) 교31新		IV 교2·11	V : 교1·11·31	계성A1호1관	교11, 송6·7, 우2기	교31(古) 계성III-1	교1·2(?)·11·31(古) 송6·7, 우16·28·69·88
6C 2/4		IX : 계성		교31(前段階)	VI : 계성B13·C14		교31(古), 우3기		교31(新), 우19·22·29·81
6C 3/4				V : 교31(後段階)	VII : 계성A-1		교31(新), 우4기		

표 6. 창녕지역 토기 편년표(배정연, 2012 「三國時代 昌寧地域 土器文化 硏究」, 부산대학교대학원석사학위논문)

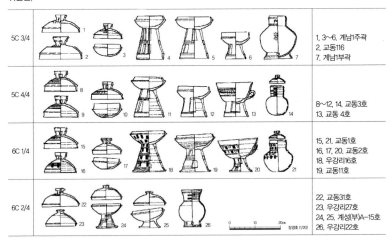

5C 3/4	1, 3~6. 계남1주곽 / 2. 교동116 / 7. 계남1부곽
5C 4/4	8~12, 14. 교동3호 / 13. 교동 4호
6C 1/4	15, 21. 교동1호 / 16, 17, 20. 교동2호 / 18. 우강리16호 / 19. 교동11호
6C 2/4	22. 교동31호 / 23. 우강리27호 / 24, 25. 계성(부)A-15호 / 26. 우강리22호

0   10   20cm   장경호 (1/20)

이러한 관점에 따라 엇갈린 투창고배를 모두 신라토기의 범주에 포함시

키는 김원룡의 신라토기 양식론[31]에 대한 비판이 제기되었다.[32]

이렇듯 5세기대 창녕양식 토기의 귀속문제는 토기문화의 과잉해석과 정치색을 지나치게 반영한 결과가 아닌가 생각된다. 표 6의 토기 편년표에서 확인 할 수 있듯이 창녕지역 독자의 토기양식은 6세기 1/4분기 늦은 단계나 6세기 2/4분기에 완전히 사라진다. 지역 특유의 전통 토기문화가 완전히 사라지고 경주식 토기문화로 일원화되는데, 오히려 이 시점의 토기문화를 정치적으로 적극 해석할 필요가 있다.

2) 신라식 위세품의 이해

창녕지역에서는 경주를 제외한 여타지역 중에서도 가장 많은 수량의 신라식 위세품이 출토된다. 위세품의 종류는 장신구와 마구가 대표적인데, 출토되는 장신구의 종류는 금동관, 은제관식, 금제이식, 은제 대금구, 금동식리, 금은장 장식대도 등이다. 금속제 장신구는 대체로 신라양식을 따르고 있으며 현재로선 계남리 1호 출토품이 가장 이른 시기에 해당하며, 늦게는 계성 Ⅲ지구 1호 출토품이 있다. 이를 경주와 비교하자면 황남대총 남분 단계 시작되었거나 조금 늦은 북분 단계부터 본격적으로 창녕에 파급된 것으로 보고 있다.[33]

장신구의 대부분은 경주와 동일한 의장, 기법을 갖추고 있어 경주산 물품이 직접 반입된 것으로 보이지만, 창녕 현지 제작의 가능성이 높은 물품(교동 12호 태환이식, 교동 89호, 교동 11호, 계남1호, 송현동 7호, 교동 1·3호 대금

---

31) 김원룡, 1981 『韓國의 美術1 新羅土器』, 열화당.

32) 김두철, 2003 「부산지역 고분문화의 추이-가야에서 신라로-」 『港都釜山』 19, 釜山廣域市史編纂委員會 ; 김두철, 2011 앞의 논문.

33) 이한상, 2009 「金工品으로 본 5~6세기 창녕지역의 정치적 동향」 『한국 고대사 속의 창녕』, 창녕군·경북대학교 영남문화연구소.

구)이 다수 있고 오히려 옥전고분군 출토품과 유사한 것도 있다. 이에 대해서는 오래 전부터 경주 중심지에서 제작 후 각 지역으로 배포한 것으로 보는 '분배론'과[34] 지역에서 재래의 제작기술로 모방제작한 것으로 보는 '지역모방제작설'[35]이 공존한다. 창녕지역에 이러한 신라식 장신구(복식품)의 사여품이나 모방제작품이 많은 것은 신라 중앙이 창녕지역을 중요하게 여겼던 것으로 평가하며, 현지 생산이 가능했던 것은 이 지역이 신라의 지배권에 들어와 있지만 원격지에 위치하여 상대적 자율성이 인정된 것으로 이해하기도 한다.[36]

표 7. 창녕지역 출토 장신구(김두철, 2011 앞의 논문)

출토지	대관	모관	관식	대금구	수하부이식	기타
계남1호	금동편		금동조익편	은삼엽문	세환1	
교동3호(동)				은삼엽문		
교동1호(동)		○	은조익1	은삼엽문	세환1	
교동7호	금동2			은, 금동투조문	세환2	지환9, 은, 동천1, 식리
교동11호		금동	은조익2, 접형1	은역심엽, X자문		
교동89호		○	은조익1	은삼엽문, 요패2	세환1	
교동6호					세환1	
교동12호				은삼엽문, 요패5	태환1	
송현동7호				은삼엽문	세환1	
송현17周C곽					세환1	지환1
교동31호					세환1	
계성A구1호	금동			2관 : 역심엽형	태환1, 세환1	경식, 천
계성II구1호					태환1	천
계성III구1호				역심엽형, 요패	세환1	천
전교동					세환1	

34) 최종규, 1983 「中期古墳의 性格에 대한 약간의 考察」 『釜大史學』 7, 釜山大學校 史學會.
35) 박보현, 1987 「수지형입화식관의 계통」 『영남고고학』 4, 영남고고학회 ; 이성주, 2006 「考古學からみた新羅の成立とアイデンティティ」 『東アジア古代國家論』, すいれん舎.

반면, 이러한 신라식 위세품의 정형화(=복식체계 성립)하는 시점에 대해 의문을 제기하며, 분여론이 성립하기 위한 일정한 관리체계의 존재, 이러한 지방관리시스템의 지속성(연속성)을 강조한 비판이 있다.[37) 이러한 관점에서 본다면 창녕지역의 장신구는 시간이 갈수록 수량과 종류가 줄어드는 현상이 있어 중앙에서의 일방적 분여라기 보다 개인적 선호에 따른 입수의 가능성도 있어 보인다. 신라의 대표적인 지방인 경산지역과 달리 우월한 몇 기 대형분을 제외하면 특히, 관류의 부장량이 적고 연속적이지도 않다.

마구에 있어서도 신라(경주)의 마장제를 충실히 수용하여 경주에서의 변화와 대체로 연동하는 모습을 보인다. 발굴된 고분에 비해 출토 예가 많지 않다는 점은 장신구의 상황과 유사하며, 주요 마구 중에서는 창녕 토착의 생산 체계로 만들어진 가능성도 제기되었다.[38)

4. 고고자료로 본 신라와 창녕

창녕지역 정치체의 성격과 향방에 대해서는 오래전부터 논의가 이어져 왔고 그 분석의 근거자료로는 고총과 토기, 장신구 등이 많이 다뤄져 왔다. 그 간의 논의의 핵심을 짚어 보면, 토기에 있어 과연 창녕양식이란 무엇을 말하며 언제 성립하였고 이를 큰 틀에 있어 신라양식 토기로 볼 수 있느냐 하는 것이었다. 장신구와 마구에 있어서도 경산, 대구 등지와 마찬가지로 많은 종류의 신라식 위세품이 출토되고 있는데, 경주산과 현지 제작품이 동시 관찰된다 하더라도 이를 신라 중앙에 의한 통제의 산물(분여·사여품)로 볼 것이냐

36) 이한상, 2009 앞의 논문.
37) 김두철, 2011 앞의 논문.
38) 김두철, 2011 앞의 논문.

유력 개인의 선호에 따른 입수로 볼 것이냐 하는 부분이다. 이 글은 이러한 전통적 논의에서 한발 더 나아가고자 고총의 축조, 봉분과 관련된 여러 요소의 검토, 창녕 내 적석목곽묘의 존재와 의미 등을 검토하였다.

그 결과, 고총에 있어서는 창녕지역 고유의 특징을 파악할 수 있었고 묘형이나 장법 등 여러 요소에서 낙동강 이서 지역의 가야권역 묘제와 연동되는 부분을 확인할 수 있었다. 한편, 봉분의 연접이나 고총의 외형, 축조기술 등에서는 신라고총의 특징을 많이 수용하는 모습도 보여 오히려 가야권역 고총과의 차이도 엿볼 수 있었다. 특히, 신라고총의 특징이라 할 수 있는 봉분의 연접이나 교동 12호와 같은 경주식 적석목곽묘의 존재는 주목된다. 다만, 이러한 신라고총의 요소들이 대체로 6세기 1/4분기 이후에 서서히 나타나는 현상이란 점이 가장 중요하다. 이러한 현상의 흐름은 곧 창녕양식 토기의 소멸, 지역 수장급 고총의 축조중단과 궤를 같이 하며 이는 지역문화의 소멸로 이어진다.

결국, 창녕지역 세력의 정체성에 관한 문제도 이처럼 6세기 전반대에 지역 전통의 고분문화가 서서히 소멸하고 완전한 신라문화로 바뀌는 흐름에는 별다른 이견이 없을 듯하다. 다만, 이 이전의 양태를 어떻게 평가할 것인가만 남게 된다. 직접적으로 말하자면 신라의 간접지배 상태를 인정할 수 있느냐 하는 것인데, 고고학적으로 이를 증명하기란 매우 어려우며 그 동안 주요 근거로 제시되어 왔던 신라토기 양식론과 신라식 위세품 사여(분여)론에 대한 반론과 비판도 만만치 않아 새로운 근거가 제시되기 전까지는 설득력을 가지기 어려워 보인다. 그렇다고 하여 신라와 창녕의 관계가 다른 가야지역과 같은 것도 아니어서 향후 이러한 점을 고려하여 5~6세기대 창녕세력과 신라 중앙의 관계를 복합적으로 이해할 필요가 있다.

참고문헌

1. 보고서

慶南考古學研究所·昌寧郡, 2001 『昌寧桂城新羅古塚群』

경남발전연구원·창녕군, 2017 『창녕 교동과 송현동고분군 제Ⅲ군 1-1호분·8호분』

경상문화재연구원, 2020 『창녕 영산고분군 정비사업부지 내 유적 발굴조사 약식보고 서』

국립창원문화재연구소, 2001 『가야시기 창녕지방의 역사·고고학적 성격』

국립가야문화재연구소, 2011(a) 『창녕송현동고분군Ⅰ』

국립가야문화재연구소, 2011(b) 『창녕송현동고분군Ⅱ』

국립가야문화재연구소, 2013 『창녕교동고분군 주차장 조성부지 내 유적 발굴조사보고』

국립가야문화재연구소, 2019 『창녕교동과 송현동고분군 현장 공개 자료』

국립김해박물관, 2010 『비사벌』

국립김해박물관, 2019 『昌寧 校洞 89號墳Ⅰ-본문편-』

동아대학교박물관, 1985 『伽耶文化圈遺蹟精密調査報告書-慶南昌寧郡』

동아대학교박물관, 1992 『昌寧校洞古墳群』

동아세아문화재연구원, 2018 『창녕 교동과 송현동고분군 Ⅱ군 41호분 주변 문화재 정 밀발굴조사 약식 보고서』

부산대학교박물관, 1995 『昌寧桂城古墳群』

삼강문화재연구원, 2013 『창녕교동신라분묘-창녕박물관 증축부지 내 유적-』

영남대학교박물관, 1991(a) 『昌寧桂城里古墳群 -桂南1·4號墳』

영남대학교박물관, 1991(b) 『昌寧桂城里古墳群』

우리문화재연구원, 2014(a) 『사적 제514호 창녕 교동과 송현동고분군 -종합학술연구 보고서-』

우리문화재연구원, 2014(b) 『창녕 교동과 송현동고분군 제Ⅰ군 7호분 및 주변 고분』

우리문화재연구원, 2021 『창녕 교동과 송현동고분군 Ⅱ군 내 유적-58호~88호묘-』

창녕군·경북대학교 영남문화연구원, 2009 『한국고대사 속의 창녕』

창녕군·부산대학교 한국민족문화연구소, 2011 『고대 창녕지역사의 재조명』

창녕군·경남발전연구원 역사문화센터, 2012 『계성고분군의 역사적 의미와 활용방안』

창녕군·경남발전연구원 역사문화센터, 2015 『계성고분군의 학술적 가치 그리고 활용』

호암미술관, 2000 『昌寧桂城古墳群』

朝鮮總督府, 1919 『大正六年度古蹟調査報告』

朝鮮總督府, 1920 『大正七年度古蹟調査報告』

2. 일반논문

강승규, 2019 「창녕지역 횡구식 석곽의 축조 방법과 출현 배경」 『한국고고학보』 113,
　　　　한국고고학회

김용성, 2009 「창녕지역 고총묘제의 특성과 의의」 『한국고대사 속의 창녕』, 창녕군·경
　　　　북대학교 영남문화연구원

김용성, 2011 「창녕지역의 新羅古塚과 그 의의」 『신라사학보』 22, 신라사학회

김원룡, 1981 『韓國의 美術1 新羅土器』, 열화당

김두철, 2003 「부산지역 고분문화의 추이-가야에서 신라로-」 『港都釜山』 19, 釜山廣域
　　　　市史編纂委員會

김두철, 2011 「고고유물을 통해 본 창녕 정치체의 성격」 『고대 창녕지역사의 재조명』,
　　　　창녕군·부산대학교 한국민족문화연구소

박보현, 1987 「수지형입화식관의 계통」 『영남고고학』 4, 영남고고학회

박천수, 2001 「고고자료를 통해 본 가야시기의 창녕지방」 『가야시기 창녕지방의 역사·
　　　　고고학적 성격』, 국립창원문화재연구소

배정연, 2012 「三國時代 昌寧地域 土器文化 硏究」, 부산대학교대학원석사학위논문

백승옥, 1995 「비사벌가야의 형성과 국가적성격」 『한국문화연구』 7, 부산대학교 한국
　　　　민족문화연구소

백승옥, 2021 「比斯伐의 공간과 역사적 성격」 『한국고대사연구』 101, 한국고대사학회

심현철, 2013 「창녕 교동12호분의 구조와 성격」 『야외고고학』 18, 한국문화재조사연
　　　　구기관협회

심현철, 2014 「三國時代 嶺南地方 封土墳의 連接築造에 관한 硏究」 『考古廣場』 15, 부산
　　　　고고학연구회

심현철, 2015 「묘제로 살펴본 비사벌의 성격 검토」 『비사벌-가야에서 신라로-』, 특별
　　　　전 '비사벌의 지배자' 개최기념 심포지엄, 국립김해박물관·우리문화재연
　　　　구원

심현철, 2017 「嶺南地域 高塚古墳의 地域性과 蓮山洞 高塚古墳」 『항도부산』 34, 부산시
　　　　사편찬위원회

이성주, 2006 「考古學からみた新羅の成立とアイデンティティ」 『東アジア古代國家

論』, すいれん舍.

이성준·김수환, 2011 「한반도 고대사회의 순장문화」『한국고고학보』 81, 한국고고학회

이한상, 2009 「金工品으로 본 5~6세기 창녕지역의 정치적 동향」『한국 고대사 속의 창녕』, 창녕군·경북대학교 영남문화연구소.

이희준, 2005 「4~5세기 창녕지역 정치체의 읍락구성과 동향」『嶺南考古學』 37, 영남고고학회

이희준, 2007 『신라고고학연구』, 사회평론

정징원·홍보식, 1995 「창녕지역의 고분문화」『한국문화연구』 7, 부산대학교 한국민족문화연구소

조영현, 1994 「영남지역 횡구식고분의 연구(I)-형식분류와 전개를 중심으로-」『가야고분의 편년 연구II-묘제-』, 영남고고학회

주보돈, 2009 「文獻上으로 본 古代社會 昌寧의 向方」『한국고대사 속의 창녕』, 창녕군·경북대학교 영남문화연구원

최종규, 1983 「中期古墳의 性格에 대한 약간의 考察」『釜大史學』 7, 釜山大學校 史學會

하승철, 2009 「고고자료로 본 4~6세기 창녕지역 정치체의 향방」『한국고대사 속 가야사의 재발견』, 제111회 한국고대사학회 정기발표회

하승철, 2014 「토기와 묘제로 본 고대 창녕의 정치적 동향」『영남고고학』 70, 영남고고학회

홍보식, 2003 『新羅 後期 古墳文化 硏究』, 춘추각

홍보식, 2011 「고분을 통해 본 고대 창녕지역 정치체의 성격」『고대 창녕지역사의 재조명』, 창녕군·부산대학교 한국민족문화연구소

穴澤咊光·馬目順一, 1975 「昌寧校洞古墳群-'梅原考古資料'를中心とした谷井濟一氏發掘資料の硏究」『考古學雜誌』 60-4, 日本考古學會

제2부
문자자료로
다시 보는
고대 창녕

출토 문자 자료와
고대 창녕

· 홍승우 ·

이 글은 필자의 논문 「창녕 계성 고분군 출토 토기 명문의 재검토(2020, 『新羅文化』
57)와 「창녕 교통11호분 출토 명문대도 재검토」(2021, 『韓國古代史硏究』 101)을 일부
수정하여 엮은 것임.

1. 머리말

경상남도 창녕군(昌寧郡)은 본래 신라의 비자화군(比自火郡)으로, 경덕왕
16년(757)에 화왕군(火王郡)으로 이름을 바꾸었다가, 고려 태조 23년(940)에
창녕군으로 개칭하여 지금에 이르고 있다.[1] 비자화는 비사벌(比斯伐)이라고
도 하며, 「창녕 신라 진흥왕척경비」에 비자벌(比子伐)로,[2] 『일본서기(日本書
紀)』에 비자발(比自㶱)[3]과 비지(費智)로[4] 나오는데, 모두 동일한 이름의 이표
기로 생각된다. 그리고 파사이사금 29년(108)에 신라가 다벌국(多伐國), 초팔
국(草八國)과 함께 병합했다는 비지국(比只國)과도[5] 동일한 실체로 보이며,
『삼국유사』에는 5가야 중의 하나인 비화(非火)가 창녕군에 있었다는 전승이
보인다.[6] 실제로 '비화가야'라는 이름의 가야 소국이었다고 보기는 힘들다고

---

1) 『三國史記』卷34, 雜志3 地理1 新羅 良州 火王郡條.

2) 韓國古代社會硏究所編, 1992 『譯註 韓國古代金石文Ⅱ』, 駕洛國史蹟開發硏究院, p.55.

3) 『日本書紀』卷9, 氣長足姬尊 神功皇后 49年 3月條.

4) 『日本書紀』卷17, 男大迹天皇 繼體天皇 23年(529) 4月 是月條.

5) 『三國史記』卷1, 新羅本紀1 婆娑尼師今 29年(108) 5月條.

6) 『三國遺事』卷1, 紀異1 五伽耶條.

보는 견해가 있지만,[7] '비화' 역시 같은 이름의 다른 표기로 볼 수 있기 때문에, '비자(사·지)+벌(밝)'이라는 구성의 이름을 가진 정치체가 창녕에 있었다고 판단할 수 있다.[8] 나아가 『삼국지(三國志)』 위서(魏書) 동이전(東夷傳)에 변진(弁辰) 12국 중 하나로 나오는 불사국(不斯國)의 '불사' 역시 '비자(사·지)'의 이표기로 보이므로, 불사국 역시 동일한 실체였다고 추정된다.[9]

변진한의 소국이었던 비자벌국이[10] 어느 시점에 신라에 병합된 이후 군이 되었다가 지금의 창녕으로 이어진 것이다. 그런데 비자벌국이 신라에 복속된 시기 및 그 역사·문화적 성격에 대해서 오랫동안 논란이 이어지고 있다. 신라와 가야의 접경지적 성격을 가졌던 창녕이, 늦어도 4세기 말 경에는 신라화되었다고 보는 입장과 6세기 중반까지도 가야 소국으로서의 정체성을 유지하고 있었다는 견해가 대립하고 있는 것이다.[11]

---

7) 김태식, 2002 『미완의 문명 7백년 가야사3』, 푸른역사, p.119.

8) 이영식, 2016 『가야제국사연구』, 생각과종이, p.713.

9) 鮎貝房之進, 1931 「全北全州及慶南昌寧の古名に就きて」『靑丘學叢』 4 ; 李丙燾, 1985 『(修訂版)韓國古代史硏究』, 博英社, p.274 ; 이영식, 2016 앞의 책, p.713 등.

10) 『三國志』 魏書 東夷傳 韓傳에서 辰韓과 弁韓(弁辰)을 구분하여 서술하면서 각각 12국이 있었다고 하였다. 변진 12국은 국명 앞에 '변진'이 붙어 있다. 불사국은 변진이 병기되어 있지 않으므로 진한의 소국으로 볼 여지가 있지만, 당시 진한과 변진의 구분이 되지 않았다는 기록을 고려할 때, 신라와 같은 진한 계통으로 단정하기는 힘들며, 가야 소국 중 하나로 보는 것이 일반적이다.

11) 창녕지역의 신라 복속 시기와 관련하여서는, 세부적으로는 다양한 견해가 있지만, 크게 보아 4세기 말경에는 이미 신라의 영역으로서 신라화되고 있었다고 보는 견해와 5세기 후반 늦으면 6세기 중반까지 독자적 가야 소국 혹은 가야연맹의 일원으로 존재하다가 이후 신라의 영역으로 편입되어 신라화되었다는 견해로 나누어진다. 이에 대해서는 주보돈·김용성·이한상·조효식, 2009 『한국 고대사 속의 창녕』, 창녕군·경북대 영남문화연구원과 김두철·백승옥·백승충, 2011 『고대 창녕 지역사의 재조명』, 경상남도 창녕군·부산대학교 한국민족문화연구소에 잘 정리되어 있어 참고된다.

이러한 고대 창녕지역을 둘러싼 논쟁은, 문헌 사료와 고고학 자료의 해석에 따른 것이다. 같은 사료와 고고학적 증거를 가지고 서로 다른 주장이 제기되고 있는 상황인데, 관련 사료가 부족한 것이 가장 큰 원인이라 할 수 있다. 따라서 이후 합의점을 찾기도 쉽지 않다. 이 논쟁에 대한 해답에 접근할 단서는 바로 당대 사람들이 남긴 문자 자료, 곧 출토 문자 자료라 할 수 있다. 금석문과 같은 출토 문자 자료는 문헌 사료가 적은 한국고대사를 이해하는데 중요한 자료이고, 가야사 연구에서도 마찬가지인 것이다.[12]

이 글은 고대 창녕지역의 성격과 정치체의 실체를 밝히기 위한 작업의 일환으로, 창녕에서 출토된 고대 문자 자료를 검토한다. 창녕에서는 한반도의 다른 지역에서는 확인되지 않는 희귀한 출토 문자 자료가 나와 일찍부터 많은 주목을 받아왔다. 「창녕 교동11호분 출토 글씨새김 고리자루 큰칼」과 「창녕 계성리 고분군 출토 '대간'명토기」가 그것이다. 많은 연구자들이 주목했으므로, 적지 않은 연구가 있었지만 충분한 성과가 축적되었다고 하기 힘든 점도 있다. 다른 지역에서는 확인할 수 없는 독특한 자료여서, 연구에 어려움이 있었기 때문이다. 또 연구를 진전시킬 수 있는 새로운 자료들이 공개되었지만, 충분히 활용되지 않았던 문제도 있었다. 한편으로 고대 창녕의 정치·문화적 정체성이라는 주제에 지나치게 매몰되어 문자 자료 자체에 대한 충분한 검토가 부족했던 측면도 있다.

이 글은 이 두 문자 자료에 대한 기존 연구들을 점검하고, 아울러 기존 연구들에서 미처 다루지 않았던 새로운 자료를 활용하여 처음부터 다시 검토해 보려 한다. 이는 새로운 자료를 포함한 종합 정리이면서 동시에 그간 문자 자료 자체에 대한 기초 연구가 충분하지 못했다는 문제 제기를 하는 것이기도 하다.

---

12) 가야 지역의 출토 문자 전반에 대해서는 이현태, 2018 『가야문화권의 문자자료』, 국립김해박물관 참조.

2. 창녕 교동11호분 출토 글씨새김 고리자루 큰칼 [유명원두대도명문有銘圓頭大刀銘文]

창녕의 출토 문자 자료로 먼저 검토할 것은 경상남도 창녕군 창녕읍 교리 129 소재 창녕 교동(校洞)과 송현동 고분군(구 사적 제514호)의[13] 교동11호분 출토 글씨새김 고리자루 큰칼[유명원두대도(有銘圓頭大刀)]이다(이하 교동 11호분명문대도로 칭함). 이는 사례가 많지 않은 금상감(金象嵌) 도검이면서, 국내에 있는 유일한 삼국시대 명문도검이다. 일반적으로 고대사회에서 명문 대도는 정치질서 형성을 위해 상위자가 하위자에게 사여하는 위신재로 이해 되기 때문에,[14] 이 명문대도를 제작한 주체가 고대 창녕지역 정치체의 정치 적 귀속의 단서를 제공할 것으로 기대되었었다.

교동 고분군은 1911년 세키노 다다시(關野貞)에 의해 처음 알려졌으며, 이후 1917년 이마니시 류(今西龍)에 의한 분포조사를 거쳐 1918년 하마다 고 사쿠(浜田耕作)와 우메하라 스에지(梅原末治)가 주도한 21·31호분 발굴조사, 야쓰이 세이이치(谷井濟一)의 제5~12호분, 제81·91호분 조사가 이루어졌 다.[15] 이때 많은 유물이 발굴되었으나 제대로 된 발굴보고서가 나오지 않는 등 충분한 연구가 이루어지지 않았다. 1992년 동아대학교박물관, 2009년 국 립가야문화재연구소에 의한 발굴조사들이 행해졌고 현재는 복원 정비가 완 료된 상태인데, 하마다 고사쿠(浜田耕作) 조사 지역에 70여 기, 야쓰이 세이이

---

13) 창녕교동고분군은 원래 사적 제80호 였으나, 2011년 사적 제81호 창녕송현동고분 군과 통합하여 사적 제514호 창녕 교동과 송현동 고분군으로 지정되었다. 현재는 지정 문화재 번호를 없애는 조치로 인해 사적 지정 번호가 탈락되었다.

14) 佐藤長門, 2004「有銘刀劍の下賜·顯彰」『文字と古代日本1(支配と文字)』, 吉川弘文館, p.25.

15) 김수환, 2013「일제강점기 창녕·양산지역의 고적조사-고적조사 5개년기의 고분 발 굴을 중심으로-」『일제강점기 영남지역에서의 고적조사』, 학연문화사, p.179.

치(谷井濟一) 조사 지역에 80여 기, 송현동 고분군에 인접한 지역에 30여 기의 고분이 있는 것으로 확인되었다.[16]

1918년 조사된 11호분에서 이 칼이 발견되었는데,[17] 명문의 존재를 알지 못한 채 국립중앙박물관에서 전시되다가, 1984년 국립진주박물관 개관시 그 전시유물로 선정되어 보존처리를 시행하는 과정에서 1983년 X선 촬영이 이루어졌고, 이때 상감된 문자가 비로소 확인되었다.[18] 현재 국립중앙박물관 선사·고대관 가야실에서 상설 전시되고 있다. 부식과 훼손이 심하여 전체 형태와 글자를 명확히 파악하기는 힘들지만, 전체 길이가 85㎝ 정도 되는 칼등이 곧은 상감 명문 큰칼이며, 손잡이 머리에 은판으로 만든 원형 장식을 덧붙여 마무리하였다. 따라서 우리말로 고리자루 큰칼이라고 부르지만, 보통 고리자루로 번역되는 환두(環頭) 장식과 다른 형상이어서 한자로는 구분하여 원두대도(圓頭大刀)라 한다.

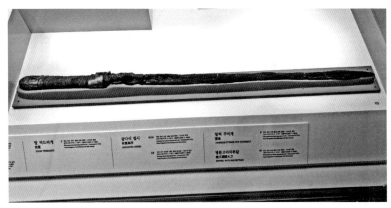

사진 1. 창녕 교동11호분 출토 글씨새김 고리자루 큰칼 전시 모습

16) 慶南文化財研究院, 2004 『昌寧 校洞·松峴洞 古墳群 정밀지표조사 결과보고』.
17) 穴澤咊光·馬目順一, 1975 「昌寧校洞古墳群-梅原考古資料를中心とした谷井濟一氏 發掘資料の研究-」『考古學雜誌』 60-4, pp.68~69.
18) 國立晉州博物館, 1984 『圖錄 國立晉州博物館』, p.139.

1) 명문 판독[19]

(1) 기존 판독

이 명문대도가 처음 발견되었을 때부터 1983년까지 표면의 녹으로 인해 명문이 있다는 것을 알지 못하다가, 전시처를 옮기는 과정에서 행해진 X선 촬영에서 처음 명문의 존재가 알려졌다. 하지만 대략 7자 정도의 상감된 글자가 있다는 확인 정도에만 머물렀고 구체적인 판독에 이르지는 못하였다. 이 명문을 처음 판독한 것은 다나카 도시아키(田中俊明)이다. 그는 X선 사진을 활용하여 최초로 '乙亥年▨扞率▨'을 제시하였다(표 1-①). 하지만 당시 X선 사진은 촬영 각도에 문제가 있었고, 또 명문이 쓰여진 방향을 반대로 파악하는 오류가 있었다.[20]

지금까지 한·중·일에서 발견된 명문도검은 모두 칼끝에서 손잡이 방향으로 글자를 새겼는데, 반대로 읽었던 것이다. 다나카 도시아키(田中俊明) 역시 이러한 오류를 인정하고 자신의 판독안을 철회하였다.[21] 우리나라에서도 김창호(金昌鎬)가 이 X선 사진을 활용한 판독을 하였는데, 다나카 도시아키(田中俊明)와 달리 확실히 읽을 수 있는 것은 '扞率'뿐이라고 하였지만, 동일한 오류가 있다(표 1-②).

제대로 된 판독은 1990년 3월 표면의 녹을 제거하고 상감된 명문을 노출시키는 작업과 새로운 X선 촬영을 한 이후에 가능해졌다.[22] 명문이 새겨진

---

19) 이 글에 실린 교동11호분명문대도 사진 중 직접 촬영한 사진 1을 제외하면, 모두 국립중앙박물관에서 제공한 사진이다. 단 일부는 필자가 수정·편집하였다. 유물 실견 기회를 제공하고 사진 자료를 제공한 국립중앙박물관에 감사드린다.

20) 李永植, 1993「昌寧 校洞11號墳 出土 環頭大刀銘」『宋甲鎬教授停年退任紀念論文集』 (2016『가야제국사연구』, 생각과종이 책, pp.691~694).

21) 鈴木靖民 외, 1991『伽耶はなぜほろんだが』, 大和書房, p.230(이영식, 위의 책, p.693 재인용).

표 1. 교동11호분명문대도 판독문 일람

번호	판독문	출전
①	乙亥年▨▨扞率▨	田中俊明, 1987 「象嵌銘文劍」『アサヒグラフ』 3368, 朝日新聞社, p.168
②	▨▨▨▨扞率▨	金昌鎬, 1989 「伽耶지역에서 발견된 金石文 자료」『鄕土史硏究』 1, pp.38~39
③	[上]音先人貴[⌒]刀部	韓永熙 · 李相洙, 1990 「昌寧 校洞 11號墳 出土 有銘圓頭大刀」『考古學誌』 2, pp.90~92
④	上部先人貴▨乃 下　　　刀	국립중앙박물관, 1991『特別展 伽耶』
⑤	[上][部]先人貴▨刀	李永植, 1993 「昌寧 校洞11號墳 出土 環頭大刀銘」『宋甲鎬敎授停年退任紀念論文集』(2016 「창녕 교동11호분 출토 환두대도명문」『가야제국사연구』, 생각과종이, pp.694~698)
⑥	▨音先人貴[賞]刀	洪性和, 2013 「古代 韓半島系 大刀 銘文에 대한 재조명」『동양예술』 21, pp.237~239

위치가 도신의 아래 부분 1/3 정도이므로 그 상부에 추가 명문이 있을 가능성이 있기는 하지만 현존하는 글자가 7자임을 확정하였고, 점 정도만 남아 있는 첫 번째 글자와 파손으로 상당 부분이 결락된 여섯 번째 글자를 제외한 나머지 글자에 대한 거의 확실한 판독안을 제시할 수 있게 되었다(표 1-③④⑤).

　　다만 추독에서 의문스러운 점이 있다. 그것은 첫 글자를 上(혹은 下)로 판독한 것인데, 이에 대해 당시 이 칼을 가까이서 관찰한 관계자들이 '上' 판독에 이의를 제기하지 않았던 점을 들어 이를 그대로 받아들여도 무리가 없다고 보는 입장이 있다.[23] 이는 실제 남은 글자의 흔적이 있기 때문이었을 것이라는 추정이었는데, 하지만 '下'일 가능성도 있다는 기술을 볼 때,[24] 실상 뒤에

---

22) 韓永熙·李相洙, 1990 「昌寧 校洞 11號墳 出土 有銘圓頭大刀」『考古學誌』 2, p.88.

23) 이영식, 2016 앞의 책, p.696.

24) 국립중앙박물관, 1991『特別展 伽耶』 ; 이영식, 2016 앞의 책, p.696.

나오는 '㕗'를 '部'의 간자(簡字)로 이해한 것이[25] 판단의 근거였다고 보인다.

그러나 '㕗'를 '部'의 간자로 표기한 사례가 없어 이 판독은 논란의 여지가 많다.[26] 한편 일곱 번째 글자를 '乃'로 볼 여지가 있다는 언급이 있기는 했지만, '刀'일 가능성이 더 높다는 입장이 주류이다.

이렇듯 1990년 보존처리와 재조사 이후 판독이 거의 정리되었지만, 여섯 번째 글자는 하부가 지워졌고, 또 칼날이 갈라져 남아 있는 부분의 자획도 분명하지 않아 판독에 어려움이 있다. 남은 자획 중 상부의 '⺷'는 확인된다 정도로만 언급이 되었는데,[27] 이를 받아들여 '賞'일 가능성을 제기하는 견해가 나왔다(표 1⑥).

(2) 판독 재검토

기존 판독안의 타당성 검증을 겸하여 명문을 재검토해 보겠다. 워낙 훼손이 심하여 판독에 어

사진 2. 교동11호분 명문대도 명문 부분 전체 사진

---

25) 韓永熙·李相洙, 1990 앞의 논문, p.90.

26) 洪性和, 2013「古代 韓半島系 大刀 銘文에 대한 재조명」『동양예술』 21, pp.238 ; 이현태, 2018 『가야문화권의 문자자료』, 국립김해박물관, p.64. 部로 본 韓永熙·李相洙, 1990 앞의 논문, p.90에서도 이를 의문스럽다고 하였다. 이영식, 2016 앞의 책, p.696에서는 部의 우획이 결락되었을 것으로 추정하면서, 결락 여부가 분명하지 않으므로 部와 유사한 다른 글자일 가능성도 있다고 하였는데, 이 역시 部의 간자로 보지 않는 것이다.

27) 韓永熙·李相洙, 1990 앞의 논문, p.92. 이와는 달리 이영식, 2016 앞의 책, p.696에서는 이 글자가 '部'에 가깝게 보일 뿐으로 도저히 알아보기 힘들다고 하였다.

려움이 있었으나, 국립중앙박물관의 배려와 도움을 받아 정밀한 조사가 가능하였다. 실물 조사와 함께 사진과 X선 사진[28] 자료를 조정·수정하여 글자를 하나하나 살펴보았다.

① 다음 사진 3을 보면 첫 번째 글자는 짧은 가로획 일부만 보여서 판독할 수 없다. 다만 점과 같은 가로획의 위치를 볼 때, 일부 제기되었던 '下'자로 보기는 힘들다. 미상자로 남겨두는 것이 맞다고 판단한다.

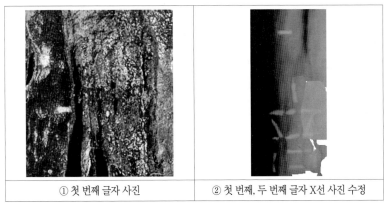

| ① 첫 번째 글자 사진 | ② 첫 번째, 두 번째 글자 X선 사진 수정 |

사진 3. 첫 번째 글자

② 다음 사진 4를 보면 현존하는 두 번째 글자는 '音'로 볼 수 있다. 단 사진 4-②에서 선으로 표시한 것과 같이 세 번째 글자와의 세로 라인을 고려할 때 우변이 있었을 가능성이 있다. 따라서 일단 '部'로 추정해 둔다.[29] 한편 첫

---

28) 국립중앙박물관 측에서 X선 사진을 제공해 주었는데, 1990년의 사진과 다른 사진으로 생각된다. 다만 언제 촬영한 것인지는 확인되지 않는다.

29) 동국대학교 윤선태 교수는 이 두 번째 글자일 '高'자일 가능성이 있다고 지적하였다. 하지만 다음과 같은 문제가 있어 따를 수 없다. 우선 이를 '高'로 판독하기 위해서는 현존하는 자형 좌우에 추가적인 자획, 곧 '立' 아래 '口'를 둘러싼 '冂'의 좌우획이 더

| ① 두 번째 글자 사진 수정 | ② 두 번째 글자와 세 번째 글자 사진 수정 |

사진 4. 두 번째 글자

번째와 두 번째 글자를 합하여 '上(下)部'로 판독하고, 이를 뒤의 '先人'과 연결하여 고구려의 5부(部)로 파악하기도 한다.[30] 그러나 후술하겠지만, 명문대도의 성격상 이 '先人'을 고구려 관등으로 보기는 어려울 것으로 생각된다. 그렇다면 '▨[部]'를 삼국의 단위정치체나 행정구역의 '부(部)'로 단정하기는 힘들다.

있었는데, 현재 지워진 것으로 보아야 한다. 그러나 사진 4-②를 볼 때, 바로 아래에 있는 '先'의 좌측과 '舍'의 좌측이 동일한 라인에 있음을 알 수 있다. 즉 아래 글자와의 연결성을 볼 때, 현존하는 글자 좌측에 별도의 획이 있었을 가능성이 높지 않다. 둘째로 후술되는 東京國立博物館 所藏 有銘環頭大刀가 교동11호분명문대도와 양식과 자형이 유사하다고 여겨지고 있는데, 해당 칼의 '高'와 자형이 다르다. 특히 동경국립박물관 소장 칼 명문에서 윗 부분의 'ㅁ'가 '∨'로 그려지고 있는 부분에 주목할 수 있다. 물론 두 칼의 명문이 어느 정도 차이를 보여주고 있어, 교동11호분명문대도의 '高'가 반드시 같은 글자 모양이 아닐 가능성도 있다. 그러나 교동11호분명문대도에서도 사진 7-①에서 보듯이 'ㅁ'를 '∨'로 쓰고 있다고 할 수 있으므로, 이 글자가 '高'라면 위의 'ㅁ'를 '∨'로 새겼을 가능성이 높다. 따라서 현재로서는 이 글자를 '高'로 볼 수 없다고 판단한다.

30) 표 1의 ③과 ⑤.

③④ 세 번째와 네 번째 글자는 '先人'이 분명하다. 그런데 이 '先人'을 고구려 관등 중 최하위인 '선인(先人)'으로 파악하기도 한다. 하지만 명문대도가 위신재로서 정치적 질서 형성을 위해 상위자가 하위자에게 하사 혹은 분여(分與)하는 것이라는 일반적인 이해에 입각할 때, 최하위 관등이 칼에 새겨지는 점은 선뜻 받아들이기 힘든 점이다. 고구려에서 관등 선인(先人)이 '仙人'으로도 기재되었던 점을 고려한다면, 관등이 아니라 길상구에 나오는 선인(仙人)의 이표기로 볼 여지도 있겠다.[31] 하지만 관등의 이표기를 근거로 일반적으로 '仙人'을 '先人'으로 표기했다고 보기는 힘들 듯하다. 관등으로 볼 수 없다면, 일반적인 의미의 선인(先人), 곧 전대의 사람인 선조 정도의 의미로 파악하는 것이 좋을 것 같다.

| ① 세 번째 글자 사진 수정 | ② 네 번째 글자 사진 수정 | ③ 연결 사진 수정 |

사진 5. 세 번째 글자와 네 번째 글자

⑤⑥ 그간 판독들에서는 네 번째 글자 '人'과 다섯 번째 글자 사이에 다른 글자가 없었다고 파악하였다. 그러나 앞의 사진 2에서 보이듯이 공백이 매우 커 그 사이에 결락된 다른 글자가 있었다고 판단된다.[32] 따라서 기존 판독의

---

31) 이영식, 2016 앞의 책, pp.702~703.

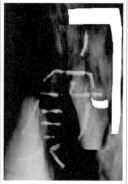

① 기존 판독 다섯 번째 글자 사진 수정	② 기존 판독 다섯 번째 글자 X선 사진	③ 동경국립박물관 소장 명문대도 '貴'[33]

사진 6. 기존 판독의 다섯 번째 글자

다섯 번째 글자를 여섯 번째 글자로 수정하고자 한다. 여섯 번째 글자는 다음 사진 6-③의 東京國立博物館 所藏 有銘環頭大刀의 '貴'자를 참고할 때. 아래 '貝'가 각진 형태여서 차이를 보이지만, 글자 위쪽의 조금 떨어진 세로획을 여섯 번째 글자의 일부로 볼 수 있다면, '貴'로 판독하는 것이 합리적이라 여겨진다.

　⑦ 가장 판독이 어려운 글자가 기존 판독들의 여섯 번째 글자, 이 글에서는 일곱 번째 글자이다. 글자의 새김이 지워지고 상감이 벗겨진 부분이 상당하며, 현존 부분도 갈라져 판독이 쉽지 않다. 하지만 상부의 '艹'은 인정할 수 있으며, 그 아래 'V'는 도쿄국립박물관(東京國立博物館) 소장 유명환두대도(有銘環頭大刀, 사진 10)의 '高'(사진 7-④)자의 위쪽 'ㅁ' 형상이나, 경주 금관

---

32) 현존하는 명문대도 중 중간에 공백을 둔 사례가 확인되지 않는다는 점도 이를 뒷받침한다.

33) 이현태, 2018 앞의 책, p.67의 사진 중 일부.

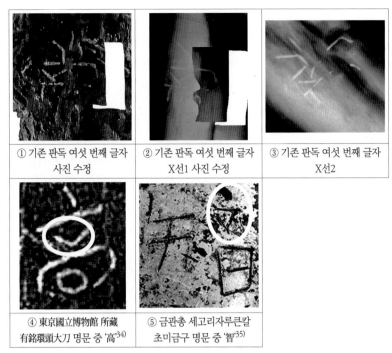

① 기존 판독 여섯 번째 글자 사진 수정	② 기존 판독 여섯 번째 글자 X선1 사진 수정	③ 기존 판독 여섯 번째 글자 X선2
④ 東京國立博物館 所藏 有銘環頭大刀 명문 중 '高'[34]	⑤ 금관총 세고리자루큰칼 초미금구 명문 중 '智'[35]	

사진 7. 기존 판독의 여섯 번째 글자

총 출토 세고리자루 큰칼(K618) 칼집끝장식[鞘尾金具]에 있는 명문 '尒斯智王' 중 '智'(사진 7-⑤)에 있는 'ㅁ'의 모양을 참고하면, 'ㅁ'로 파악해도 무방하다고 판단된다. 이 글자의 아랫부분은 각선이 지워지고 금사가 떨어져 나가 정확한 자형을 알기 어렵다. X선 사진에서도 자획을 볼 수 없는, 완전히 결실된 것이어서 추정할 수밖에 없다. 윗부분을 '尙'으로 본다면, 賞, 常, 嘗, 裳, 當, 堂, 黨 등을 생각해 볼 수 있다. 현존하는 부분을 보면 긴 가로획 아래에 약간

---

34) 이현태, 2018 앞의 책, p.67의 사진 중 일부.

35) 신라 천년의 역사와 문화 편찬위원회, 2016 『(신라 천년의 역사와 문화 자료집02)마립간 시기 I 중앙』, 경상북도, p.164.

가운데로 치우쳐 연결된 세로획 일부가 확인되고, 가로획 우측 약간 아래에 곡선을 그리는 'ㄱ' 형상이 확인된다. 이러한 자형이 사진 6-①의 '貝'의 상부와 유사한 점이 있다고 생각되며, 명문대도가 위세품으로 하사·분여되었다고 봤을 때, 일단 '賞'으로 추정한 기존 연구가 어느 정도 타당하다고 판단한다.[36]

⑧ 마지막 글자는 통상 '刀'로 추정하였으나, 자형으로 볼 때 '乃'일 가능성을 배제하지는 않았다. 그러나 아래 사진 8-②③ X선 사진에서 확인되듯이 우변에 보이는 미세한 꺾임은 곡선 형태의 홈을 새길 때 두 번에 걸쳐서 하면서 생긴 단차로 판단된다. 따라서 이 글자는 '刀'임이 분명하다.

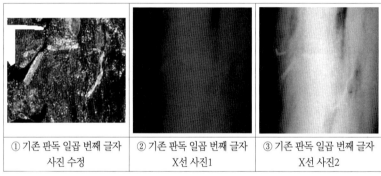

| ① 기존 판독 일곱 번째 글자 사진 수정 | ② 기존 판독 일곱 번째 글자 X선 사진1 | ③ 기존 판독 일곱 번째 글자 X선 사진2 |

사진 8. 기존 판독 일곱 번째 글자

이상과 같이 검토하여 다음과 같은 판독안을 제시한다.

☒[部]先人☒貴[賞]刀

---

36) 洪性和, 2013 앞의 논문, p.239에서 명문대도가 '하사품'이라는 성격을 고려할 때 '賞'일 가능성이 있다고 추정하였다.

4글자씩 총 8글자로 구성된 글로, 그 의미를 '선조[先人]의 귀한 선물인 칼(을 얻었다)' 정도로 볼 수 있을 것 같다. 훼손된 부분에 추가로 명문이 있었을 가능성이 있어서 전체 문장으로 단정하기는 힘들지만, 내용은 하사자나 제작자와 같은 특정한 인물이나 사여 사실을 기술한 것이라기보다 길상구로 생각된다.[37]

2) 제작 주체

앞에서 판독과 관련한 기존 견해들을 살펴보았는데, 각각의 판독에 따라 제작 주체를 다르게 파악하고 있다. 우선 처음에 각서 방향을 잘못 알고 판독 오류를 범한 입장은 백제 관등인 '扞率'을 읽어내었는데, 이는 백제제작설의 입장이었다고 하겠다.[38] 하지만 제대로 된 판독이 이루어지면서 백제제작설은 부정되었고, 대신 '[上][部]先人'이 주목되었는데, 이를 고구려 관등으로 파악하였다.[39] 곧 고구려에서 제작된 이 칼이 창녕으로 건너왔다고 파악하는 고구려제작설이 강력하게 제기된 것이다. 그러나 고구려 상감 기술이 확인된 바가 없다거나[40] 고구려에서 원두대도가 출토된 예가 없는 이유 등으로,[41] 고구려제작설을 부정적으로 보는 입장이 근래 많아졌다.[42]

---

37) 이현태, 2018 앞의 책, p.65.

38) 田中俊明, 1987 앞의 논문 ; 金昌鎬, 1989 앞의 논문.

39) 韓永熙·李相洙, 1990 앞의 논문 ; 이영식, 2016 앞의 책. 이 상부가 가야의 것일 가능성이 제기되기도 했지만(武田幸男, 1992 「文獻よりみた伽耶」 『伽耶文化展』, 朝日新聞社, p.19 ; 李炯基, 2001 『大加耶의 形成과 發展研究』, 景仁文化社, pp.144~147), 현재로서는 대가야와 그 부근을 제외한 가야에 상부가 존재했다고 판단하기는 어렵다고 생각된다(김태식, 2014 『사국시대의 가야사 연구』, 서경문화사, p.85).

40) 金昌鎬, 1990 「韓半島 出土의 有銘龍文環頭大刀」 『伽倻通信』 19·20, p.17 ; 洪性和, 2013 앞의 논문, p.239.

41) 이현태, 2018 앞의 책, p.64.

다만 4세기 후반으로 편년되는 고구려 왕릉급 계단식 돌무지무덤인 지린성(吉林省) 지안시(集安市) 마선구(麻線溝) 2100호묘에서 병부(柄部)의 양면에 착금(錯金)한 소환두철도(素環頭鐵刀)가 출토되어서, 4세기 후반경 고구려에서도 금상감명문도가 존재했을 개연성이 충분히 있다는 사실이 밝혀졌기에,[43] 추후 새로운 발견이 있다면 고구려제작설이 다시 부각될 수 있을 것으로 생각한다. 그러나 아직까지 고구려 금상감 장식대도의 실체가 규명되지 않고 있는 상황이므로 신중할 필요가 있다.

고구려제작설이 이 명문대도를 고구려가 직접 창녕지역 세력에게 준 것으로 보는 입장은 아니다. 당시 고구려와 창녕지역 세력 사이의 직접적인 교류를 입증할 만한 근거가 없기 때문이다. 대신 명문대도와 함께 출토된 보주형 꼭지의 청동합(靑銅盒)과 삼엽형환두대도(三葉形環頭大刀)를 신라제로 보고,[44] 광개토왕의 가야 지역 원정 이후 신라가 고구려에게 받은 명문대도를 창녕에 주면서 영향력을 강화하려고 했다고 보고 있다.[45]

그런데 이러한 견해를 그대로 받아들이기 힘든 점이 일부 있다. 고구려 제작 명문대도를 신라가 창녕의 재지수장에게 사여하여 수장의 사후 무덤에 매납되었다고 한다면, 이는 신라왕과 재지수장 사이의 정치적 영향 관계를 전제로 하사 혹은 분여된 위신재라고 보는 것이다.[46] 그러나 신라가 창녕의 재지수장에게 정치적 영향력을 행사하려는 목적이 있다고 한다면, 고구려 관

---

42) 여전히 고구려제작설도 지지를 받고 있다(남재우, 2020 「가야, 기록과 문자」『문자로 본 가야』, 사회평론, p.20).

43) 桃崎祐輔, 2005 「七支刀の金象嵌技術にみえる中國尙方の影響」『文化財と技術』4, p.144.

44) 이영식, 2016 앞의 책, pp.703~706.

45) 이영식, 2016 앞의 책, p.721.

46) 이한상, 2016 『삼국시대 장식대도 문화 연구』, 서경문화사, pp.208~211 ; 佐藤長門, 2004 앞의 논문, pp.25~27.

등 중 최하위인 '선인(先人)'이 새겨진 명문대도를 주었다고 보기는 힘들다고 생각된다. 또 비록 선인이 고구려 관등으로 판단되지는 않고, 전체 문장이 특정한 사건이나 인물이 적시되지 않은 범용적인 길상구로 추정되지만, 굳이 고구려가 제작한 명문대도를 사여할 필요는 없었다고 생각되며, 이런 점에서 고구려 제작설에 신중할 필요가 있다.[47]

명문을 통해 고구려제작설 및 신라 하사설이 제기되었지만, 명문대도 자체, 곧 금상감 기법이 적용된 장식대도에 대한 분석에서는 백제제작설이나 대가야제작설이 제기되었다. 한반도와 그에 영향을 받은 일본의 상감 기술 및 그것이 적용된 유물들의 분석을 통해 다음과 같은 양상을 확인할 수 있다.[48] ①4세기 후반 한반도 서남부지역에서 최초로 상감 기술이 등장하며 칠지도가 그 사례이다. ②5세기 전반 백제와 대가야를 중심으로 상감유물이 본격적으로 제작된다. ③5세기 후반 대가야지역만이 아니라 김해, 부산 등 금관가야지역에서도 상감대도가 유행한다. ④6세기 전반이 되면 공주 송산리 29호분에서 출토된 금상감대도와 같이 다양한 문양을 금상감으로 표시하는 단계에 이르고, 신라에서도 소수이기는 하나 상감 기술이 적용된 마구와 대도

---

47) 일본에 존재하는 가장 오래된 명문대도인 '中平'銘大刀는 명문에 中平이라는 후한의 연호가 적시되어 있어서 제작연대를 184~189년으로 특정할 수 있다. 그런데 이 칼은 4세기경에 축조된 전방후원분인 東大寺山古墳에 매납되어 있었다. 이 때문에 이 칼이 일본에 전래된 시기가 언제인지와 관련하여 여러 가능성이 개진되었는데, 주로 제작시점에 일본에 전래되어 전세되다가 4세기경에 매납된 것으로 파악되고 있다(桑原久男, 2010 「中平銘鉄刀と東大寺山古墳の時代」 『よみがえるヤマトの王墓-東大寺山古墳と謎の鉄刀-』, 天理大学出版部, p.89). 이는 연호가 적시되어 제작자를 분명히 알 수 있으며, 오랜 시간이 지나서 제작 주체가 정치적 권위를 보장해 줄 수 없게 된 시기에 위신재로 일본에 들어왔을 가능성이 낮기 때문이다(佐藤長門, 2004 앞의 논문, pp.28~29).

48) 김도영, 2017 「삼국·고분시대 상감기술의 전개와 한일교섭」 『韓國考古學報』 104, pp.140~142.

가 등장한다. ⑤이후 한반도에서 상감기술은 확인되지 않고 일본 고분시대 후기에 상감유물이 폭발적으로 증가한다.

교동11호분명문대도는 ③시기에 해당하는 것으로, 이 시기 상감기법의 대도는 백제와 대가야를 중심으로 제작되며, 신라에서는 그 사례가 없다. 신라에서 5세기 초부터 장식대도를 지방에 사여하기 시작했고 5세기 중엽 이후 본격적으로 하였다고 인정되지만,[49] 상감기술이 적용된 것이 없다는 것이다. 따라서 1차적으로 이 명문대도를 신라에서 제작된 것으로 보지는 않는다.[50] 제작 기술의 확보와 출토 유물의 빈도를 볼 때, 이 대도는 백제나 대가야에서 제작했을 것으로 보는 것이 현재 주류적인 견해이다.[51]

그리고 손잡이 머리의 장식이 원두인데, 이 역시 신라산이 아닌 이유로 지목되었다. 소위 원두대도라 부르는 이러한 형태의 손잡이 머리 장식을 가진 대도는 고창 봉덕리 1호분 4호 석실, 공주 송산리 1호분, 경주 금관총과 금척리 Ⅰ-A호분, 양산 부부총 출토품 등이 있는데,[52] 주로 5세기 후반에서 6세기 중반으로 편년되는 백제와 가야지역 무덤들에서 나오고 있기 때문이다.

---

49) 이한상, 2016 앞의 책, p.206.

50) 신라의 경우 천마총, 금관총, 계림로 14호분 등 경주에 상감유물이 집중되며 지방에서 출토된 사례는 적은 편이다. 또 이 시기 신라의 '원두'상감대도는 확인되지 않는다 (김도영, 2017 앞의 논문, p.143).

51) 崔鍾圭, 1992 「濟羅耶의 文物交流-百濟金工Ⅱ-」『百濟研究』23 ; 李承信, 2008 「加耶 環頭大刀 研究」, 홍익대 석사학위논문 ; 김낙중, 2014 「가야계 환두대도와 백제」『百濟文化』50 ; 高田貫太, 2014 『古墳時代の日朝關係』, 吉川弘文館 ; 이현태, 2018 앞의 책 등이 백제가 제작했거나 백제의 강한 영향을 받은 것으로 보았다. 대가야제작설의 입장은 이한상, 2010 「大加耶의 성장과 龍鳳紋大刀文化」『新羅史學報』18 ; 김우대, 2011 「制作技法을 中心으로 본 百濟·加耶의 裝飾大刀」『嶺南考古學』59 ; 朴天秀, 2012 「東京國立博物館 所藏 傳 加耶地域 出土 銘文環頭大刀가 提起하는 諸問題」『백제와 주변세계』, 진인진 ; 김도영, 2014 「三國時代 龍鳳文環頭大刀의 系譜와 技術 傳播」『中央考古研究』14 등이 있다.

52) 이한상, 2016 앞의 책, p.143·202·206.

신라의 경우 세고리[三累]나 三葉 장식이 주로 제작된다.

사진 9에서 볼 수 있듯이 다 같이 원두대도라고 칭하지만 사실상 두 가지 유형으로 나눌 수 있다. 교동11호분명문대도와 송산리4호분 출토 원두 장식 및 나주 신촌리 9호분 을관 출토 도자, 그리고 금관총 출토 원두 장식은 가운데 비교적 큰 심엽형 구멍이 있는 유형이고 나머지는 작은 원형 구멍이다. 지금까지 심엽형의 비교적 큰 구멍과 그 구멍 주위로 각목한 금장식이 있는 것, 그리고 장식 하단에 역시 각목한 金板帶 장식이 있는 공통점이 주목을 받아, 교동11호분과 송산리4호분이 동일한 양식이며, 따라서 교동11호분이 백제에서 제작되었다는 추정을 하기에 이르렀다고 보인다.

그러나 양자를 자세히 살펴보면 약간 차이가 보인다. 먼저 둥근 부분을 가공한 형상을 보면 전면과 측면의 연결 부위가 교동11호분의 것보다 송산리

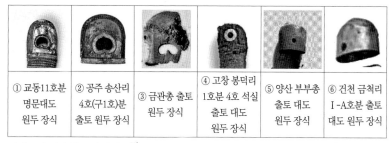

| ① 교동11호분 명문대도 원두 장식 | ② 공주 송산리 4호(구1호)분 출토 원두 장식 | ③ 금관총 출토 원두 장식 | ④ 고창 봉덕리 1호분 4호 석실 출토 대도 원두 장식 | ⑤ 양산 부부총 출토 대도 원두 장식 | ⑥ 건천 금척리 I-A호분 출토 대도 원두 장식 |

사진 9. 손잡이 원두 장식 일람[53]

---

53) 사진의 출처는 다음과 같다. ①국립중앙박물관 제공 ②경북대학교 인문학술원 HK 연구교수 김도영 제공 ③國立慶州文化財研究所, 2011 『慶州 金冠塚 發掘調査報告書(國譯)』, p.198 ④국립공주박물관, 2015 『韓國의 古代 象嵌 큰 칼에 아로새긴 최고의 기술』, p.49 ⑤국립중앙박물관 소장 유리건판사진(https://www.museum.go.kr/site/main/relic/search/view?relicId=171166) ⑥신라 천년의 역사와 문화 편찬위원회, 2016 『(신라 천년의 역사와 문화 자료집02)마립간 시기 I 중앙』, 경상북도, p.77.

4호분이 보다 명확하게 각이 지게 가공되어있는 것을 볼 수 있다. 또 심엽형의 모양에서 윗부분이, 교동11호분은 원형인데 비해, 송산리4호분은 끝이 뾰족하여 차이가 보인다. 또 심엽형의 외곽에 둘린 각목 금장식과 원두 장식 하단의 각목 금장식의 각목문의 세부 모양에서도 차이가 있다.

그런데 그간 주목하지 않았지만, 금관총에서 출토된 원두 장식이 오히려 교동11호분과 흡사하다. 상부 원형의 가공 형태와 심엽형 구멍의 모양이 거의 일치한다고 해도 과언이 아니다. 더하여 교동11호분에서는 원두대도와 함께 삼엽형환두대도가 같이 출토되었다. 삼엽형은 신라 지역에서 많이 출토되는 것으로 원두대도와 세트로 구성되었다고 본다면, 금관총 출토품과의 유사성을 상정할 수 있을 것이다.[54] 양산 부부총에서도 원두대도가 신라의 삼루형환두대도와 함께 나온 것도 참고가 된다. 그렇다면 원두대도라는 외형적 특징을 이유로 백제에서 제작한 것으로 단정하는 것은 신중할 필요가 있겠다.

물론 이러한 차이를 단순히 제작 국가 혹은 지역적 차이로 파악하기는 힘들다. 이들 세 원두 장식의 차이는 동일 양식의 시기적인 변화상으로도 볼 수 있다. 즉 교동11호분과 금관총 원두의 유사성은 비슷한 시기의 것이기 때문이며, 송산리 4호분의 것이 그들에 비해 이른 시기의 것으로 이해할 수도 있다.[55] 그렇다면 여전히 백제에서 제작되었다고 볼 여지가 많다고 하겠다. 하

---

54) 나주 신촌리 9호분 을관에서도 심엽형 투공이 있는 원두도자와 삼엽환두대도가 출토되어 교동11호분과 유사한 양상을 보여준다(국립문화재연구소, 2001 『羅州 新村里 9號墳』, pp.51~54 참조). 그렇다면 삼엽환두와 원두의 공반이 신라와 무관한 것일 가능성도 있다. 그러나 나주 신촌리 9호분 을관 출토 원두는 도자이며, 삼엽형 환두 장식도 교동11호분이 신라에서 일반적으로 나오는 상원하방형 환두인데 비해, 신촌리 9호분 것은 그 사례가 제한적인 환형이다(이한상, 2016 앞의 책, pp.205~206에서는 상원하방형을 B형, 환형을 A형으로 구분하였으며, 신라에서는 B형이 주로 확인됨). 따라서 신촌리의 사례를 들어 교동11호분에서 원두대도와 삼엽환두대도가 함께 공반되는 것이 신라와 무관하다고 하기는 힘들다. 또 신촌리 것들은 다른 것들에 비해 수준이 떨어져 자체 제작이었을 가능성도 있다.

지만 송산리4호분은 그 출토 유물을 볼 때, 신라와 밀접한 관련이 있는 것을 볼 수 있다.[56] 원두 양식이 신라에서 백제로 유입되었을 가능성도 있는 것이다. 더하여 백제에서는 용봉문환두 장식이 주로 나오고 있다는 점과 교동11호분의 원두 양식이 송산리4호분보다 금관총의 것과 보다 유사하다는 점을 아울러 고려하면, 원두 장식의 기원이 어느 곳이든 신라를 통해 창녕지역으로 들어갔다고 보는 것이 타당하지 않을까 판단된다.

다음으로 제작지와 관련하여 검토해야 하는 것은 금상감기법이다. 그간 신라가 제작지로서 배제된 중요한 이유는 금상감기법이 적용된 장식대도가 주로 백제와 대가야에서 만들어졌기 때문이다. 아직까지 신라에서 5세기 단계의 상감대도를 확인할 수 없으며,[57] 지방 고분들의 출토품을 볼 때, 신라가

---

55) 국민대학교 김재홍 교수의 지적이 있었고, 이를 받아들인다. 다만 약간의 부연을 해 두고자 한다. 김재홍 교수는 송산리 4호→교동11호→금관총의 순서일 가능성을 제시하였는데, 이는 백제에서 (대)가야를 거쳐 신라로 원두 양식이 유입되었을 가능성을 상정하고 있는 것으로 추정된다. 그러나 현 상황에서 교동11호와 금관총의 선후 관계를 파악할 수는 없다고 생각되며, 원두 장식의 전체적인 모습을 볼 때 송산리4호와 금관총이 더 유사하다고 보인다. 교동11호의 경우 아래위로 긴 형상인데 비하여, 송산리4호와 금관총은 좌우로 긴 형상이기 때문이다. 더구나 송산리4호분과 금관총의 축조시기는 거의 차이가 없는 것으로 보이며, 교동11호분의 시기 역시 비슷하다. 즉 무덤의 축조 시기를 따진다면, 송산리4호분과 금관총 사이에 양식의 변화가 일어날 만한 시간차가 있다고 보기 힘들다. 따라서 현재로서는 교동11호의 원두가 백제에서 유입된 것으로 단정하기는 힘들며, 오히려 신라와의 관계 속에 창녕으로 넘어왔을 가능성을 상정할 필요가 있다고 생각된다.

56) 국립공주박물관, 2015 『송산리 4·8·29호분 재보고서』, pp.175~176. 이 재보고서에서는 송산리4호분에서 다수의 신라계로 보이는 유물이 출토된 것이, 493년 신라 이찬 비지의 딸과 동성왕의 혼인 동맹 등과 같은 나제동맹의 결과일 가능성을 개진하였다.

57) 신라의 상감대도는 호우총 출토 용문환두대도와 천마총 출토 도편이 있다. 호우총 출토품은 보통 신라제로 보지 않으며, 천마총은 신라제일 가능성이 있으나 조각이어서 확인에 어려움이 있다(국립공주박물관, 2015 앞의 책, p.96).

주로 재지수장에게 위신재로 冠을 사여했던 것으로 이해되는데 비해, 백제와 가야 권역의 재지수장층 고분들에서는 상감대도가 많이 출토되어, 사여하던 위신재의 차이가 있었던 것으로 이해하는 것도 그러한 경향을 강화하였다.

상감기법적인 측면에서도 비슷한 입장이 나오고 있다. 교동11호분명문대도의 제작지 추정에 중요한 단서로 지목된 것은 일본 도쿄국립박물관(東京國立博物館) 소장 유명환두대도(有銘環頭大刀)이다(사진 10).[58] 이 명문대도의 제작기법과 양식을 살펴보면, 환두부를 투조하였고 환두 안에 별주한 단룡장식을 삽입한 점, 그리고 환두를 도금하지 않고 금피(金被)로 장식한 점을 고려할 때 백제나 신라에서 제작된 것으로 볼 수 없으며,[59] 외환을 만드는데 사용된 정밀주조기술이나 합인조끌을 사용한 상감기술을 종합해 볼 때,[60] 영남지역의 삼국시대 고분에서 출토되는 것들과 유사한 점이 많아 한반도 생산이 분명하다고 한다.[61] 그리고 명문의 서체나 사용된 합인조끌을 사용한 상감기법을 볼 때 교동11호분명문대도와의 유사성을 인정할 수 있어서 시기와 제작 주체가 공통적일 것으로 파악하였다.[62] 제작 시기와 기술적 유사성을 가진

---

58) 李文基, 1992「日本 東京博物館 所藏 環頭大刀 銘文」『譯註 韓國古代金石文Ⅱ』, 駕洛國史蹟開發研究院 ; 朴天秀, 2012 앞의 논문 ; 김도영, 2019「도쿄박물관 소장 명문대도의 역사적 의미와 복원 의의」『일제강점기 유출 우리 문화재의 현황과 환수 과제』, (사)한국국외문화재연구원. 이 명문대도는 일제강점기 구입으로 입수한 것이어서 출토지가 명확하지 않다. 교동11호분명문대도와 마찬가지로 창녕에서 나온 것으로 보기도 하는데(국립공주박물관, 2015 앞의 책, p.95), 그 근거를 알 수는 없다. 대체로 가야지역 출토품으로 파악하는 편이다(이현태, 2018 앞의 책, p.66).

59) 朴天秀, 2012 앞의 논문, p.478. 대가야에서 제작하여 다른 지역으로 사여한 것으로 보고 있다.

60) 상감을 위한 선각을 새기는 기술은 끌의 종류와 방법에 따라 점타, 축조, 합인조(나메쿠리), 모조 등의 방식이 있다(스즈키 쯔토무, 2015「일본 고대 상감기술의 기원과 전개」『韓國의 古代 象嵌 큰 칼에 아로새긴 최고의 기술』, 국립공주박물관, pp.182~183).

61) 김도영, 2019 앞의 논문, p.100.

동경국립박물관 소장 유명환두대도에서 대가야산의 특징이 뚜렷이 드러나기 때문에, 교동11호분명문대도를 대가야에서 제작한 것으로 볼 수 있다는 것이다.

그러나 아직 교동11호분명문대도의 경우 새김 방식에 대한 정밀한 조사가 없었다. 따라서 현재로서는 이를 근거로 제작지를 단정하는 것은 성급한 감이 없지 않다.[63] 필자는 명문을 새기는 기술보다는 전반적인 양식의 문제를 지적하고 싶다. 동경국립박물관 소장 유명환두대도는 확실히 환두부의 양식과 그곳에 시문된 상감기법이 옥전 고분군에서 많이 출토되는 대가야 제작 장식대도와 유사하다.[64] 그러나 교동11호분명문대도의 경우 환두부에서 확연한 차이가 있으며, 또 명문 이외에 상감 문양이 일체 없다는 점에서 양식이나 기술 계보상 동일한 제작자에 의해 만들어진 것이라 판단하기는 어렵다고 생각한다.

그리고 원두 장식이 신라와 연결될 수 있는 가능성도 고려한다면, 신라에서 제작되었거나 신라와의 관계 속에서 이해해야 할 가능성을 완전히 배제해서는 안된다고 본다. 더구나 일곱 번째 글자(기존 여섯 번째 글자)에서 '口'를 'V'형상으로 각서한 것이 경주 금관총 세고리자루큰칼 초미금구 명문의 것과 유사한 점(사진 7⑤)) 역시 신라와의 연관성을 상정할 수 있는 요소일 수 있겠다. 새로이 발견된 금관총 칼집 장식의 명문을 통해 자형의 유사성을 상정할 수 있게 된 것이다. 만약 금관총 칼집장식 명문들의 새김 기술을 통해 당시

---

62) 김도영, 2019 앞의 논문, pp.100~101.

63) 사진 6의 X선 사진을 볼 때, 축조끌을 사용한 방식에서 나타나는 이등변 삼각형이 연속되는 모습이 미약하게나마 보이는 듯하다. 필자가 이러한 기술적 분석에 대해 전문적인 식견이 없어 조심스럽기는 하지만, 교동11호분명문대도의 명문은 합인조끌을 사용한 방식으로 새긴 것이 아닐 수도 있겠다. 전문가의 조사를 통해 분명히 확인해야 할 필요가 있다.

64) 이한상, 2016 앞의 책, pp.113~194 및 김도영, 2019 앞의 논문, pp.90~92 참조.

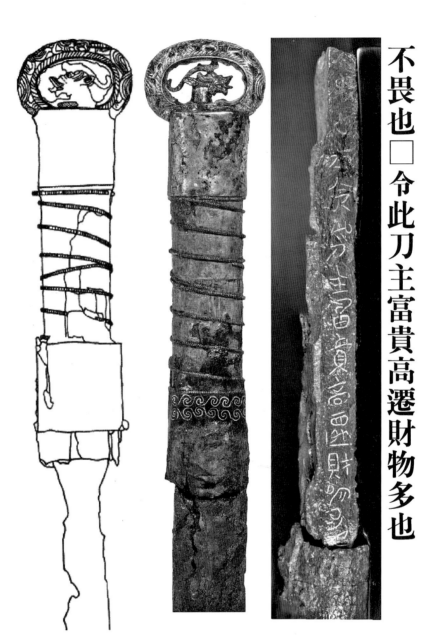

不畏也□令此刀主富貴高遷財物多也

사진 10. 東京國立博物館 소장 有銘環頭大刀(김도영, 2019 앞의 논문, p.88)

신라의 조금(彫金) 기술에 접근할 수 있다면 신라의 상감기술과 관련하여 새로운 단서를 찾을 수 있을지도 모르겠다.

또 원두 장식을 신라적인 것이라고 할 수 있다면, 설사 명문대도가 백제나 대가야에서 제작된 것이라고 하더라도, 신라가 백제·대가야적인 환두장식을 제거하고 신라 양식으로 변형하여 사여했을 가능성이나[65] 신라의 원두대도가 창녕에 들어온 이후 창녕에서 혹은 대가야 기술자에 의해 명문만 추가되었을 가능성도 상정할 수도 있겠다.

이상을 종합해 볼 때, 이 교동11호분명문대도의 제작 주체는 다음과 같이 정리할 수 있다. 현 단계에서 고구려가 제작했다고 보기는 힘들다고 생각된다. 대도의 양식이나 명문의 상감 기법을 고려하면 백제→대가야 계통의 것으로 볼 여지도 있지만, 원두 장식의 유사성과 글자 새김 모양을 볼 때, 신라 계통의 것일 가능성도 충분히 상정할 수 있다. 특히 원두 장식에 주목한다면, 백제 지역에서 확인되는 원두 장식 자체가 신라와 연관되어 있을 가능성이 적지 않으므로, 신라가 제작하였거나 설사 백제·대가야에서 제작된 것이라 하더라도 적어도 신라를 통해 창녕지역으로 전해졌다고 볼 수 있다고 판단된다.

이렇게 볼 때 이 명문대도를 통해 창녕지역 정치체의 정체성에 대해서는 어떻게 이해할 수 있을까. 이 명문대도가 출토된 교동 고분군의 시기와 성격은, 창녕지역의 신라 편입 시기와 관련되어 있는 문제로, 이와 관련하여 의견 대립이 첨예하게 이루어지고 있다. 그러나 묘제를 볼 때 교동 고분군의 축조 시기가 5세기와 6세기 전반이 중심이며 그 이전 시기로 올라가기 힘든 점, 그리고 12호분이 돌무지덧널무덤인 점, 또 고분들에서 신라 양식 혹은 그 영향

---

65) 일본의 '中平'명대도는 후한대인 2세기 후반 중국에서 제작된 것이지만, 출토 당시 일본에서 환두장식을 교체한 상태였다. 이에서 알 수 있듯이 환두부의 교체는 가능한 일이어서 그 가능성을 충분히 상정할 수 있다. 또 신라와의 관계가 중요시되면서 대가야산 위신재의 의미가 창녕지역 내에서 약해졌다면, 창녕 수장이 이미 들어와 있던 대가야산 환두대도를 신라 양식으로 변형했을 가능성도 있겠다.

을 받은 유물들이 주로 출토되는 점은 분명히 확인된다.[66] 그렇다면 신라에 편입되었는지를 판단하지는 않더라도, 당시 신라의 영향력이 미치고 있으면서 신라와의 관계가 중요시되고 있었다고 판단해도 무리는 아닐 것이다.

만약 교동11호분명문대도가 백제·대가야에서 제작한 것이라고 한다면, 한성백제 멸망이후 세력을 확장하던 대가야가 옥전 고분군 세력에게 상감환두대도를 사여하면서 영향력을 확대하였거나 정치적 통속 관계를 정비한 것처럼, 창녕의 수장에게도 역시 교동11호분명문대도를 사여하면서 그러한 관계를 맺으려 했던 것으로 볼 수 있다.[67] 그런데 삼엽환두대도를 포함하여 신라 양식의 유물이 공반되어 있었던 점, 묘제 양식이 신라와 연관되었다고 볼 수 있는 점을 고려하면, 교동 고분군을 조영한 고대 창녕 정치체의 유력자들은 신라와 대가야 모두와 관계를 맺고 있었다고 볼 수 있으며, 이를 통해 어느 정도 독자적인 성격을 유지하고 있었다고 판단할 수 있을 것이다. 낙동강 수운을 통해 가야와 신라를 연결하는 교통로상의 관문 혹은 요충지로서의 성격을 가진 창녕지역 고대 정치체의 면모를 엿볼 수 있는 부분이다.

그러나 이 명문대도가 신라에서 제작 혹은 신라와의 관계 속에서 창녕에 들어오거나 수정된 것이라고 한다면, 신라가 영향력 하의 재지수장에게 장식대도를 포함한 복식의 사여를 통해 지배력을 강화하여 나간 양상을 반영하고 있다고 할 수 있겠다.[68] 교동11호분명문대도에 대한 정밀조사를 통해 양식과 제작기술에 대한 추가적인 정보를 얻게 된다면, 어느 쪽인지가 보다 명확해

---

66) 하승철, 2014 「토기와 묘제로 본 고대 창녕의 정치적 동향」『嶺南考古學』70 ; 박천수, 2019 『비화가야』, 진인진.

67) 기술 계보상으로는 백제-대가야 계통이라고 할 수 있지만, 5세기 말에 이 명문대도가 백제에서 제작되어 직접 창녕으로 건너갔을 가능성은 높지 않다. 대가야에서 제작하였거나, 백제 제작품이 대가야를 거쳐 창녕으로 들어갔다고 보는 것이 타당할 것이다.

68) 이한상, 2016 앞의 책, pp.208~211.

지리라 생각하지만, 필자는 현재로서는 후자쪽에 무게를 두고 싶다.

3. 창녕 계성 고분군 출토 '대간大干'명토기

1) 출토 현황과 판독

다음으로 살펴볼 자료는 창녕 계성(桂城) 고분군에서 출토된 소위 '대간 (大干)'명토기들의 명문이다. 창녕 계성 고분군은 창녕군 계성면 계성리 및 명 리와 사리에 걸쳐 위치한 대규모 고분군으로, 2019년 2월 26일 사적 547호로 지정되었다. 크게 대형 고분이 중심에 있는 서쪽의 계남리 고분군과 동쪽의 사리 고분군과 명리 고분으로 나누어지며, 직경 20m 이상의 대형 고분 10여 기를 포함하여 모두 261기의 봉토분이 산포해 있다.[69] 북쪽의 '창녕 교동과 송현동 고분군'과 함께 창녕의 양대 고분군이라 할 수 있다.

1917년 처음으로 고분들의 분포도가 조선고적조사위원회(朝鮮古蹟調査 委員會)에 의해 작성되었고, 1967년 문화재관리국에 의한 5호분 발굴을 시작 으로 여러 차례 발굴조사가 이루어졌는데, 초기에는 계남리 고분군의 개별 고분 중심이었다. 계성 고분군 구릉지대의 북서편 지맥에 위치한 계남리 고 분군은 사리와 명리 일대의 고분군 보다 상대적으로 이른 시기에 조성되었 고, 또 대형 고분이 다수 있다(그림 1의 I, II군).

1976년에 구마고속도로(현 중부내륙고속도로지선) 건설을 계기로 사리 고분군 쪽에 대한 발굴조사가 이루어졌는데, 해당 지역을 A, B, C지구로 나누 어,[70] C지구 전체와 A·B지구 중 도로구간에 포함되는 일부분을 발굴하였고,

---

69) 박천수, 2019 『비화가야』, 진인진, pp.50~79 ; 하승철, 2013 「창녕 계성고분군의 성 격과 정치체의 변동」『야외고고학』 18, pp.76~78.

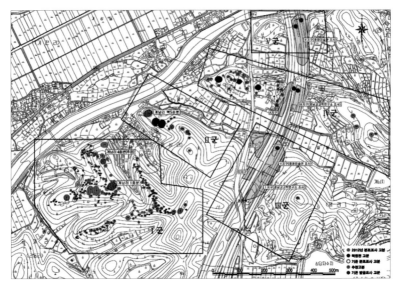

그림 1. 창녕 계성고분군 분포도(하승철, 2013 앞의 논문, p.77의 〈그림 1〉)

이때 소위 '대간'명문토기가 처음 알려졌다.[71] A지구 6호분 옆에서 나온 옹관묘
를 구성하던 바리형[鉢形]토기에, 보고서에서 '六干'으로 판독한 명문이 확인
되었으며,[72] B지구 1호분의 접시에서 '辛'자가 보이고,[73] 10호분에서 출토된
뚜껑달린굽다리접시의 뚜껑에 '大'가, 굽다리접시에서 보고서 판독으로 '辛'자
가 새겨져 있음이 보고되었다.[74] C지구 3호분에서 나온 병모양[小甁]토기에

---

70) A지구는 그림 1의 Ⅳ군 내 서쪽 음영처리된 지역이며, B지구는 Ⅲ군 내 서쪽 음영처
리된 두 군데 중 위쪽이고, C지구는 B지구 바로 아래쪽이다.

71) 丁仲煥·鄭澄元·金東鎬·沈奉謹, 1977 『昌寧桂城古墳群發掘調査報告書』, 慶尙南道.

72) 丁仲煥·鄭澄元·金東鎬·沈奉謹, 위의 책, p.41.

73) 보고서에서 따로 판독과 서술 및 모사를 하지는 않고 유물 사진만 실었다(丁仲煥·鄭
澄元·金東鎬·沈奉謹, 위의 책, p.281). 사진에서 비교적 글자가 명확히 보인다.

74) 역시 보고서에서 따로 기술하지는 않았지만, 유물 사진의 캡션에 '大'와 '辛'자를 명시
하였다(丁仲煥·鄭澄元·金東鎬·沈奉謹, 위의 책, p.297).

도 명확히 판독하지는 않았지만 '六干'이나 '辛' 비슷한 문자가 새겨졌다고 기술되었다.[75]

이들은 비슷한 글자로 여겨졌다고 생각되는데, 그와는 다른 명문으로 파악된 토기도 있었다. B지구 5호분에서 '未'자가 있는 병모양[小瓶]토기,[76] C지구 3호분에서 '巾'자가 새겨져 있는 굽다리접시의 출토가 보고되었다.[77]

첫 발견으로부터 18년 뒤인 1994년, 고속도로 확장공사 때문에 부산대학교 박물관에서 긴급발굴조사를 하였는데,[78] A와 B지구의 남은 부분을 조사하였다. 이번에도 A지구 13호분에서 나온 뚜껑과 굽다리접시, B지구 40호분에서 출토된 굽다리접시에서 비슷한 자형의 명문을 확인할 수 있었는데, 이번에는 '大干'으로 판독하였다.[79] 같은 지구 27호분에서 나온 짧은목단지[短頸壺]에서는 파손으로 글자의 하단부를 전부 확인할 수 없지만 역시 유사한 글자가 새겨져 있음이 보고되었다.[80]

한편 B지구 43호분 출토 굽다리접시에 완전히 다른 형태의 글자를 볼 수 있는데, 보고서 본문에서는 별도의 판독을 하지 않고 자형을 그대로 옮겨 '丰'로 표시하였으나,[81] 고찰에서는 90도 돌려서 '卅'으로 판독하였다.[82]

1998년 국도 5호선의 확장공사 등으로 명리 고분군 쪽에 대한 추가 조사

75) 보고서에서 명확한 판독안을 제시하지는 않고 그림으로 표현하였다(丁仲煥·鄭澄元·金東鎬·沈奉謹, 1977 앞의 책, p.329).

76) 丁仲煥·鄭澄元·金東鎬·沈奉謹, 1977 앞의 책, p.153·290.

77) 丁仲煥·鄭澄元·金東鎬·沈奉謹, 1977 앞의 책, p.329·369·410.

78) 釜山大學校博物館, 1995 『昌寧桂城古墳群』.

79) 釜山大學校博物館, 위의 책, p.27·223.

80) 釜山大學校博物館, 위의 책, p.81에서는 '六干'으로 판독했는데, 앞의 사례들과 다른 글자로 판독한 것은 아마 명문을 역방향으로 보았기 때문으로 추정된다.

81) 釜山大學校博物館, 위의 책, p.243.

82) 宣石悅, 1995 「3. 昌寧 桂城古墳群 出土 土器 銘文의 검토」 『昌寧桂城古墳群』, 釜山大學校博物館, p.267.

가 이루어졌는데, 1994년 조사지역의 동쪽을 Ⅰ~Ⅳ지구로 나누어,[83] Ⅰ·Ⅲ지구는 경남고고학연구소가, Ⅱ·Ⅳ지구는 호암미술관이 발굴하였다.[84] Ⅰ지구 5호분의 굽달린 항아리[臺附壺]의 뚜껑과[85] 20호분 주구의 뚜껑 달린 굽다리접시에서,[86] 그리고 Ⅱ지구 8호분의 굽다리접시 2기와[87] 33호분 굽달린 주발,[88] 44호분 뚜껑과 굽다리접시에서도 유사한 자형의 명문이 있음이 보고되었다.[89]

다른 명문으로는 Ⅰ지구 26호분에서 'A' 형상이 새겨져 있는 뚜껑과 뚜껑 달린 굽다리접시의 뚜껑이 출토되었다.[90] 또 Ⅲ지구 15호분 출토 뚜껑에서 '卅'자가 확인되었는데,[91] B지구 43호분 굽다리접시와 달리 정방향으로 각서되어 있었다. 이로 인해 B지구 43호분 굽다리접시의 글자 역시 일반적으로 '卅'으로 판독하게 되었다.

---

83) Ⅰ지구는 그림 1의 Ⅲ군에서 오른쪽 음영처리된 곳의 아랫부분이고, Ⅱ지구는 그 바로 위이다. Ⅲ지구는 Ⅳ군의 오른쪽 음영처리된 곳이며, Ⅳ지구는 Ⅴ군의 음영처리된 곳이다.

84) 湖巖美術館, 2000 『昌寧 桂城 古墳群(上)·(下)』; 慶南考古學硏究所, 2001 『昌寧 桂城 新羅 古塚群』.

85) 慶南考古學硏究所, 위의 책, p.61·63·520.

86) 慶南考古學硏究所, 위의 책, p.111·113·548.

87) 湖巖美術館, 2000 위의 책, pp.183~184.

88) 湖巖美術館, 2000 위의 책, p.407·409·412.

89) 湖巖美術館, 2000 위의 책, p.506·513·515·517.

90) 慶南考古學硏究所, 위의 책, pp.151~154, pp.556~557.

91) 慶南考古學硏究所, 위의 책, pp.330~331, p.631.

이렇게 계성 고분군 중 사리와 명리 고분군 지역에서 22점에 달하는 명문 토기가 출토되었는데, 가장 다수를 차지하는 것은 '大干'이다. 이들 명문은 다른 곳에서는 확인되지 않는 독특한 것인데,[92] 특히 특별한 의미를 담고 있는 것으로 보이는 '대간' 혹은 그와 유사한 글자들이 크게 주목되었다. 첫 발견 시점에는 보고서를 중심으로 주로 '六干'이나 '辛'으로 판독하였으나, '大干'으로 판독하는 견해가 제기된[93] 이후 통칭 '대간'명토기라 불릴 정도로 '대간'으

---

92) 현재까지 '대간'명토기는 창녕 이외의 지역에서는 출토되지 않고 있다. 일부에서 '대간' 명문이 있는 토기로 강원도 동해시 추암동 B지구 가-37호분과 가-40호분에서 출토된 글씨새김이 있는 뚜껑 달린 굽다리접시(뚜껑과 굽다리접시 모두에 각서가 있음)를 지목하기도 했다(朱甫暾, 1997「韓國 古代의 土器銘文」『유물에 새겨진 古代 文字』, 부산시립박물관 복천분관, p.58 ; 李泳鎬, 2010「新羅의 新發見 文字資料와 研究動向」『韓國古代史研究』57, p.203). 그러나 보고서에서는 '本'자로 판독하였다(關東大學校博物館, 1994(a)『東海北坪工團造成地域文化遺蹟發掘調査報告書[本文]』, pp.309~310, pp.326~328 ; 關東大學校博物館, 1994(b)『東海北坪工團造成地域文化遺蹟發掘調査報告書[寫眞]』, p.133·145). 보고서의 사진만으로 판단했을 때, '대간'으로 보기 힘들며 보고서의 판독이 타당한 것으로 판단된다(박미정, 2000「고찰 명문토기」『昌寧 桂城 古墳群(下)』, 湖巖美術館, p.594 ; 이현태, 2018 앞의 책, p.74). '舍' 자로 본 견해도 있다(宣石悅, 1997「昌寧地域 出土 土器 銘文 '大干'의 檢討」『지역과 역사』3, p.88).

한편 추암동 유적에서는 그 외에도 가-40호분 출토 뚜껑에서 '↑' 형태의 새김이 확인되었고(1關東大學校博物館, 1994(a) 앞의 책, p.329 ; 1994b, p.145), 가-41호분 출토 병모양 토기에서 '(x 아래 |)' 모양 음각이 있다고 보고되었는데(1994a, p.331), 보고서 도면에서는 '大'에 가깝게 모사하였다(關東大學校博物館, 1994(a) 앞의 책, p.333). 사진상으로 명확히 보이지는 않으나 '大'로 판단해도 문제가 없을 것으로 판단된다(關東大學校博物館, 1994(b) 앞의 책, p.147).

93) 西谷正, 1991「朝鮮三國時代의 土器의 文字」『古代의 東アジア』, 小学館, p.376 ; 金在弘, 1992「2. 昌寧 桂城古墳群 出土 土器 銘文」『譯註 韓國古代金石文Ⅱ』, 駕洛國史蹟開發研究院, p.259 ; 武田幸男, 1994「伽耶~新羅의 桂城「大干」-昌寧·桂城古墳群出土土器의 銘文에 대하여-」『朝鮮文化研究』1, p.63 ; 선석열, 1995 앞의 논문, pp.268~269.

로 판독하는 견해가 주류를 형성하였다.

그런데 근래 일본에서 이 글자가 '대간'이 아니라는 주장이 제기되었다. 일본 홋카이도(北海道) 지역의 문자가 있는 하지키(土師器)에 대한 연구에서, 가장 많은 예가 나오는 '夲'자를 '奉'의 이체자이면서 제의에 사용될 것을 표시한 것으로 파악하고, 계성 고분군의 '대간' 역시 '奉'자의 이체자일 가능성을 제기한 것이다.[94]

이렇듯 거의 '대간'으로 굳어지는 듯하던 명문 판독에서 새로운 안이 제기되어, 재검토의 필요성이 생겼다. 한편 1998년의 Ⅰ~Ⅳ지구에 대한 추가 발굴에서 나온 유사한 명문들이, 2000년과 2001년 보고서가 발간되면서 새로이 보고되었는데, 기존 명문과 이들을 종합한 검토가 이루어지지 않았다. 일찍이 '대간'명으로 판독한 것이 널리 받아들여지면서, 새로운 명문 자료에 대해 정밀한 검토를 하지 않았던 것으로 추정된다. 하지만 이 새로운 자료에서 다른 양상이 확인된다. 이에 이 글에서는 '대간'으로 판독하는 것이 타당한지, '대간'인지 '육간'인지 및 '辛' 혹은 '奉' 등 다른 글자인지를 확정하기 위해 재판독을 하였다.[95]

계성 고분군 출토 토기 명문들을 종류별로 정리하면 표 2와 같다. '대간'과 '육간'은 동일한 글자를 읽는 사람에 따라 다르게 판독한 것으로 볼 수 있어서, 하나로 묶었다. '辛'의 경우 일부는 '대간'과 동일한 자형이고, 일부는 그렇지 않은데, 동일한 자형의 것은 역시 '대간'과 묶었고, 그렇지 않은 것들은 따

---

94) 鈴木靖民, 2014 『日本古代の周縁史-エミシ·コシとアマミ·ハヤト』, 岩波書店, pp.87~96. 有富純也, 2016 「「奉」「本」「夲」などと記された墨書土器に関する予備的考察」『Review of Asian and Pacific Studies』 41에서도 이러한 입장을 이어받아 소위 '奉'자가 쓰여진 토기로 구분하였다.

95) 이 글의 판독은 필자가 실견한 부산대학교 박물관 소장품과 기존 연구들에서 많이 사용하지 않은 1998년 발굴조사의 것을 중심으로 하였다. 부산대학교 이수훈 교수님과 안성희 박물관 학예실장님의 많은 도움을 받았다. 지면으로나마 감사드린다.

로 구분하여 정리하였다.

표 2. 창녕 계성 고분군 출토 토기 명문 일람

번호	기존판독	출토위치(지구—무덤번호)	기형	글자 방향[96]
1	大干 (六干)	A-6	鉢形土器(甕棺)	정
2		B-10②[①과 세트]	有蓋高杯—高杯	정
3		C-3	小瓶	정
4		A-13	有蓋高杯—蓋	정
5		A-13	高杯	역
6		B-40	有蓋高杯—高杯	역
7		I-5	有蓋臺附壺—蓋	정
8		I-20	有蓋高杯—高杯	정
9		II-8	高杯	정
10		II-8	有蓋高杯—高杯	정
11		II-33	臺附盌	정
12		II-44	有蓋高杯—高杯	정
13	辛	B-1	杯	정
14		B-27	短頸壺	정
15		II-44	蓋	정
16	卅	B-43	高杯	횡
17		III-15	蓋	정
18	末	B-5	小瓶	정
19	巾	C-3	高杯	정
20	大	B-10①[②와 세트]	有蓋高杯—蓋	정
21	A	I-26	蓋	정
22		I-26	有蓋高杯—蓋	정

96) 글자 방향은 토기를 사용 상태로 놓았을 때 바라보는 사람 입장에서 정상적으로 보이는 것을 정방향, 아래위가 바뀌어 보이는 것을 역방향, 90도 정도 누워있는 것을 횡방향으로 표시한 것이다. 예컨대 굽다리접시의 경우 그냥 놓고 글씨를 새겨서 정상적으로 보이는 것이 정방향이고, 엎어놓고 새겨서 사용하기 위해 똑바로 놓고 정면에서 보면 거꾸로 보이는 것을 역방향이라고 한 것이다.

우선 '대간'으로 판독해왔던 글자들을 먼저 살펴보자. 사진 11은 '대간(육간)'으로 판독한 12종의 명문 중 특징적인 것 8종이다. 이들을 포함한 12 명문들에서는 몇 가지 공통적인 특징을 볼 수 있다. 첫째, 하나의 글자처럼 쓰여있다. 이들은 윗부분(大)과 아랫부분(干)의 획이 맞닿아 있다고 해도 무방한데, 모두 예외가 없다. 이 때문에 한 글자인 '幸'이나 '奉'으로 판독되기도 했던 것이다.

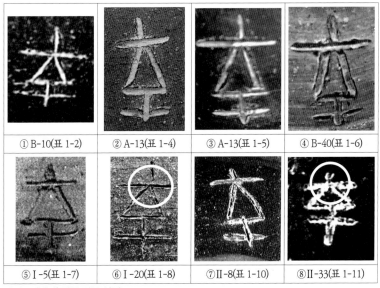

① B-10(표 1-2)	② A-13(표 1-4)	③ A-13(표 1-5)	④ B-40(표 1-6)
⑤ I -5(표 1-7)	⑥ I -20(표 1-8)	⑦II-8(표 1-10)	⑧II-33(표 1-11)

사진 11. '대간' 판독 명문 사진

정방향 예(II-8 고배)	역방향 예(A-13 고배)	횡방향(B-43 고배)

둘째, 획이 직선에 가깝다. 76년과 94년 발굴에서 출토된 것들도 그런 경향을 보이기는 하지만, 약간 곡선으로 볼 여지도 있었는데, 98년 발굴에서 나온 것들은 직선적 경향이 훨씬 강해졌다. 뒤에 자세히 논급하겠지만 이런 점에서 상부인 '大'의 판독에 의문이 생긴다.

셋째, 글자의 형태와 쓰는 순서가 토기마다 다르다. '大' 부분을 먼저 보면, 일단 위로 나온 세로획의 길이에서 확연한 차이들이 보인다. 또 '八'의 왼쪽 삐침과 오른쪽 파임을 쓰는 순서가 다르다. 〈사진 11②③〉은 위로 나와 있는 것이 주로 왼쪽 삐침과 연결되는 것처럼 보이면서 먼저 쓰였음을 알 수 있고 이어 파임을 쓰는 순서였다면, 〈사진 11④⑤〉는 반대 형상으로 파임이 먼저 쓰였다고 할 수 있다.[97] 이러한 필획 순서의 차이는 왼손 쓰기와 오른손 쓰기의 차이에 기인한 것일 가능성이 있는데, 통상 글씨를 새긴 사람이 왼손잡이였기 때문으로 보지만,[98] 무덤에 매납이나 제의에 사용하는 토기의 용도와 관련하여 의도적인 것이라 파악하는 견해도 제기되었다.[99]

아래의 '干'을 보면 세로획이 두 번째 가로획 아래로 내려온 길이가 매우다른 것은 쉽게 확인할 수 있고, 또 첫 번째 가로획 위로 세로획이 약간 튀어나온 것과 그렇지 않은 것이 모두 있다. 이렇게 차이가 나는 것을 볼 때, 새기는 과정에서 나타나는 차이로 이해하기보다는, 이 토기 명문들이 동일한 사람에 의해 각서되지 않았다고 보는 것이 타당할 것이다. 또 동일한 글자를 토기에 묵서하고 그것에 따라 새기는 방식이 아니었음도 추정할 수 있다. 더하여 한자를 잘 아는 사람에 의해 만들어진 것이라 보기 힘들다.

이러한 공통적인 특징들을 고려할 때, 이 글자들이 모두 동일한 명문이라

---

97) 宣石悅, 1997 앞의 논문, pp.91~92.

98) 西谷正, 1991 앞의 논문, pp.376~379.

99) 이동주, 2020 「대가야 '대왕'명 유개장경호의 문자 새로 보기」 『문자로 본 가야』, 사회평론아카데미, pp.23~24.

는 것은 분명하다고 하겠다. 여러 판독 가능성이 제기되었던 것은 서자 및 각자에 따른 자형의 차이 때문일 것이다. 그러나 두 글자보다는 한 글자일 가능성이 크다고 생각되며, 나아가 '大干'으로 판독하기는 힘들다고 판단된다.

위의 '大'에서 두드러진 자형상 특징은 가로획 위로 나온 부분이 삐침이나 파임과 연결되지 않고 가로획과 수직에 가깝게 내려오는 형상이라는 것이다. 이러한 양상은 76, 94년 발굴 출토품에서도 어느 정도 확인되지만(사진 11-①③), 98년 발굴에서 나온 사례들에 의해 명확해졌다. 사진 11-⑥⑧에서 아예 아래의 'ハ'과 연결되지 않음이 확인되면서, 위 세로획이 별도의 획으로 존재했음을 상정할 수밖에 없다. 특히 ⑧은 다른 명문들과 달리 인장과 같은 도구로 찍어 새긴 것인데,[100] 이를 새기는 과정에서 생긴 오류라 보기는 힘들 것이다.

그렇다면 '육간'으로 보아야 할까. 그렇게 보기도 힘들 것 같다. 사실 그간 유사한 자형이지만 도저히 '대간'으로 판독하기 힘들어, 별도의 '卒'자로 구분해야 한다고 본 명문 세 사례가 있다.[101] 표 2의 13~15가 그것인데, 이들 명

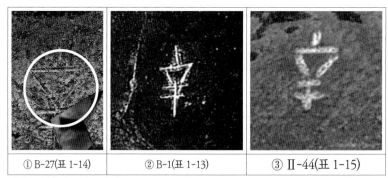

| ① B-27(표 1-14) | ② B-1(표 1-13) | ③ Ⅱ-44(표 1-15) |

사진 12. '卒' 판독 명문 사진

---

100) 박미정, 2000 앞의 글, p.594.
101) 이현태, 2018 앞의 책, p.69.

문은 사진 12와 같다.

위에서 본 '대간' 명문들의 공통적인 특징들을 이들에게서도 찾을 수 있다. '八' 부분이 역방향으로 되어 있는 점만 제외한다면, 이들과 '대간'을 같은 명문이라고 해도 무리는 아니다. 특히 B지구 27호분에서 출토된 짧은목단지의 명문 윗부분은 아래로 세로획이 모이는 형상으로, 다른 '대간' 명문의 '八'을 상하반전시킨 것과 정확히 일치한다(사진 12-①). '대간'명의 세 번째 공통특징인 토기마다 자형이 다른 것을 고려한다면, 이들 세 명문을 다른 글자로 보기보다는, 동일한 것으로 파악하는 것이 타당하고 판단된다. 그리고 이들의 윗부분 자형은 '大'나 '六'으로 볼 수 없으므로, '대간'이나 '육간'으로 판독할 수 없다.

이상과 같은 분석이 타당하다면 표 2의 1~15는 모두 동일한 글자이며, '대간'이나 '육간' 두 자의 합자로 보기 힘들다고 결론 내릴 수 있다. 그리고 해당 명문은 '辛'일 가능성이 높다고 생각한다. '辛'의 이체자로 한대에서 당대까지 사용된 것들 중에서 '辛'[102], '辛'[103] 등 '대간'명과 자형상 통할 수 있는 것이 있기 때문이다. 관련하여 '辛'의 여러 사례들을 제시하면 다음 사진 13과 같다.[104]

특히 경주 월지와 동궁 유적에서 다수의 '辛' 각서와 묵서명이 나와 주목된다. 다양한 형태로 '立' 부분을 쓴 것에 주목할 수 있는데, 계성 고분군의 토기 명문을 '辛'으로 판독할 가능성이 충분함을 확인할 수 있다. 이상과 같이

---

102) 漢隸字源 인용 「堂邑令費鳳碑」.

103) 「東魏義橋石像碑」.

104) ①~④는 日本 京都大学 21世紀COE 拓本文字データベース(http://coe21.zinbun. kyoto-u.ac.jp/djvuchar?query =%E8%BE%9B)의 이미지이며, ⑤~⑩은 國立慶州博物館, 2002 『(특별전 도록)文字로 본 新羅』의 사진에서 가져온 것이고, ⑪⑫는 國立昌原文化財研究所, 2006 『(개정판)韓國의 古代木簡』에 실린 적외선 사진의 일부이다.

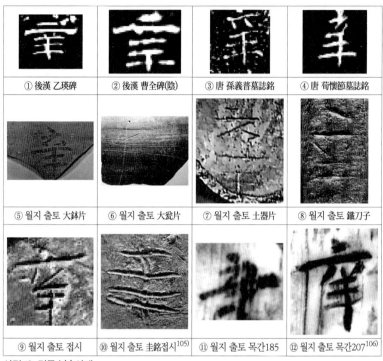

① 後漢 乙瑛碑	② 後漢 曹全碑(陰)	③ 唐 孫義普墓誌銘	④ 唐 荀懷節墓誌銘
⑤ 월지 출토 大鉢片	⑥ 월지 출토 大瓮片	⑦ 월지 출토 土器片	⑧ 월지 출토 鐵刀子
⑨ 월지 출토 접시	⑩ 월지 출토 圭銘접시[105]	⑪ 월지 출토 목간185	⑫ 월지 출토 목간207[106]

사진 13. 명문 '辛' 사례

볼 때, 그간 '대간'으로 판독해온 명문은 '辛'으로 수정해야 할 것으로 생각한
다. 아울러 근래 제기된 '奉'자설은 자형상 성립할 수 없다고 판단한다.

한편 이러한 판독 수정을 한다면 '辛'(기존 '大干') 이외의 토기 명문(〈표 2〉

---

105) 통상 '圭銘접시로 알려졌으나, 이수훈, 2019 「신라 왕경 출토 유물의 '辛·辛審·辛番'
銘과 郊祀-안압지와 국립경주박물관(남측부지) 출토 유물을 중심으로-」『역사와
경계』 113, pp.8~9에서 '辛'의 이체자로 보았다. 본고에서 이 글자를 '신'으로 확정
한 것은 아니고, 참고로 제시한다.
106) '辛'으로 판독하는 것이 일반적이나(國立昌原文化財研究所, 2006 『(개정판)韓國의 古
代木簡』, p.187), 다른 글자의 가능성도 없지는 않다.

16~22)에 대해서도 재검토해야만 할 것이다. 그러나 이 글에서는 능력과 시간 부족으로 미처 하지 못하였다. 다만 자형상 '卅', '末', '巾', '大'가 모두 '辛'과 관련 있을 가능성도 있다. 또 'A' 형상 역시 '大'와 유사하다고 생각된다. 이에 대한 정밀 조사와 분석은 추후의 과제로 미룬다.

2) 명문의 의미와 용도

이제 이 계성고분군 토기 명문의 목적과 의미에 대해 생각해 보자. 처음 명문이 알려진 이후 판독과 함께 글자를 새긴 의도 및 그 의미에 대한 탐구가 활발히 이루어져 왔다. 주로 '大干'으로 보는 것이 일반적이었기 때문에, '대간'의 의미를 추정하는 연구들이 속속 나왔다.

먼저 처음으로 '대간'으로 판독한 연구는, 이들 명문 토기들이 주로 소형 분에서 나온 것과 『삼국사기』 직관지 중의 내성(內省) 산하 내정(內廷) 관부 중 물품 생산과 일정한 관련이 있는 것으로 추정되는 와기전(瓦器典) 등에 소속된 장인의 직명이 '간(干)'인 점에 착안하여, '대간'을 토기 제작 기술자 집단 우두머리의 존칭이라고 보았다.[107]

그러나 곧이어 '대간'이 계성 고분군을 조영한 창녕 재지수장의 고유한 칭호로 봐야 한다는 주장이 제기되었다.[108] '대간'이 기술자들이 만들었을 다른 유물이나 금석문에서 전혀 보이지 않아서 제작 장인집단과의 연관성을 상정하기 힘들기 때문에, 수장층의 위호로 보는 것이 타당하다는 것이다. 다만 신라에서는 유사한 사례를 찾을 수 없어서 신라의 관등 내지 칭호로 보기는 힘들고, 대가야의 '대왕(大王)'명유개장경호(銘有蓋長頸壺)의 사례와 같이 창녕 재지수장이 자신의 고유한 칭호를 새긴 것으로 봐야 한다는 주장이다. 이는

---

107) 西谷正, 1991 앞의 논문, p.376.
108) 武田幸男, 1994 앞의 논문, pp.65~73.

신라와 가야의 사이에 위치한 창녕의 정치적·문화적 특수성을 강조하면서, 신라가 555년 주(州)를 설치하기 전까지 혹은 그 이후도 상당 기간 창녕이 독자적 세력으로서 존재했다고 보는 입장이다. 즉 창녕지역에 대한 신라의 지배가 완전히 관철되지 않았거나 정치적 독자성을 가졌던 것을 반영하고 있다고 해석하는 것이다.[109]

이에 대해 명문 토기가 주로 중소형분에서 출토되는 점,[110] 그리고 출토 토기의 편년이 6세기 중엽 이전으로 올라가지 않는 점,[111] '간'의 원형은 '干支'이며 6세기 중반이 지나야 '支'가 탈락되어 '간'으로만 표기된다는 점[112] 등이 지적되면서, '대간'의 성격을 당시까지 독자성을 유지하던 창녕지역 정치체 수장의 위호로 파악할 수 있는지에 대해 의문이 제기되었다. 다만 '대간'이라고 판독하는 이상, 대체로 재지수장에서 유래한 칭호로 보는 것은 통설화되었고, 그 성격과 위상에 대해서만 다른 해석이 제시되었다.

먼저 재지수장의 칭호로 파악하는 것은 동일하지만, 시기와 의미를 달리 해석하는 견해가 있다. 창녕의 정치세력을 교동 고분군과 계성 고분군 축조집단으로 나누어 보고, 신라에 포함된 이후 각각 술간(述干)의 외위를 받았으나, 계성 고분군의 축조집단이 내부적으로 자신들의 우위를 내세우기 위해 전통의 수장호인 '간'보다 상위의 '대간'을 자체적으로 창출하여 임의로 토기에 새겼다고 보았다.[113]

---

109) 백승충, 2011 「문헌을 통해 본 고대 창녕의 정치적 동향」 『고대 창녕지역사의 재조명』, 창녕군·부산대학교 한국민족문화연구소, pp.52~53.

110) 金在弘, 1992 앞의 글, p.259. 계성 고분군의 명문토기가 중대형에서도 출토되었다는 지적도 있지만(宣石悅, 1997 앞의 논문, p.97), 수장급 대형고분 보다 중소형분에서 출토되는 경향은 분명하다. 명문 토기가 나오는 고분의 철기와 토기 등 부장품이 다른 고분들에 비해 양적으로 비슷하거나 적은 점도 이를 뒷받침한다(박미정, 2000 앞의 글, pp.587~588).

111) 宣石悅, 1997 앞의 논문, p.104.

112) 朱甫暾, 1997 앞의 논문, pp.12~15.

이보다 신라에 영속된 성격을 보다 강조하는 입장도 있다. 원래의 칭호인 '간지'에서 '간'으로 변화한 것을 신라 관등의 표기 변화와 연관된 것으로 보고, '대간'을 신라 간군(干群) 외위의 분화 과정에서 사용된 '상간(上干)'의 이칭으로 보는 견해가 그것이다.[114] 이는 '대간'이 창녕 재지수장에 대한 칭호이지만, 신라의 지배가 관철되는 과정에서 나온 것이어서, 창녕지역의 정치적 독자성과는 무관한, 의지의 표현 내지는 자칭적 존호일 뿐이라고 이해하는 것이다.[115]

이상 '대간' 명문의 의미에 대한 기존 연구 성과들을 일별할 때, 고대 창녕 지역의 정치적·문화적 귀속이 신라인가 가야인가라는 주제와 매우 밀접하게 연관되어 논의가 진행되었음을 확인할 수 있다. 사실상 '대간'이라는 판독 자체가 그러한 논쟁의 연장선상에서 이루어져 상당한 선입견이 있었음을 보여준다고도 생각되며, 나아가 명문 작성 목적과 용도 및 그 의미 파악과 관련하여 지나치게 정치적인 측면에만 매몰되어 있었던 것은 아닌가 여겨진다.

그런 점에서 근래 일본의 소위 '봉서토기(奉書土器)'의 원류에 해당하는 것으로 지목하면서 판독과 각서 목적을 새로이 보아야 한다는 주장은, 새로운 시각을 제시하였다고 할 수 있어 주목할 만하다. 일본 홋카이도(北海道) 지역의 문자가 있는 하지키(土師器)에 대한 연구에서, 가장 많은 예가 나오는 '夆'자를 '奉'의 이체자로 보고, 이 명문이 있는 토기를 제사에서 제물을 바칠 때 사용된 것이라 파악한 견해가 있는데, 여기에 더하여 별다른 논증을 하지는 않고 동해 추암동 고분에서 출토된 '本'명토기나 계성 고분군의 '대간'명토기 명문 역시 '奉'의 이체자일 가능성이 있다고 하면서, 해당 토기들이 제의적 성

---

113) 宣石悅, 1997 앞의 논문, p.111.

114) 朱甫暾, 1997 앞의 논문, p.58.

115) 朱甫暾, 2009 「文獻上으로 본 古代 社會 昌寧의 向方」 『한국 고대사 속의 창녕』, 창녕 군·경북대학교 영남문화연구원, pp.72~73.

격, 곧 죽은 사람과 영혼에게 바치는 공헌의례(供獻儀禮)와 관련있는 것일 가능성을 개진하였다.[116]

더 나아가 계성 고분군 토기에 새겨진 '대간'과 동해 추암동의 '본', 경주 화곡리 의 '泰'나 '夫' 등을 모두 '奉'의 이체자로 보아서[117] 이들을 제사에 사용할 목적으로 만들어진 '봉서토기'로 묶은 후, 이러한 토기 문화가 한반도에서 일본 열도로 유입되면서 일본의 '봉서토기'가 등장한 것으로 파악하기도 한다.[118] 앞서의 명문 재검토에서 보았듯이 '辛(大干)'을 '奉'으로 볼 가능성은 낮다고 생각한다. 그러나 새로운 판독과 함께 그 의미를 새롭게 이해하려 한 시도는 의미가 있다. 본고에서도 '신'이라는 새로운 판독을 제시한 만큼, 그 용도와 제작 목적에 대해서도 새로운 관점에서 접근할 필요가 있는 것은 분명하다.

이제 '辛'의 의미와 각서한 목적에 대해 생각해 보자. '신'으로 판독한 것은 명문 토기 발견 초기부터 있었다. 이때 '신'을 창녕지역의 성씨 '신'의 연원과 관계있을 가능성이나[119] 10干 중 여덟 번째인 '신'일 가능성 등이 제기되었으나,[120] 널리 받아들여지지는 않았다.

그런데 '신'은 앞의 사진 13에서 확인할 수 있듯이, 신라 왕경의 '경주 동궁과 월지 유적'에서 출토된 다수의 토기편들이나 목간에 각서 혹은 묵서되

---

116) 鈴木靖民, 2014 앞의 책, pp.87~96.
117) 김재홍, 2014 「新羅 王京 출토 銘文土器의 생산과 유통」 『韓國古代史研究』 73, pp. 137~138.
118) 有富純也, 2016 앞의 논문, pp.146~147.
119) 金東鎬, 1990 「昌寧 桂城地區 古墳群의 再檢討」 『考古歷史學志』 5·6, p.189.
120) 西谷正, 1991 앞의 논문, p.380. 이는 다른 토기의 명문을 '未'(표 2-18)이나 '甲(申)' (표 2-19) 등으로 파악한 후 이를 합하면 '干支'를 형성한다고 추정한 것이다. 그러나 이 두 글자는 '末'과 '巾'을 판독되므로 합하여 간지가 될 수 없다. 또 같은 고분에서 연결될 수 있는 글자가 같이 나온 사례가 없다. 10간이나 12지에 해당하는 다른 명문이 없는 이상 받아들이기 힘들다고 여겨진다.

어 있다. 이 신라의 '신'을 통해 그 용도와 의미를 유추해 낼 수 있을지 모르겠다. 월지 출토품의 경우 '신'이 '심(審)'이나 '번(番)'등과 함께 사용되는 경우가 많고, 또 '본궁(本宮)', '동궁(東宮)', '세택(洗宅)' 같이 궁명이나 관청명이 함께 부기되거나, 용왕(龍王)과 연결하여 기술된 경우가 많다.

이 '신'의 의미에 대해서는 초기에는 '신심(辛審)'을 남산신 '상심(詳審)'과 연관지어 신령스러운 존재로 파악하였는데,[121] 쓰여져 있는 기물(器物)과 관련하여 구체적인 의미를 가진 것으로 보지는 않았던 것 같다.[122] 하지만 사례가 축적되어 가면서 특정한 의미를 가지고 토기와 같은 기물에 기재되었다고 생각하게 되었다. 우선 '신'에 대해서는 '新'과 같은 뜻으로 파악하는 견해[123]와 10干 중 하나인 '신'으로 파악하는 견해가 제시되어 있다.[124]

그리고 '辛番·辛審'에 대해서는 제의와 관련된 것으로 보는 입장과[125] 업무와 관련된 순번으로 보는 입장이 있다.[126] 이 중 전자는 '신'이 기입된 토기들은 제사에 직접 사용된 물품들로,[127] 목간들은 제의에 사용되는 물품들의 보관이나 관리에 사용되었다고 보는 편인데, 그렇다면 제사용이라는 표식으로 '신'이 활용되었다고 볼 수 있겠다. 대체로 제의와 관련있는 것으로 파악하

121) 韓炳三, 1982 「雁鴨池 名稱에 關하여」 『考古美術』 153, pp.40~41 ; 高敬姬, 1993 「新羅月池出土在銘遺物에 對한 銘文研究」, 동아대석사학위논문, pp.25~56.

122) 다만 '용왕'이 같이 쓰여진 토기들은 용왕에 대한 제사에 사용된 그릇으로 보고 있다.

123) 尹善泰, 2000 「新羅 統一期 王室의 村落支配-新羅 古文書와 木簡의 分析을 中心으로-」, 서울대박사학위논문, pp.89~97 ; 李文基, 2012 「안압지 출토 木簡으로 본 新羅의 洗宅」 『韓國古代史研究』 65, pp.174~177.

124) 橋本繁, 2014 『韓國古代木簡의 研究』, 吉川弘文館, pp.227~228.

125) 尹善泰, 2000 앞의 논문 ; 이용현, 2007 「안압지 목간과 동궁(東宮) 주변」 『역사와 현실』 65, ; 李京燮, 2010 「안압지 목간과 신라 宮廷의 日常」 『新羅文化』 35. 특히 윤선태는 '신'을 제수로 사용되는 '새로 추수한 곡물'로, 辛審을 '그것을 살피거나 바친다'라는 구체적인 해석을 하기도 하였다.

126) 李文基, 위의 논문 ; 橋本繁, 위의 책.

127) 김재홍, 2014 앞의 논문, p.143.

는 경향이 강한데,[128] 최근에는 좀 더 구체적으로 '신'을 교사(郊祀)를 지냈던 '신일(辛日)'의 의미로 파악하고, 교사에 사용된 제기(祭器)임을 표시하기 위해 '신'을 써넣었다는 견해가 나와 주목된다.[129]

월지 출토 유물의 명문 '신'을 제의와 관련된 것으로 볼 수 있다면, 각서된 '신'은 제의에 사용될 물품에 제작시 미리 표시해 두었던 흔적이라 할 수 있으며,[130] 명문이 소비처 내지 소비자를 의미한다고 할 수 있다. 만약 계성 고분군 토기의 '신'도 제의와 관련한 물품에 해둔 표식이라면, 이 명문은 제작시에 그 용도나 소비처를 표시하기 위해 새긴 것으로 볼 수 있겠다. 최근 계성 고분군 토기 명문이 제의와 관련하여 소비처를 적은 것이라는 견해가 새로이 제기되었다.[131] 계성 고분군 명문 토기는 일찍부터 왼손을 주로 사용하는 제작자에 의해 만들어졌고, 또 글자를 새긴 것도 왼손으로 한 비율이 매우 높다고 분석되었다.[132] 이에 대해 만든 사람의 신체적 특징 혹은 제작시 습관이 반영되었을 것이라고 보는 것이 일반적인 이해였다. 그러나 해당 연구는 무덤에 매납하거나 제의에 사용될 용도로 만들었기 때문에, 일부러 이러한 왼손 쓰기로 제작되었다고 본 것이다. 곧 땅 아래 명부에 있는 '대간'이 땅 아래에서

---

128) 10간 중 하나로 순번을 나타내는 것이라면, 다른 10간 명문도 출토되어야 마땅하나 그렇지 않아서, 제의와 관련된 것으로 보는 것이 일반적이다. 다만 '신'을 10간 중 하나가 아니라, '新'의 의미로 보고 새로이 순번이 되었다고 보는 견해도 있다(李文基, 2012 앞의 논문, p.177).

129) 이수훈, 2019 앞의 논문, pp.18~24.

130) 토기에 글자를 쓰는 방법은 각서·압인과 묵서가 있다. 이 중 각서는 토기를 굽기 전에 이루어지므로 제작자의 의지를 반영하고, 묵서하는 것은 토기를 완성한 후 이루어지므로 소유자의 의지를 반영한다고 볼 수 있다(朱甫暾, 1997 앞의 논문, p.59 ; 김재홍, 2014 앞의 논문, p.129).

131) 이동주, 2020 앞의 논문, pp.23~24. 이 논고는 계성 고분군의 명문 토기를 다룬 것은 아니고, 대가야의 '대왕'명유개장경호의 '대왕' 명문에 대해 고찰한 것이다. 그러나 계성 고분군의 명문도 유사한 성격이라고 추정하였다.

132) 西谷正, 1991 앞의 논문 ; 宜石悅, 1997 앞의 논문.

자신의 그릇을 보고 식별할 수 있도록 하기 위해, 의도적으로 왼손 쓰기를 한 것으로 보았다.[133]

명문의 용도를 제의와 연결시키면서 왼손 쓰기의 특징이 나타난 원인도 설명하였다고 할 수 있는데, 실제 중국 사례로 방증을 하고 있기에 어느 정도 설득력을 가진다고 생각된다. 그러나 그대로 받아들이기 힘든 부분이 있다. 위의 표 2에서 글자 방향을 보면 대부분 정방향이어서, 좌우를 뒤집은 형상으로 쓰는 왼손 쓰기가, 새긴 쪽의 반대에서 투명한 기벽을 통과하여 볼 때 오른쓰기의 형상으로 보인다고 할 수 있다. 하지만 A지구 13호분과 B지구 40호분에서 나온 굽다리접시의 명문(표 2-5, 6))은, 상하가 뒤집힌 역방향이다. 따라서 사용하는 상태로 놓았을 때, 정상적으로 읽히지 않는다.

두 사례밖에 없어 조심스럽기는 하지만, 역방향으로 쓰여 있는 경우는 그릇을 성형하고 이를 뒤집어 놓고 글자를 새겼음을 의미하며, 만드는 사람의 편의에 따른 것으로 생각된다. 즉 완성 이후 사용을 염두에 두었다기보다는, 제작 단계에서의 필요에 중점이 있는 행위였을 가능성이 있는 것이다. 아울러 '대간'으로 판독함을 전제로 한 것이어서, '신'으로 판독하게 되면 주인 내지 사용자를 명기한 것으로 보기 힘들게 된다.

그렇기는 하지만, 일단 '신'으로 판독한다면, 월지 출토 '신' 명문과 유사하게 제의와 관련있을 가능성을 우선 생각할 수밖에 없다.[134] 제의에 사용될 물품에 표시를 하여, 그 소비처 혹은 용도를 표기한 것으로 이해할 수 있겠다. 그리고 제의를 위한 것이라고 했을 때, 이 명문이 문자로서의 의미를 가지고 토기에 새겨졌다기보다, 상징적인 기호였을 가능성도 있다. 앞서 살펴본 바

---

133) 이 연구는 명문을 '대간'으로 보고, 토기 주인을 적은 것이라 보았다. 그리고 무덤의 주인이 토기의 주인이 아니고 토기 주인의 시종인데, 주인이 사용할 토기를 관리했을 뿐이라고 이해하는 듯하다.

134) 명문이 새겨진 토기 기형에서 제기인 굽다리접시의 비중이 매우 높은 것에서도 제의와의 연관성을 상정할 수 있다.

와 같이 Ⅱ지구 33호분 출토 굽달린 주발의 명문은 인장으로 눌러 만들었는데, 이는 이 명문이 기호화되었음을 보여준다.[135]

다만 월지 출토 명문의 경우 '신'이 단독으로 적혀있을 가능성이 있는 것도 있지만, 대부분 관청이나 용왕과 연결되어 있어, 구체적인 사용처와 용도가 적시된 반면, 계성 고분군 토기 명문은 오로지 단독으로 기재되어 있어 차이가 난다. 또 제의용 혹은 무덤 매납용 표식이라면, 특정한 시기 창녕 계성 고분에서만 나타나는 현상을 설명하지 못한다.

계성 고분군에서 명문 토기가 출토되는 앞트기식 돌방무덤[橫口式石室墳]은 세장방형에서 장방형이나 방형으로 변화한다.[136] 이중 '신' 명문 토기는 대부분 길이너비비율이 2.5:1 이상인 장방형이면서 너비가 149㎝ 이하인 유구에서 출토되고 있으며,[137] 방형 평면인 무덤에서는 나오지 않는다. 이를 볼 때, 6세기 중후반을 중심으로 하는 한정된 시기에만 만들어지고 있음을 알 수 있으며, 창녕 이외의 지역에서는 전혀 출토되지 않는다. 심지어 같은 창녕의 교동과 송현동 고분군에서도 나오지 않는다. 즉 '신' 명문 토기는 계성 고분군 조영 세력과 관련하여 6세기 중후반이라는 특정한 시기에만 만들어진 것이라 할 수 있다.

그렇다면 제의에 사용되었다고 하더라도, 제의와 관련된 물품에 보편적으로 사용되는 표식이었다고 단정하기는 힘들지 않을까 한다. 더구나 역방향으로 쓰인 명문을 적극 고려한다면, 명문이 토기를 사용하는 단계에서 활용

---

135) 이와 관련하여 토기 명문 중 '井'을 그 문자적 의미로 파악하기보다 기호화된 상징적 부호로 본 견해가 참고된다(하병엄, 2016 「「井」기호문의 상징성 고찰」 『한국고대사학회 제152회 정기발표회 발표문』).

136) 하승철, 2013 앞의 논문.

137) 박정미, 2000 앞의 글에서는 창녕, 양산, 김해, 동해 등지의 명문 토기를 분석하여, 앞선 시기에 해당하는 세장방형 석실분 단계에 '대간'명이 주로 만들어지다가, 장방형 단계에서 '井', '生', '卅' 등으로 명문이 다양화된다고 보았다.

되기보다는, 제작 단계에서의 필요에 의한 것일 가능성이 크다. 현재로서는 제의에 사용하는 그릇을 구분하기 위해 표시했던 명문으로만 단정하는 것은 성급할 수 있다.

경주 화곡리 생산 유적에서 다양한 명문을 가진 토기들이 출토되었는데, 이를 분석한 연구에서 명문의 의미 혹은 용도를 ① 工人이나 검수자(관사·관인) ② 주문수량 ③ 제의(祭儀) ④ 방향 등으로 구분한 바가 있다.[138] 계성 고분군 토기의 '신' 명문 역시 제의 이외의 용도 내지 의미를 가졌을 가능성도 충분히 있다고 하겠다. 개인적으로는 한 글자 내지 한 단어이면서 문자만으로 내용을 파악하기 힘들며, 자형이 기호적 성격이 강한 점, 사용 시점보다 제작 단계에서의 필요로 작성되었을 가능성이 있는 점, 그리고 Ⅱ지구 33호분의 굽달린사발의 명문이 압인으로 보이는 점 등을 고려할 때, 문자로서 의미를 가진다기보다 제작이나 검수와 관련한 기호적 성격일 가능성도 상정해 볼 수 있다고 생각한다.

이상에서 계성 고분군 토기의 '신' 명문의 용도와 의미에 대해 기존의 연구들을 정리하고 약간의 추정을 덧붙여보았다. 그간 '대간'으로 판독하면서, 창녕지역 정치체의 성격을 추정하는 근거로 주로 활용되었지만, 제의나 제작과 관련한 용도의 명문일 가능성도 열어두어야 하겠다. 그리고 '신' 명문 토기가 경주 동궁과 월지 유적에서 출토되었다는 점과 신라에 편입된 것이 확실한 6세기 중후반에만 사용되었던 점을 고려할 때, 이 토기의 제작과 사용은 신라와의 관련성 속에서 이해해야 할 필요가 있다는 점도 덧붙이고 싶다. 이 토기 명문은 기존의 창녕 정치체나 문화적 요인과 다른 새로운 요소였다고 볼 수 있겠다.

계성 고분군의 토기에는 '신' 이외 '卅', '末', '巾' 등 다른 몇 가지 글자가 있다. 그간 연구에서 '신(대간)' 명문에 모든 관심이 집중되어 이들이 상대적으

---

138) 김재홍, 2014 앞의 논문, pp.142~143.

로 연구대상에서 소외되었고, 그 결과 토기 명문의 다양한 용도와 의미에 대한 종합적인 분석과 이해를 하기 힘들었다. 또 토기 명문에 대해서는 계성 고분군 이후 많은 사례들이 보고되었는데, 창녕이라는 특수성을 반영한 것으로 이해하는 경향이 강했기 때문인지, 아직 다른 지역 토기 명문들과 비교 검토를 통해 명문의 용도와 의미를 찾는 연구로까지 확장되지 못하고 있다.

이 글 역시 범위가 '대간' 명문 판독의 재검토 및 해당 명문 자체의 용도에 한정되었고, 아울러 필자의 역량과 시간 부족으로 그러한 부분까지 다루지 못했다. 하지만 '신(대간)' 명문에 대해 의미 있는 이해의 진전이 있기 위해서는, 해당 명문만을 분석해서는 한계가 있으며, 토기 명문 전반을 함께 살펴보는 작업이 반드시 있어야 할 것이다. 이는 앞으로의 과제이다.

4. 맺음말

이상 창녕지역 출토 고대 문자 자료 2종에 대해 살펴보았다. 이들은 다른 지역에서 유사한 예를 찾아보기 힘든 특징적인 것들로 그간 많은 주목을 받았고, 창녕지역의 정치적·문화적 특수성을 반영하고 있다고 이해되어 왔다. 그리고 창녕이 역사·문화적으로 신라인가 가야인가라는 정체성 문제라는 주제에 입각하여, 일찍부터 이들 문자 자료의 성격을 규정하고 이해해왔다.

이후 새로운 시각으로 바라볼 수 있게 하는 신출토 자료들이 많이 축적되었지만, 해당 문자 자료 연구에 충분히 활용되지 못하였고, 또 비교할 수 있는 여러 자료들을 활용하여 문자가 있는 유물 자체에 대한 정밀한 분석도 소홀히 한 감이 있었다. 그 때문에 오랜 시간이 지난 지금도, 고대 창녕지역의 문자 자료에 대한 잘못된 해석과 이해는 여전히 이어지고 있다. 그리고 출토 문자 자료는 그 자체에 대한 철저한 조사와 분석이 선행되고, 그 결과를 바탕으로 결론을 도출해야 함에도, 이러한 기본적인 원칙이 충분히 지켜졌다고 보기 힘들다.

　이 글은 이러한 문제 의식을 가지고 문자 자료의 기본이라 할 수 있는 판독에서부터 전면적인 재검토를 하려 하였다. 새로운 추가 자료를 포함하여 다시 명문을 살펴보고 새로운 판독안을 제시하였으며, 문자가 있는 유물 자체에 대한 이해를 하기 위해 참고가 되는 다른 연구 성과들을 적극 참고하였다. 그리고 새로운 판독과 유물 자체에 대한 이해를 바탕으로 그 문자 자료가 보여주는 의미에 대한 새로운 시각을 제시하고자 하였다.

　다만 필자의 역량이 부족하여 당초 목표했던 내용을 충분히 담지 못하였고, 문자 자료를 통한 고대 창녕지역에 대한 이해 심화와 새로운 시각의 제시라는 만족할 만한 성과를 얻었다고 하기에도 부족함이 있다. 그러나 현시점에 새로운 자료들을 포함하여 출토 문자 자료를 다시 검검하고, 그간 축적되어온 많은 연관 연구성과들과 종합하여 재검토해야 하며, 지나치게 고대 창녕지역 정치체의 정치적·문화적 귀속성이라는 주제 중심의 관점에서 벗어날 필요성이 있다는 것을 환기시키는 의의를 가지고 있다고 생각한다. 부족한 점은 추후 후속 연구로 보완할 것을 약속한다.

참고문헌

慶南考古學研究所, 2001『昌寧 桂城 新羅 古塚群』

慶南文化財研究院, 2004『昌寧 校洞·松峴洞 古墳群 정밀지표조사 결과보고』

關東大學校博物館, 1994『東海北坪工團造成地域文化遺蹟發掘調査報告書〈本文〉·〈寫眞〉』

國立慶州文化財研究所, 2011『慶州 金冠塚 發掘調査報告書(國譯)』

국립공주박물관, 2015『한국의 고대 상감 큰 칼에 아로새긴 최고의 기술』

국립공주박물관, 2015『송산리 4~8·29호분 재보고서』

국립문화재연구소, 2001『羅州 新村里 9號墳』

國立晉州博物館, 1984『圖錄 國立晉州博物館』

國立昌原文化財研究所, 2006『(개정판)韓國의 古代木簡』

釜山大學校博物館, 1995『昌寧桂城古墳群』

신라 천년의 역사와 문화 편찬위원회, 2016『(신라 천년의 역사와 문화 자료집02)마립간 시기 I 중앙』, 경상북도

丁仲煥·鄭澄元·金東鎬·沈奉謹, 1977『昌寧桂城古墳群發掘調査報告書』, 慶尙南道

韓國古代社會研究所編, 1992『譯註 韓國古代金石文II』, 駕洛國史蹟開發研究院

湖巖美術館, 2000『昌寧 桂城 古墳群(上)·(下)』

김두철·백승옥·백승충, 2011『고대 창녕 지역사의 재조명』, 경상남도 창녕군·부산대학교 한국민족문화연구소

박천수, 2019『비화가야』, 진인진

이영식, 2016『가야제국사연구』, 생각과종이

이한상, 2016『삼국시대 장식대도 문화 연구』, 서경문화사

이현태, 2018『가야문화권의 문자자료』, 국립김해박물관

주보돈·김용성·이한상·조효식, 2009『한국 고대사 속의 창녕』, 창녕군·경북대 영남문화연구원

鈴木靖民, 2014『日本古代の周緣史-エミシ·コシとアマミ·ハヤト』, 岩波書店

김낙중, 2014「가야계 환두대도와 백제」『百濟文化』50

김도영, 2014「三國時代 龍鳳文環頭大刀의 系譜와 技術 傳播」『中央考古研究』14

김도영, 2017 「삼국·고분시대 상감기술의 전개와 한일교섭」『韓國考古學報』104

김도영, 2019 「도쿄박물관 소장 명문대도의 역사적 의미와 복원 의의」『일제강점기 유출 우리 문화재의 현황과 환수 과제』, (사)한국국외문화재연구원

金東鎬, 1990 「昌寧 桂城地區 古墳群의 再檢討」『考古歷史學志』5·6

김수환, 2013 「일제강점기 창녕·양산지역의 고적조사-고적조사 5개년기의 고분 발굴을 중심으로-」『일제강점기 영남지역에서의 고적조사』, 학연문화사

김우대, 2011 「制作技法을 中心으로 본 百濟·加耶의 裝飾大刀」『嶺南考古學』59

김재홍, 2014 「新羅 王京 출토 銘文土器의 생산과 유통」『韓國古代史研究』73

金昌鎬, 1989 「伽耶지역에서 발견된 金石文 자료」『鄕土史研究』1

金昌鎬, 1990 「韓半島 出土의 有銘龍文環頭大刀」『伽倻通信』19·20

남재우, 2020 「가야, 기록과 문자」『문자로 본 가야』, 사회평론

李承信, 2008 「加耶 環頭大刀 研究」, 홍익대 석사학위논문

朴天秀, 2012 「東京國立博物館 所藏 傳 加耶地域 出土 銘文環頭大刀가 提起하는 諸問題」『백제와 주변세계』, 진인진

宣石悅, 1997 「昌寧地域 出土 土器 銘文 '大干'의 檢討」『지역과 역사』3

이동주, 2020 「대가야 '대왕'명 유개장경호의 문자 새로 보기」『문자로 본 가야』, 사회평론

이수훈, 2019 「신라 왕경 출토 유물의 '辛·辛審·辛番'銘과 郊祀-안압지와 국립경주박물관(남측부지) 출토 유물을 중심으로-」『역사와 경계』113

朱甫暾, 1997 「韓國 古代의 土器銘文」『유물에 새겨진 古代文字』, 부산시립박물관 복천분관

朱甫暾, 2009 「文獻上으로 본 古代 社會 昌寧의 向方」『한국 고대사 속의 창녕』, 창녕군·경북대학교 영남문화연구원

崔鍾圭, 1992 「濟羅耶의 文物交流-百濟金工Ⅱ-」『百濟研究』23

하승철, 2013 「창녕 계성고분군의 성격과 정치체의 변동」『야외고고학』18

하승철, 2014 「토기와 묘제로 본 고대 창녕의 정치적 동향」『嶺南考古學』70

韓永熙·李相洙, 1990 「昌寧 校洞 11號墳 出土 有銘圓頭大刀」『考古學誌』2

洪性和, 2013 「古代 韓半島系 大刀 銘文에 대한 재조명」『동양예술』21

桃崎祐輔, 2005 「七支刀の金象嵌技術にみえる中国甸方の影響」『文化財と技術』4

武田幸男, 1994 「伽耶~新羅の桂城'大干'-昌寧·桂城古墳群出土土器の銘文について-」

『朝鮮文化研究』1

桑原久男, 2010 「中平銘鉄刀と東大寺山古墳の時代」『よみがえるヤマトの王墓-東大寺山古墳と謎の鉄刀-』, 天理大学出版部

西谷正, 1991 「朝鮮三國時代の土器の文字」『古代の東アジア』, 小学館

有富純也, 2016 「「奉」「本」「夲」などと記された墨書土器に関する予備的考察」『Review of Asian and Pacific Studies』41, 成蹊大学アジア太平洋研究センター

田中俊明, 1987 「象嵌銘文劍」『アサヒグラフ』3368, 朝日新聞社

佐藤長門, 2004 「有銘刀劍の下賜・顯彰」『文字と古代日本1(支配と文字)』, 吉川弘文館

穴澤咊光・馬目順一, 1975 「昌寧校洞古墳群-梅原考古資料を中心とした谷井濟一氏發掘資料の研究-」『考古學雜誌』60-4

「창녕척경비昌寧拓境碑」의 '사방군주四方軍主'와 신라新羅의 천하관天下觀

· 윤선태 ·

이 글은 2020년 10월 15일 한국고대사학회 주최 가야사 기획 학술회의에서 발표하고, 2021년 6월에 간행된 『한국고대사연구』 102집에 수록된 바 있음.

「창녕척경비昌寧拓境碑」의 '사방군주四方軍主'와 신라新羅의 천하관天下觀
윤선태

1. 머리말

한국고대사에서 천하관(天下觀) 연구는 고구려사에서 시작되었다. 고구려가 5세기에 '천제지자(天帝之子)', '일월지자(日月之子)'라는 고구려 왕실의 신성족(神聖族) 관념을 바탕으로 중국의 화이사상(華夷思想)을 받아들여 신라를 '동이(東夷)'로 인식하는 등 주변국과 조공관계에 기초한 고구려 중심의 천하관을 표방하였다는 견해가 제기되었다.[1] 또 백제와 신라 역시 고구려와 시차는 있지만, 화이관에 기초한 천하관을 갖고 있었다는 연구가 이어졌다.[2] 이처럼 고구려가 중원 왕조에 조공을 바치던 국가였지만, 다른 한편으로는 자신을 중심으로 새로운 하위의 위성적 화이관계를 형성하였다는 이러한 시각들

---

1) 酒寄雅志, 1982 「古代東アジア諸國の國際意識 : 中華意識を中心として」 『歴史學研究』別冊(特輯11月号) ; 梁起錫, 1983 「4~5世紀 高句麗 王者의 天下觀에 대하여」 『湖西史學』 1 ; 盧泰敦, 1988 「5世紀 金石文에 보이는 高句麗人의 天下觀」 『韓國史論』 19, 서울大 國史學科.
2) 酒寄雅志, 1982 앞의 논문 ; 李成市, 1995 「新羅僧慈藏의 政治外交上의 役割」 『朝鮮文化研究』 2 ; 盧泰敦, 2002 「三國時代人의 天下觀」 『講座韓國古代史 8』, 駕洛國史蹟開發研究院.

은 당시 천하가 다원적으로 구성되어 있었다는 점을 강조하려 한 것이다. 특히 한국학계에서는 천하관을 화이관과 거의 동의어처럼 사용하여, 천하관이 중국과 대등한 독자세력권을 표상하는 어휘로 자리 잡게 된다. 이로 인해 통일기 신라의 경우에는 당(唐)의 조공국으로서 당의 천하에 포섭된 존재로 자신을 인식하고 있었기 때문에, 신라에는 자기를 중심에 두고 주변국을 아우르는 천하관 자체가 존재하지 않았다는 견해까지 나오게 되었다.[3]

그러나 애초 '천하(天下)'라는 어휘는 서주(西周)대에 주천자(周天子)의 지배력이 직접 미치는 영역에 국한하여 사용되었다. 이어 춘추전국시대에 이르러 이적(夷狄)에 대한 덕화사상(德化思想)이 확산되면서 이적까지 천하에 포괄하기 시작하였다.[4] 따라서 신라의 천하관에 대한 연구는 화이관에 입각한 천하관의 존재유무가 아니라, 신라가 자신의 세계를 어떻게 인식하고 있었는지를 이해하는 것이 첫 출발이 되어야 한다. 더욱이 신라의 경우에는 화이관 외에도 불교적 세계관이 자신과 자신을 둘러싼 현실 공간에 대한 인식에 상당히 큰 영향을 끼쳤다.[5]

이 글은 신라 진흥왕의 「창녕척경비(昌寧拓境碑)」[6] 및 3개의 순수비(巡狩碑)에 나타나는 '사방(四方)' 및 '사해(四海)'의식과 전륜성왕(轉輪聖王)을 희구했던 진흥왕대의 불교적 세계관을 기초로 하여, 이후 다기한 방향으로 전개된 신라의 천하관을 검토하는 데 목적이 있다. 후술하지만 「문무왕릉비(文武

---

3) 全德在, 2011 「新羅의 對外認識과 天下觀」 『他者認識과 相互疏通의 歷史』, 新書苑.

4) 호리 도시카즈(堀敏一), 1993 『中國と古代東アジア世界』, 岩波書店 ; 정병준 외 옮김, 2012 『중국과 고대 동아시아 세계』, 동국대학교출판부, pp.59~88.

5) 예를 들어 新羅佛國土說에 입각하여 신라가 周邊諸國과의 秩序世界를 독자적으로 인식하였다고 보고 있는 李成市, 1995 앞의 논문의 견해가 참고된다.

6) 「昌寧拓境碑」를 다른 3개의 순수비들과 묶어 모두 순수비로 보는 견해도 있지만, 필자는 「昌寧拓境碑」를 순수비로 보지 않는 견해가 옳다고 생각한다. 그 이유에 대해서는 뒤에서 상술한다. 관련 연구사에 대해서는 한국고대사회연구소, 1992 「昌寧眞興王拓境碑」 『역주한국고대금석문 II』, p.54에 잘 정리되어 있어 참고된다.

王陵碑)」를 보면 신라의 천하관에는 화이관 외에 진흥왕대의 천하관에서 확인되는 불교적 세계관이 강하게 작동하고 있었음을 알 수 있다. 이 글은 기존의 화이관에 기초한 천하관 연구에서 탈피하여, 신라 자체의 역사적 경험과 세계관을 강조하고자 하였다.

2. 「창녕척경비昌寧拓境碑」의 판독

「창녕척경비(昌寧拓境碑)」(이하 '창녕비'로 약함)는 1914년 도리이 류조(鳥居龍藏)가 창녕 지방의 고적을 조사할 때 비석의 존재가 알려졌고, 『조선금석총람』(조선총독부, 1919)을 비롯해 이마니시 류(今西龍) 등에 의해 판독이 이루어지며 연구가 개시되었다.[7] 이후 제현들에 의해 여러 차례 판독안이 제시되었는데,[8] 최근 판독상 주목할 만한 진전이 있었다. 국립경주박물관에서 『신라문자자료II』를 통해 同박물관 소장의 창녕비 탁본과 관련 사진자료들을 소개하고 새로운 판독과 해석을 제시하였다.[9] 이 판독안(그림 1 참조)은 필자의 관견으로는 최근에 이루어진 가장 중요한 성과라고 생각된다. 이에 이 판독안을 저본으로 하여 필자의 이견을 제시하려고 한다.

창녕비는 11행의 '于時' 이하 비 건립과 관련된 인명이 나열된 후반부는 글자가 비교적 선명하게 잘 남아있다. 그러나 '于時' 앞쪽의 전반부는 비면의 가운데 부분이 심하게 마멸되어, 글자의 판독이 힘들어 내용 이해에 어려움

---

7) 비의 발견경위와 초기 판독안에 대해서 今西龍, 1921 「新羅眞興王巡狩管境碑考」『考古學雜誌』 12-1 ; 1933 『新羅史研究』, 國書刊行會를 참조 바람.

8) 창녕비에 대한 기초적이면서도 전면적인 연구는 노용필, 1996 『신라 진흥왕순수비연구』, 일조각이 있으며, 판독안의 비교나 연구사는 한국고대사회연구소, 1992 앞의 책, pp.53~67에 잘 정리되어 있다.

9) 국립경주박물관, 2019 「창녕 신라 진흥왕 척경비」 『신라문자자료II』, pp.98~115.

이 많다. 제가(諸家)의 탁본들을 시기순으로 대조 비교해보면 비가 화강암임에도 불구하고, 발견 이후 새로운 크랙(crack)이 많이 생겨났고 글자의 마멸도 계속 심하게 진행되었음을 알 수 있다. 최근의 탁본으로 추정되는 단국대 소장본은 다른 탁본들에서는 보이지 않는, 9행과 10행 사이에 세로의 긴 크랙이나 다수의 흠집이 확인된다.[10]

그런데 법첩본 형식으로 제본되어 있는 서울대 '규장각소장본'(이하 '규장각본'으로 약함)은 비 발견 직후에 최초로 탁본된 것들 중의 하나로 추정된다.[11] 규장각본은 비면의 훼손이 일어나기 전에 이루어진 탁본이어서, 현재

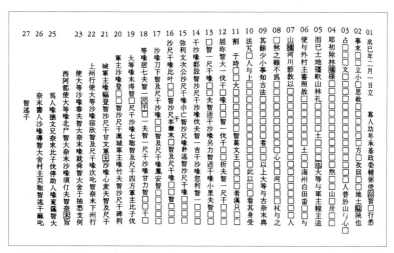

그림 1. 『신라문자자료 II』의 창녕비 판독안

---

10) 단국대학교 석주선기념박물관, 2006 「창녕신라진흥왕척경비」 『搨影 名選 上』, p.70.

11) 규장각 소장 탁본(奎12531)은 첩의 형태로 총 28면으로 구성되어 있다. 『조선금석총람』의 간행과 관련된 『金石文調査簿』에 따르면 1920년(大正 9년) 3월 16일 法帖을 제작한 것으로 되어 있다. 전체 탁본을 폭 약 6cm 간격으로 6자씩 들어가도록 자른 후 한 면에 4개씩 붙여 제작하였다(서울대학교박물관, 2019 『불후의 기록 - 서울대학교 소장 탁본』, p.66). 이 글에서는 필자가 대학원 시절 마이크로필름을 복사한 것

에는 도저히 읽을 수 없는 비문들도 탁본 당시에는 글자가 매우 선명했던지 쉽게 판독되는 글자들이 확인되어 매우 주목된다. 이러한 규장각본의 상태로 볼 때 비 발견 직후에 탁본된 초기 탁본들이나 비면의 글자를 찍은 초기 사진에 대한 상세한 조사와 연구가 시급하다고 생각된다. 또 같은 탁본 내에도 글자마다 비의 부분마다 탁공의 손길이 달라서인지, 보다 선명한 글자들에 대한 부분적인 선별 수집도 필요하다.

이러한 탁본의 선본 추출과 글자별 선별 작업을 거쳐,[12] 필자는 창녕비를 새롭게 판독해보았다. 우선 창녕비의 1행14자, 즉 '寡人幼年' 부분의 '年'자는 '辛巳年'의 '年'자와 글자 형태가 완전히 다르다. 그런데도 그림 1처럼 기존에 모든 판독안에서 '年'자로 판독하였다. 그림 2에 제시한 덕수궁본에 의하면, 이 글자는 윗부분이 명확하게 '止'의 획을 갖추고 있다. 다른 탁본들도 좌하측의 세로획이 명확하지 않은 경우는 있어도 상단부는 모두

그림 2. 幼齒

'止'의 획을 갖추고 있다. 제일 선명한 덕수궁본에 의거하여 볼 때, 글자 형태상 이 글자는 '齒'라고 판단된다. 한편 1행 '輔弼' 다음의 1행 21자 이하는 현재 판독하기가 어려운 글자들이며, 1행 25자만은 '行'이 분명하다고 생각된다.

다음 2행은 '事末'로 시작하며, 2행 5자 및 6자는 '立小'보다는 '立坐'라고 판단된다. 2행 7자는 탁본에는 글자를 판독하기 어렵지만, 그림 3의 『신라문자자료Ⅱ』에 실려 있는 비 발견 직후에 찍은 비석 전면의 초기 사진(이하 '초기 사진'으로 약함)을 보면 자획의 형태가 '野'로 추정된다. 2행 8자는 그림 1의 판독안에서는 '思'로 읽고 있지만, 초기 사진인 그림 3에서 2행의 이 부분

이라 먹의 농담 상태가 좋지 않지만, 추후 원본을 촬영해 소개하려고 한다.

12) 필자가 본고에 활용한 창녕비 탁본들은 규장각본, 덕수궁(이왕직)본, 경주박물관본, 국사편찬위원회본, 원광대본, 단국대본 등이다.

그림 3. 立坐野
恩赦

을 보면, 이 글자의 '心'획 윗부분에 '囚'의 획이 확실히 보여, '恩'자임을 분명히 알 수 있다. 이어지는 2행 15자 및 16자를 기존에 '四方'으로 읽었지만, 현재로는 '方'자만 확실하다고 판단된다. 2행 18자 및 19자 역시 판독하기 어렵다. 한편 2행의 하단 부분은 매우 중요한 사실을 담고

그림 4. 隘陜

있으며 석독도 어렵지 않다. 그림 1의 '地土隘陜也'라는 국립경주박물관 판독안에 필자도 전적으로 동의한다. 기존에는 2행 24자를 거의 판독하지 않았지만, 단국대본을 보면(그림 4), 하단부가 크랙으로 인해 망실되었지만 남아있는 획만으로도 충분히 '隘'자로 추독할 수 있다.

이어지는 3행 앞부분은 비면의 마멸이 매우 심해 기존에는 3행의 첫 글자와 하단부의 몇몇 글자를 제외하고는 거의 읽지 못하였다. 그런데 이 3행에서는 초기 탁본인 규장각본이 황금처럼 빛을 발한다(그림 5). 우선 3행의 첫 글자는 기존에 '占'로 읽었지만, 그림 1의 판독안처럼 '占'자로 읽는 것이 옳다고 생각된다. 모든 탁본들에서 '口'의 상단은 '十'이 아니고 '卜'으로 읽힌다. 그러나 그 뒤의 두세 글자는 현재 탁본이든 초기 사진이든 잘 읽을 수 없는 상태이다. 그런데 규장각본을 보면, 이 3행의 첫 부분을 명확히 '占廿通漆不'로 판독할 수 있다. 이 중 '廿'과 '不'는 다른 탁본과 비교해보면 현재에도 쉽게 판독할 수 있는 글자이지만,[13] 나머지 글자 부분은 마멸이 되어 전혀 읽을 수 없다. 그런데 규장각본에는 이 마멸된 글자들도 비교적 획이 잘 보인다. 이 중 '漆'자는 우상단이 '匕'획으로 되어 있

그림 5. 地土隘陜
也」占廿通漆不

지만, '漆'과 '桼' 등과 동일한 의미의 이체자(異體字)라고 판단되며, 한글 워드에서 제공하는 글자 중 자획이 가장 가까운 '漆'로 대표 표기하였다. 그런데이 '占'자와 '通'자는 규장각본으로 볼 때 3행 9자(占), 3행 11자(通)에도 반복적으로 확인되고 있어, 후술하겠지만 창녕비의 해석과 관련하여 매우 주목되는 부문이라고 생각된다.

한편 3행 21자 이하는 그림 1의 판독안과는 달리 필자는 '入普捨□每德尚'으로 읽었다. 우선 3행 21자는 비의 다른 '人'자들과 형태가 다르다. 우변획이 길게 늘어지고 좌변획이 짧게 받치고 있는 형태여서 '入'자라고 판단된다.[14] 규장각본을 보면(그림 6), '普捨'는 명확하게 확인된다. 그 아래 글자들의 판독에는 규장각본과 단국대본을 함께 비교하는 것이 유용하다. 그림 1의 판독안처럼 종래에는 3행 26자를 '心'자로 읽었다. 그러나 '心'의 획은 명확하지만, 이를 그 좌우 2행의 '也'자나 5행의 '道'자 등과 비교해보면(그림 7), '心'이 온전한 한 글자가 아니고 글자의 일부 획에 불과한 크기라는 것을 알 수 있다. 단국대본의 이 글자를 보면(그림 7), '心'획 위에 '四'획이 보이고 있고 그 좌변에는

그림 6. 入普捨

'亻'획의 세로선이 확인된다는 점에서 이 글자는 '德'자로 판단된다. 한편 '德'자 아래 글자는 규장각본이 상태가 좋다(그림 6). 창녕비의 초기 사진을 보면

---

13) 그림 1의 판독안에서는 '文'자로 판독하였지만, 여러 탁본들을 비교해보면 '不'자가 분명하다.

14) 혹은 '及'자일 가능성도 있다. 창녕비의 다른 '及'자들과 차이가 있어 일단 '入'으로 판독해둔다.

그림 7. 每德尙

이 글자의 아래에 'ㅁ'획이 명확히 확인된다. 이로 인해 이마니시(今西龍)는 이 글자를 '谷'자로 읽었다. 그러나 규장각본(그림 6)과 단국대본(그림 7)의 이 글자를 서로 대비해보면, '宀'획 위에 점이 세 개가 있는 '堂'자나 '党'자의 윗부분 획과 자형이 상당히 유사하다. 이에 필자는 이 글자를 '尙'자로 판독하였다.

창녕비는 비석의 좌상단에 비스듬하게 기울어진 부분을 제외하면 오와 열을 완벽히 맞추어 서사(書寫)되었다. 특히 각 행들의 제일 끝 하단의 마지막 글자들은 3행을 제외하면 모두 횡을 나란히 맞추어 새겼다. 그런데 이런 규칙성을 3행에서는 지키지 않았다. 3행에서만 횡선이 아래로 튀어나오게 된 것은(그림 7), 비문을 모두 새긴 뒤에 3행의 맨 마지막 끝에 글자 하나를 더 새겼기 때문이라고 생각된다. 굳이 3행에서는 왜 한 글자를 더 서사하였던 것일까? 이와 관련하여 15행과 16행이 주목된다. 창녕비의 16행에는 '(沙)尺本'이라는 글자 사이의 우측 행간에 '干'자를 삽입 추각(追刻)한 사실이 확인된다. 이는 원래 '(沙)尺干本'으로 써야 했었는데, 애초 서사할 때 '干'자를 빠트리고 '(沙)尺本'으로 썼기 때문에 추후에 실수를 인지하고 '干'자를 행간에 추각한 것으로 이해된다. 이런 똑같은 실수가 15행에서도 확인된다. 그런데 15행에서는 '沙尺' 상태로 그대로 둔 채, '干'자를 행간에 삽입하여 추각하지는 않았다. 아마도 이 실수는 비문을 최종 확인한 서인(書人)도 미처 발견하지 못했던 것이 아닌가 생각된다.

이러한 창녕비 서인의 실수들을 고려하면, 3행의 마지막 '每德尙'은 애초 '每尙德'으로 써야 했는데, 실수로 '尙'자를 빠트리고 쓰지 않았었고, 비문을 모두 다 새긴 뒤에 뒤늦게 이 사실을 발견하고 3행의 제일 하단에 '尙'자를 추각한 것이 아닌가 생각된다. '尙'자는 그 행의 마지막 글자인 '德'자에 바짝 붙여서 상대적으로 글자 크기를 작게 해서 새긴 것이 필자의 추론을 도와준다. 한문으로는 '尙德'이 맞고 흔한 어휘지만, 속한문(俗漢文)으로는 '德尙'도 큰 탈이 없다고 생각하고 앞서 살펴본 16행처럼 행간에 추각하기보다는 이러한 추각 방식을 택했던 것이 아닌가 생각된다. 2행과 3행 사이 해당 글자 부분의 행간은 매우 좁아 '尙'자를 더 추각하는 것이 어려웠을 것으로 판단된다.

한편 4행은 그림 6과 그림 8 등으로 볼 때, '取利除林'까지는 명확히 읽을 수 있다. 그림 1의 판독안에서는 '耶初'로 읽었지만, 자획상 '取'가 명확하며

'利'도 「단양적성비」나 「월성해자목간」 등에서처럼 利자의 禾변이 衤변처럼 보이는 당시의 서사관행을 확인할 수 있다. 문제는 그 아래 4행 5자의 글자이다. 그림 1의 판독안에서는 이 글자를 7행 2자와 동일한 글자로 보고 있다. 4행 5자는 하단의 'Ⅲ' 부분이 모든 탁본에서 잘 보이지 않는다. 훼손된 이 획 부분을 제외하면, 두 글자의 형태는 상당히 유사하다. 종래에는 7행 2자를 일반적으로

그림 8. 창녕비 3∼9행의 상단부(단국대본)

'塩'자로 판독하였다. 그러나 이 글자의 좌변은 '木'획이 분명하고, 우변의 획으로도 '塩'자로 추독하기 어렵다. 그림 1의 판독안에서는 이 글자의 '木'변 우측을 '盍'로 읽었다. 이 글자는 '樴'자와 서로 뜻이 같은 이체자로 동일한 글자이지만, 규장각본으로 이 글자를 자세히 보면(그림 11), 7행 2자의 획은 '樴'로 판단된다. 4행의 하단부는 판독이 어렵다.

5행 1자 및 2자는 '而已', 즉 '따름이다'로 해석되는 어조사라, 4행의 문장이 이에서 일단락되었음을 알 수 있다. 이어 '土地彊畎山林' 이하의 문장이 시작된다. 그림 8에서 5행 6자인 '畎'자를 보면, 그

림 9와 같이 '犬'획 부분을 行草로 썼다고 생각된다. 한편 5행 18자는 '也'자로 판독된다. 이 글자에서 또 문장이 일단락되었을 것이다. 5행의 하단에서 6행으로 이어지며, 신라의 지방 행정과 관련하여 膾炙되었던 '大等与軍主幢主道使与外村主審照故' 부분은 쉽게 판독된다.

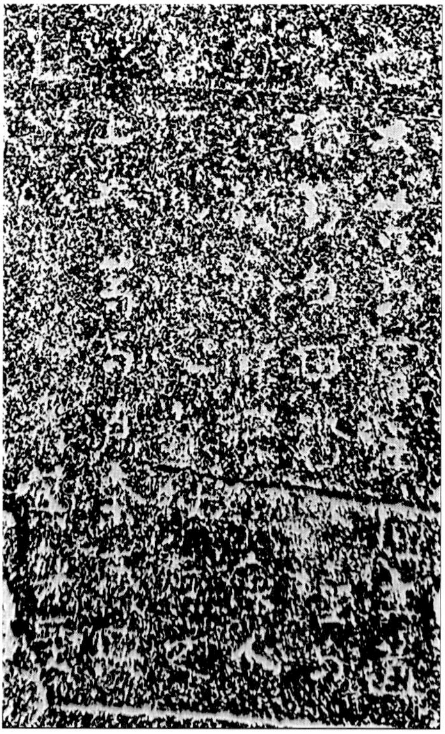

한편 6행의 가운데 부분도 판독하기 어렵다. 6행 하단에서 7행 상단으로 이어지는 또 익히 알려진 구절이 나온다. 필자는 기존과 달리 '海与白田畓□疆与

그림 10. 창녕비 5~10행의 하단부(단국대본)

山檻河川'으로 새롭게 읽었다. 6행 20자는 기존에 일반적으로 '州'자로 판독하였지만, 그림 10이나 대부분의 탁본으로 볼 때, 세로로 긴 자형이라는 점에서 정방형에 가까운 창녕비의 독특한 '州'자와는 거리가 멀다. 그림 10을 비롯해 여러 탁본들을 비교해보면 이 글자가 '与'자임을 알 수 있다. 한편 6행 25자는 좌측은 '土'변이고 그 우측은 세로로 길게 '土'획 아래에 '皿'를 쓰고 다시 그 아래에 '土'획을 쓴 글자이다. 이러한 우측의 자획은 앞서 5행에서 '疆'으로 읽은 5행 5자의 우측 자획과 상당히 유사하다. '疆'자는 '弓'을 빼고 좌측을 '土'변으로만 쓰는 사례가 많이 확인되기 때문에, 이 글자는 '疆'의 이체자로 추정된다. 결국 이 글자는 5행 5자의 '疆'자와 뜻이 같은 이체자라고 생각된다.

한편 7행 첫머리의 '山'자는 그림 8로 볼 때, 좌우 다른 행들의 글자보다 작아 전체 글자의 일부 획처럼 볼 수도 있다. 그러나 초기 탁본인 규장각본의 이 글자를 보면(그림 11), '山' 바로 아래에 斜線의 크랙이 크게 나 있고, 단국대본에 있는 '山'획 아래 마치 이 글자의 다른 획들로 보였던 선들은 전혀 확인되지 않는다. 이는 획처럼 보였던 것들이 글자의 획이 아니고 비면의 마멸로 인해 생긴 파인 홈이라는 것을 의미한다. 따라서 이 글자는 비면에 애초 있었던 斜線 크랙을 피하기 위해 '山'자를 그 위쪽으로 치우쳐 쓰게 되면서 좌우의 다른 행들의 글자들보다 작게 새겨진 것이 아닌가 생각된다. 따라서

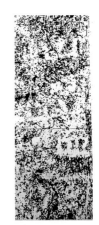

그림 11. 山檻

이 글자는 필자 역시 그림 1의 판독안처럼 山자라고 판독했다.

7행의 '山檻河川'에 이어지는 글자는 그림 1의 판독안처럼 '節敎以'가 분명하며 그에 이어 '□事'도 판독된다. 신라 중고기의 다른 금석문의 '節敎事', '所敎事' 등의 사례로 볼 때, 1행부터 7행의 '河川節敎以□事'까지가 하나의 큰 단락을 구성하였거나, '節敎以□事' 이하부터 새로운 단락이 시작되는 문구일 수도 있다. 그런데 '節敎' 이하의 비문은 1~7행보다도 가운데 부분의 미판독 글

자가 더 많고 내용은 짧아서 문맥 이해가 상당히 어렵다. 더 선명한 탁본이나 사진 자료가 발견되기 전까지는 판독과 해석상에 진전이 이루어지기 어렵다고 판단된다.

3. 사방군주四方軍主와 사해四海

이번 장에서는 지금까지의 창녕비에 대한 판독 작업을 기초로 하여 문맥 파악이나 해석이 가능한 대목들을 통해, 창녕비의 전체 구성과 창녕비 건립의 목적을 추론해보고자 한다. 특히 「단양적성비」 단계에서는 보이지 않았던 '사방군주(四方軍主)'라는 표현의 등장배경에 주목하고자 한다. 지증왕대 '신라(新羅)' 국호의 확정에 '망라사방(網羅四方)'의 정의(定義)가 동원되었던 것으로 잘 알 수 있지만, 창녕비에 기록된 '사방군주'는 신라의 자기정체성 발로와 관련된 사안으로 비문의 가장 중요한 키워드라고 생각된다. 특히 신라의 자기세계 인식과 신라의 천하관을 이해하려는 본고의 목적에 부합되는 핵심적 내용이라 유념할 필요가 있다.[15]

다시 창녕비의 내용으로 돌아가 보자. 현재 7행의 '事'자 이하의 문장을 읽을 수 없어 단락을 구분하기가 애매하지만 창녕비의 전체 구성은 비의 건립과 관련된 인물들의 명단이 시작되는 '于時' 전후로 크게 양분되며, 다시 '于時' 앞은 비 7행의 '節教以□事' 부분을 기준으로 크게 두 단락으로 나누어진다고 판단된다. 필자가 생각하는 비문의 전체 구성은 다음과 같다.

---

15) 창녕비의 사방군주를 신라의 천하관과 관련지은 기존의 연구로는 주보돈, 1998『신라 지방통치체제의 정비과정과 신라』, 신서원, pp.105~106 및 pp.325~332를 참고 바람.

(1) 첫째단락(1~7행) : '寡人' 이하 진흥왕 1인칭 시점의 왕지(王旨)

(2) 둘째단락(7~11행) : '節教以□事' 이하 비 건립과 관련된 절교
(節教)

(3) 셋째단락(11~27행) : '于時' 이하 비 건립과 관련된 인물이 나열
된 우시인명(于時人名)

물론 (2)단락은 9행의 '其餘少小事如古(그 나머지 소소한 일들도 예전과 같이 어떻게 하고)'처럼 다시 내용이 세분되어 이를 기준으로 (2)단락 자체를 양분해볼 수도 있다. 또한 (3)단락도 25행 '比子伐停助人' 이하의 인명을 비 건립의 직접적인 담당자로 세분해볼 수도 있지만, 창녕비의 전체 구성과 내용을 이해하는 데에는 위와 같은 3개의 단락으로 크게 구분하는 것이 도움이 된다고 판단된다.

필자가 앞서 세밀히 글자들을 새롭게 재판독했던 (1)단락은 내용상 기존의 다른 중고기 금석문에는 잘 보이지 않는 독특한 위상을 지니고 있다. 이 (1)단락은 '寡人'으로 시작되는 진흥왕의 1인칭 시점이라는 독특한 내러티브로 서술되어 있다. 이와 관련하여 (3)단락 24행 말미에 등장하는 '旨爲人'의 존재가 주목된다. (1)단락이 왕의 1인칭 내러티브라는 점에서 이 '旨'는 '왕지(王旨)'의 뜻으로 사용된 것이라 판단된다. 이에 의거하여 필자는 창녕비의 (1)단락을 '왕지'로 명명하려고 한다. 결국 '旨爲人'은 (1)단락의 '진흥왕 1인칭 시점으로 서술된 王旨'를 비자벌(창녕)로 가지고 와 그 왕지를 실행하고 기록하게 했던 관인의 직함으로 이해된다. 이러한 해석에 의하면 당시 진흥왕은 창녕비 건립의 현장에 직접 오지 않았고, 사안의 중요성을 감안하여 '旨爲人'을 통해 특별히 '왕지'를 내려 보냈던 것으로 판단된다.

이와 관련하여 (3)단락의 '于時' 이하 관인의 명단도 진흥왕대에 세워진 순수비의 소위 '수가인명(隨駕人名)'과는 구성상 현격한 차이가 있어 주목된다. 무엇보다도 창녕비에는 '순수(巡狩)'나 '수가(隨駕)'와 같은 왕의 행차를 상징

하는 표현들이 전혀 보이지 않으며, 순수시에 반드시 수가하며 보좌했던 '이 내(裏內)'의 관인들도 기록되어 있지 않다. 종래에도 이로 인해 창녕비를 순수 비로 보지 않았던 논자들이 있었다. 필자 역시 그러한 견해에 전적으로 동의 한다.

이에 본고에서는 창녕비의 (1)단락을 '왕지'로, (2)단락을 '절교(節教)'로, (3)단락을 '우시인명(于時人名)'으로 명명하고자 한다. '절교'라는 표현이 (1)단 락의 마지막 문장일 수도 있지만, (1)단락을 '왕지', (2)단락을 군이 '절교'로 구 분하여 명명한 것은 (1)단락이 기존의 중고기 금석문에 보이는 소교, 별교, 절 교 등의 형식과 내용에서 확연히 구분되는 면모가 있기 때문이다. (2)단락의 절교 역시 발령의 최종 주체는 왕이라고 생각되지만, '중신(衆臣)'과의 논의(회 의)를 거쳐 결정된 행정적 명령의 성격을 띠고 있다고 생각되며. 다른 중고기 의 금석문에 보이는 소교, 별교, 절교 등도 대체로 그러한 성격의 敎들이라고 판단된다. 그러나 (1)단락의 왕지는 1인칭 시점의 '寡人'으로 시작되고 있어, 회의나 행정적 절차를 거친 것이 아니라 왕이 직접 자신의 의지를 표현한 것 이라고 생각된다. 이로 인해 비 건립 명단에 다른 중고기의 금석문에 보이지 않는 '旨爲人'의 존재가 기록된 것이라고 판단된다. 다음은 필자의 판독에 의 거한 (1)단락이다.

　　　　창녕비의 왕지 부분
　　　　(1)행 : 辛巳年二月一日立■ ■寡人幼齒承基政委輔弼□□□□
　　　　　　　行□
　　　　(2)행 : 事末□□立坐野恩赦□□□□□□□方□□□□□地土隘
　　　　　　　陜也
　　　　(3)행 : 占廿通漆不□□□占□通□□□□□□□□□入普捨□
　　　　　　　每德尙
　　　　(4)행 : 取利除林檻□□□□□□□□□□自然□□□□此□□

　　　　　□□

(5)행 : 而已土地彊畎山林□□□□□□□□□也大等与軍主幢

　　　　主道

(6)행 : 使与外村主審照故□□□□□□□□□海与白田畓□

　　　　彊与

(7)행 : 山樏河川節敎以□事 (하략)

　　1행의 '유치(幼齒)'는 유년(幼年)과 같은 뜻으로 1행의 해석은 종래와 차이가 없다. 결국 1~2행 상단까지의 내용은 "자신이 어린 나이에 즉위한 후 신하들의 보필(輔弼)을 받아 행한 정사(政事)의 시말(始末)[事末]을 비(碑)에 새겨 야외에 세우고 은혜로운 사면을 베풀라(立坐野恩敕)"는 뜻으로 이해된다. 따라서 2행 하단 이하의 내용은 진흥왕이 자기 시대의 정치를 직접 소회하고 정리한 것이라고 할 수 있다. 그런데 그 첫 대목이 "지토(地土)가 애협(隘陜)했다"라는 표현이어서, 매우 의미심장하다. 이는 즉위 후 진흥왕이나 보필했던 중신들의 공론(共論)이었고, 이러한 현실 판단에 기초하여 진흥왕대에 가열찬 영토팽창정책이 이루어졌다는 것을 말해준다.

　　그런데 이어지는 3행의 '占廿通㭤不□□□占□通'은 어떻게 해석해야 할까? '占'자와 함께 숫자가 나오고, '通'이나 '不' 등의 긍정 부정으로 볼 수 있는 어휘 등이 반복적으로 나온다는 점에서, 3행 4자의 '㭤'은 '廿'과 조응하는 숫자 '七'의 '갖은자'로 쓰였다고 생각된다.[16] 앞서 언급했듯이 이 '㭤'자는 우상단이 '七'획으로 새겨져 있다. 이 글자는 '漆'이나 '柒'과 같은 뜻의 이체자라고 생각되며, '漆'과 '柒'은 둘 다 '七'의 '갖은자'로 흔히 사용되었다.

---

16) 최근에 발굴된 월성해자 출토 다면목간에도 '參(三)'과 같은 '갖은자'가 사용되고 있어서, 신라에서는 늦어도 6세기 중후반에는 문서행정에 '갖은자'를 사용하고 있었음을 알 수 있다.

이러한 석독에 의하면 '占卄通漆不□□□占□通'은 길흉(吉凶)을 반복해서 점쳐본 결과를 기록한 것으로 해석하는 것이 합리적이라고 생각된다. 이와 관련하여 백제 비유왕이 450년 유송(劉宋)에 『역림(易林)』과 『식점(式占)』 등 점술 관련 서적을 요청한 사실이 주목되며,[17] 진흥왕의 경우에도 「마운령순수비」에 그를 수가(隨駕)했던 '점인(占人)'이라는 관인이 확인된다. 이로 볼 때 늦어도 진흥왕대 신라사회에도 중국의 주역(周易)이나 시초점, 거북점 등의 점술이 들어와 유행하고 있었고, 국가의 정책 결정이나 지배층들의 일상적 행동까지도 여러 번 점을 쳐 '吉(通)'과 '凶(不)'의 점괘를 얻은 뒤에 일들이 추진되었음을 알 수 있다.

그런데 '점'친 행위가 비문에 반복적으로 기록된 것으로 볼 때, 진흥왕이 당시 신라의 좁은 국토를 극복하려는 새로운 정책을 추진하는데 정치적 갈등과 결정 과정에도 상당한 긴장 국면이 있었음을 미루어 짐작할 수 있다. "국토가 좁았다"는 2행 하단의 분명한 문장을 당시의 역사적 문맥 속에 넣어 '점'친 내용을 연결시켜 이해해본다면, 이 구절은 신라의 진흥왕이 소백산맥을 넘어 고구려 영토인 한강상류로 진출하고, 또 이어 나제동맹을 깨고 한강하류유역을 습격할 때의 긴장되었던 조야(朝野)의 분위기를 스스로 회고하고 있는 것이 아닌가 생각된다.

결국 2행 하단에서 3행 상단으로 이어지는 부분은 "국토가 좁았다. (한강유역으로 진출해야 하는지) 점을 20번 쳤는데 通(=吉) 7번에 不(=凶)가 (13번) 나왔다. 다시 점을 (몇 번) 쳤는데, 通이 (몇 번이었다)"는 의미로 이해된다. 이러한 창녕비 2~3행에 대한 필자의 석독이 틀리지 않았다면, 당시 신라에서 정책의 결정과 실행과정에서 점인이 점술을 행하였던 매우 구체적인 실례를 확보한 셈이 된다. 한편 점술 행위를 통해 정책을 결정하려 하였던 것은 신라의 후진성을 알려주는 것이 아니다. 오히려 이는 진흥왕이 수술학(術數學)을

---

17) 『宋書』 卷97, 夷蠻列傳 百濟國 ; 『南史』 卷79, 夷貊列傳 百濟.

활용해 자신의 정책결정을 합리화하고 있었음을 의미한다. 알렉산더의 델피 신탁이나 조선 태종의 한양천도를 결정했던 척전(擲錢)의 사례로 잘 알 수 있지만, 신탁과 점술은 지도자의 의지에 따라 충분히 조작될 수 있는 성질의 것이었다. 창녕비 3행의 반복된 점술행위도 결국에는 길한 점괘가 나왔다는 것을 표현한 것이며, 이는 신라의 국토가 좁은 현실을 극복하려는 진흥왕의 실천의지, 즉 조심스럽지만 분명하고 명확하게 한강으로 진출하겠다는 강력한 의지를 피력한 대목이라고 생각된다.

이제 2행과 3행 끝까지를 이어 석독해보면, "국토가 좁았다. (한강유역으로 진출할지) 점을 20번 쳤으나 '通(=吉)'이 7번에 불과하고 '不(=凶)'이 많았다. (처음 점괘는 좋지 않았지만 결국 길한 점괘가 나왔다) 이에 '널리 희사(喜捨)[普捨]'하고, '매양 덕을 숭상하는[德尙]' 마음가짐으로 (온 정성을 기울였다)"는 의미로 이해된다. 3행은 애초 점괘가 좋지 않아 한강유역으로의 진출이 불안하였지만, 진흥왕은 불교적 희사(喜捨)와 유교적 덕목의 실천을 통해 종교적으로 정신적으로 승화 타개해갔음을 회고한 대목으로 이해된다.

그런데 진흥왕이 이러한 내용의 왕지를 내리고 비석에도 새겨 만인이 볼 수 있도록 야외에 세우게 한 것은 이 비석을 세운 신사년, 즉 561년의 시점과 밀접한 관련이 있다. 『삼국사기』에 의하면 신라는 이 다음해에 대가야를 정벌한다. 창녕은 고령의 대가야와 낙동강을 사이에 두고 마주보는 곳이다. 561년의 시점에 갈문왕(葛文王)을 비롯한 중앙의 대등(大等)들과 사방군주를 위시한 신라 전역을 포괄하는 지방행정의 실무진들이 모두 창녕에 집결하였던 것은 다음해의 대가야 정벌과 무관하지 않았다고 생각된다.

554년 성왕(聖王)을 사로잡아 관산성 전투를 승리로 이끈 신라는 당시 백제와의 전쟁 국면에서 확실히 우위에 섰다고 할 수 있다. 그러나 대가야가 관산성전투에서 백제의 편에 섰다는 점은 무시할 수 없는 면이 있다. 이무렵 대가야는 신라 왕실의 피가 흐르는 월광태자(月光太子, 이뇌왕(異腦王)의 아들)가 실권하고, 관산성 전투에서 백제와 연합했던 도설지왕(道設智王)이 집권하고 있었다. 백제와 대가야가 연합했다는 사실은 신라에게 상당히 큰 위협적 요소였다. 후일의 사례지만 백제 의자왕에게 합천의 대야성이 함락되면서 신라는 왕경을 방어하기 위해 경산 압량주에 군사력을 집중하는 등 오히려 수세(守勢)에 몰렸다. 또 대야성을 장악했던 후백제의 견훤이 신라의 경주 왕경을 손쉽게 유린하며 신라왕까지 죽였다. 이러한 사례들은 합천 고령 방면의 대가야가 백제의 편에 서거나, 그 수중으로 완전히 넘어가게 되면, 관산성 전투의 승리에도 불구하고 오히려 신라의 왕경이 더 큰 위험에 처해질 수도 있었음을 의미한다.

이를 당시 신라가 몰랐을 리 없다. 창녕비를 세웠던 561년은 바로 그러한 위험을 미연에 방지하기 위해 신라가 대가야 정벌을 준비하고 일촉즉발의 대치가 이루어지고 있었던 상황이었다. 진흥왕의 왕지는 이러한 긴장된 신라 조야에 진흥왕 자신이 한강유역으로 진출하여 신라의 명운을 성공적으로 개척해갔던 지난 과거를 회고하면서, 앞으로 있을 백제나 대가야와의 전쟁에서도 승리할 수 있다는 자신감을 불어넣으려한 것이라고 생각된다. 이에 창녕비의 4행 이하에서는 이미 그 자신이 실현했었던 한강유역 진출과 보랏빛의 성공담이 표출된다.

창녕비의 4행은 새롭게 획득된 한강유역의 영토에서 "경제적 이익을 취하려(取利), 산림을 없애고(除林) (…했다)"로 해석할 수 있다. 이 '檻'자는 뒤이어 7행에 '山檻'에도 한 번 더 보인다. 이 글자는 지금까지 695년에 작성된 「촌락문서」의 '山檻地'가 최초 사례로 알려져 있었지만, 창녕비의 이 글자에 대한 판독이 맞는다면 창녕비의 '山檻'가 더 빠른 사례가 된다. 그런데 이 '檻' 자를 종래에는 우리의 고유한자로 이해하고, 촌락문서에서 '地'와 대비되는 '山檻地'의 사례에 의거하여, 이 '檻'자를 '木+盖(蓋)'의 회의자(會意字)로 보아 '나무로 덮인' 즉 나무가 무성한 산간 지형을 나타낸 글자로 해석하였다.[18] 그

---

18) 旗田巍, 1972 「新羅の村落」『朝鮮中世社會史の研究』, 法政大學出版局, p.424 ; 윤선

러나 창녕비의 사례를 하나 더 얻게 된 현재의 시점에서 보면, 이 글자는 창녕비의 문맥상 '산간의 개척지'라는 의미가 보다 더 강하다. 이 글자가 신라의 고유한자이고 나무로 뒤덮인 지형을 표현하기 위해 만들었다고 하면 이 글자를 쓰지 않고 그냥 '山地'라고 해도 무방해서, 이러한 글자를 굳이 삽입하여 산지를 수식한 배경을 이해할 수 없게 된다.

이와 관련하여 이 '檻(=檻)'자가 중국 한자에서는 '櫳'자와 동일한 뜻의 이체자로도 사용되며 그 의미가 '나무 술통(물통)'이라는 점에 주목할 필요가 있다.[19] 이 뜻을 적용하면 창녕비나 촌락문서의 '山檻地'는 '나무로 덮인 산지'를 표현한 것이 아니라, 오히려 나무 술통처럼 '나무로 둘러싸인 빈 공간', 즉 벌목을 통해 개척된 산간 숲속에 새롭게 만든 농지와 대지(垈地)의 공간을 상형한 신라식 표현이 아닌가 생각된다. 이에 필자는 '山檻(地)'를 산림을 벌목해 사람이 농사도 짓고 거주도 할 수 있도록 새롭게 만든 '산간(山間) 개척지'의 뜻으로 정의하고자 한다.

이처럼 창녕비를 통해 촌락문서의 '山檻(地)'라는 뜻도 정확하게 알 수 있게 되었지만, 무엇보다도 '山檻'라는 '산간 개척지' 탄생의 역사적 배경을 알 수 있게 된 점이 큰 수확이라고 생각된다. 기존에는 왜 이 글자를 촌락문서의 촌역(村域) 표현에 굳이 사용하였는지를 알 수 없었다. '山檻(地)'라는 새로운 어휘의 탄생은 당시 신라사회에 그러한 실체가 반복적으로 만들어지고 있었던 사회적 추세와 관련이 있다고 생각된다. "지토(地土)가 애협(隘陜)했다"는 창녕비의 표현에 유의한다면, 신라에서는 진흥왕대 이전부터 인구의 증가로 인해 기존의 거주지가 이미 포화상태였고, 이로 인해 산간에 새로운 농지와

태, 2020 「한국 고대 목간 및 금석문에 보이는 고유한자의 양상과 구성원리」 『동양학』 80, 단국대 동양학연구원, p.56.

19) '檻(櫳)'가 '櫳'의 이체자일 수 있다는 점은 경북대 홍승우 교수가 지적해준 것이다. 필자는 이 '檻'자를 종래 신라의 고유한자로 생각했지만, 창녕비의 '山檻'사례를 계기로 필자의 견해를 수정하게 되었다. 이 자리를 빌려 감사드린다.

대지를 많이 개척해갔던 것으로 짐작된다. 한강유역으로 진출하면서도 창녕비 4행의 "경제적 이익을 취하려, 산림을 없애고 檻(地를 만들었다)"는 내용으로 볼 때, 산간에 새로이 '山檻(地)'를 개척하고 많은 신라 가야인들을 이주 정착시켰던 것으로 생각된다. 7세기 후반 「촌락문서」에 기록된 4개 촌락 중 반 이상이 새로이 개척된 '山檻地'에 건설되었던 촌(村)이었다는 점만도 봐도, 당시 산간에 농지와 대지가 많이 개척되고 있었던 상황을 충분히 미루어 짐작할 수 있다.

한편 창녕비에서 초출하는 '畓'자도 주목된다. 이 글자는 水田(논)을 합자(合字)하여 만든 우리의 고유한자이다. 이 '畓'자는 창녕비가 최초의 사례라는 점에서 신라에서 만들어졌을 가능성이 높다. 백제에서는 「나주복암리목간」으로 볼 때 白田(밭)을 '畠'으로 표현하는 고유한자는 확인되지만, 水田(논)은 7세기까지 계속 '水田'으로 적고 있었다. 그런데 신라는 창녕비를 보면 백제와 반대로 白田은 합자하지 않았고, 오히려 水田을 합자하여 '畓'이라는 고유한자를 만들어 사용하였다. 그런데 당시 진흥왕 시대를 전후해서 신라에서는 관개시설을 확충하여 수전을 확대해갔던 경제정책이 자주 목도된다. 법흥왕대에 건립된 「영천청제비」를 비롯하여, 『삼국사기』의 법흥왕본기에도 제언(堤堰) 건설의 하교(下敎)가 확인된다. 진지왕대에도 「대구무술오작비」로 볼 때, 전대의 치수정책이 계속 이어지고 있었음을 알 수 있다.

결국 창녕비에 나타나는 '山檻'라는 어휘와 고유한자인 '畓'자는 진흥왕대를 전후해 신라에서 가열차게 추진된 사회경제정책의 방향을 읽어낼 수 있는 키워드라 생각된다. 신라에서는 당시 산간에 농지와 거주지를 새로이 개척하였고, 관개시설을 확충하여 수전을 확대해갔었음을 알 수 있다. 따라서 창녕비 5행의 '土地彊畎山林'은 "土地에는 두둑과 관개시설을 만들고, 산림에는 (새로이 山檻地를 개척하였다.)"는 뜻으로 추론된다. 5행 18자에 '也'라는 어조사가 있어 5행의 문장은 이에서 일단락되었을 것이다. 4~5행을 연결하면 "경제적 이익을 취하려(取利), 산림을 없애고(除林) (산간에 새로이 개척한) 檻(地)

를 (만들었다). (중략) 토지에는 두둑과 관개시설을 만들고(彊畎), 산림에는 (새로이 山櫺地를 개척하였다)."는 의미로 해석된다.

6행에 이어 7행에는 '海与白田畓□彊与山櫺河川'처럼 '海', '白田畓' 등 새로 획득된 국토의 경제적 가치를 나열하며 '山櫺'를 그중의 하나로 언급하고 있다. 따라서 이는 4~5행의 행위와 정책추진을 통해 나타난 결과를 최종 정리한 것이 분명하다. 5행의 하단에서 6행으로 이어지는 구절은 "대등(大等)과 군주(軍主)·당주(幢主)·도사(道使)와 지방의 촌주(村主)가 새로이 확대된 지역을 자세히 조사하고 살폈다(審照). 이로 인해 (어찌 되었다)."로 해석되는데, 그 결과가 6행의 하단 문장에서 7행으로 이어지며, '海与白田畓□彊与山櫺河川'으로 서술되며 끝난다고 생각된다. '与'를 구두점으로 보면, '海(바다)와 白田(논)·畓(밭)·□彊(관개시설), 그리고 山櫺(산간 개척지)·河川(하천)'으로 새길 수 있으며, 앞서 추론하였듯이 이 부분은 새로 정복된 지역에 대해 대등과 지방관, 그리고 촌주의 조사를 통해 밝혀진 새로이 획득된 정치경제적 가치들을 나열한 대목이라고 생각된다.

그런데 그 첫머리에 '海', 즉 '바다'가 맨먼저 거론되었다는 점이 주목된다. '白田畓□彊', '山櫺河川' 등이 앞서 4~5행에 이미 언급되어 있다는 점에서, '海'에 관한 서술도 4행이나 5행의 현재 마멸된 부분에 분명히 있었다고 생각된다. 이 '海'자는 비 최초 발견시 비면을 찍은 초기 사진에도 뚜렷이 확인되는 글자이다. 이 '海'자가 없었다면 또는 읽을 수 없었다면 창녕비 최초의 "지토(地土)가 좁았다"라는 언사(言辭)가 그냥 단순히 거주지나 토지가 부족하였다는 의미로 축소시켜 해석해도 큰 무리가 없다. 그러나 이 '海'자로 인해 "지토가 좁았다"는 최초의 선언이 영토적 개념으로 사용되었다는 것을 분명히 알 수 있다. '海'는 지토의 막다른 경계이며 그 끝을 상징한다. "지토가 애협하였다"는 최초의 문제제기는 결국 6행의 '海'에 와서 그 문제가 해결되었음을 명확히 알려주고 있다.

앞서 필자가 "지토가 애협하여 점을 쳤다"는 구절을 신라가 나제동맹을 깨고 백제가 차지했던 한강하류유역으로 진출하려고 했을 때, 신라의 조야가 느꼈던 염려와 걱정을 에둘러 표현한 것으로 해석하였는데, 이는 실로 이 '海'라는 글자에서 유추된 것이다. 결국 진흥왕의 왕지는 561년 대가야정벌을 눈앞에 두고 백제와의 긴장과 갈등이 증폭되는 국면 속에서 이미 진흥왕이 사해(四海)의 획득으로 실현된 신라의 정치경제적 안정을 비자벌(창녕)에 모인 신라의 중앙 신료와 지방인들에게 보여주며, 이번에도 신라가 결국 승리한다는 자신의 확신을 공유하려한 것이라 생각된다.

　　이러한 견지에서 본다면 창녕비 6행의 '海'는 '사방군주'라는 어휘를 탄생시킨 역사적 전제였다고 생각된다. '사방(四方)'이라는 표현은 신라의 경우 『삼국사기』에 의하면 지증왕대에 '신라(新羅)'로 국호를 확정할 때 "망라사방(網羅四方)"이라는 정의(定義) 속에서 확인되며, 후술하는 진흥왕의 순수비에도 '四方託境, 廣獲民土, 隣國誓信, 和使交通'처럼, 주로 신라의 팽창과 자기세계를 표상하는 어휘로 사용되었다. 이는 이웃한 고구려와 백제의 경우에도 마찬가지로 나타난다. 예를 들어 5세기 「모두루묘지」에 보이는 "천하사방(天下四方)이 국도(國都)의 최성(最聖)을 알고 있다"는 표현이나, "고구려를 여러 차례 격파하고 다시 강국(强國)이 되었다"는 무령왕대 이후 백제에 갖춰진 '오방(五方)'의 행정체제가 바로 그것이다. 결국 삼국의 '사방' 의식은 공히 자기세계의 안정과 확립이라는 자기 '정체성(identity)의 발로'였다고 생각된다.

　　진흥왕은 한강하류유역을 장악하면서 마침내 새로운 바다(海)에 도달하였다. 기존의 동해와 남해에 더하여 서해의 한성(漢城), 북해의 비리성(碑利城)까지 포괄하는,[20] 사해의 획득을 통해 천하사방을 완성하였다. 그는 신라의 국호를 정의했던 '망라사방'의 이상을 구현한 신라 최초의 군주가 되었다.[21]

---

20) 『삼국유사』의 提上 설화에 의하면, 신라인은 함흥 방면의 바다를 '북해'로 인식하고 있었다.

21) 어쩌면 '신라'라는 국호의 정의도 지증왕 당시의 산물이 아니라, 진흥왕대에 실현된

561년에 건립된 창녕비에 '사방군주'라는 개념이 등장한 것은 바로 그러한 현실을 신라가 자랑스럽게 표현한 것이 분명하다. 비록 고구려와 백제와 대치하고 있었지만, 진흥왕은 사방과 사해를 거느린 자기세계의 통일자였다.

4. 신라의 천하관

6세기 이전, 신라는 이웃한 고구려나 백제와의 관계 속에서, 고구려의 '동이(東夷)'로(「충주고구려비」), 백제의 '방소국(傍小國)'으로(「양직공도」), 고구려와 백제에 정치적으로 '부속(附屬)'된 존재로 자리매김되고 있었다. 고구려와 백제는 중국의 화이관에 입각한 서계적(序階的)인 국제질서를 받아들여, 자신들의 하위에 신라를 위치시켰다. 그러나 이후 신라는 금관가야를 병합하고 이어 한강 전역을 차지한 뒤, 관산성에서 백제 성왕의 목을 베었다. 562년 마침내 대가야까지 정복하였다. 중국의 남조뿐만 아니라 북제와도 교섭하였던 진흥왕은 564년 기존에 고구려의 장수왕이 받았던 '동이교위(東夷校尉)'에 책봉된다. 이처럼 진흥왕대 신라의 국제적 위상은 비약적으로 높아졌다. 이러한 변화된 국제적 환경 속에서 신라는 자기세계와 주변을 어떻게 인식하고 있었을까?

황초령과 마운령의 「진흥왕순수비」(568)에는 『논어』의 구절을 인용해 '修己而安百姓'를 강조하고 건도(乾道)와 덕화(德化)를 내세우고 있어, 문면만으로 보면 당시 진흥왕이 유교적 왕자관(王者觀)에 입각해 그 덕목의 실천을 자임하고 있었던 것처럼 보인다. 그러나 이 순수비의 찬자가 '도인(道人)'으로 표현된 불교 '사문(沙門)'이었다는 점에 유의해야 한다.[22] 중국의 초기 격의불교

四方과 四海의 획득이라는 역사적 사건이 그들의 중시조였던 지증왕대의 일로 소급 적용된 것일 가능성도 있다.

(格義佛敎)는 중국의 사상과 문화를 기준으로 불경을 설명하였다. 후조(後趙)의 불도징(佛圖澄)이나 전진(前秦)의 도안(道安)처럼 중국의 초기 승려들은 유교경전의 표현을 빌려 자비계살(慈悲戒殺)의 교의를 통치자에게 간(諫)하였고, 한결같이 모두 요순(堯舜)의 왕도정치를 준거로 해서 인정(仁政)과 문덕(文德)을 강조하였다.[23] 이에 의한다면 「진흥왕순수비」는 유교나 도교적 내용을 담고 있지만, 찬자인 승려들이 중국 사상에 가탁해 불교적 교의와 세계관을 피력하였을 가능성이 충분히 있다.

한편 신라의 천하관과 관련하여 기존에는 「진흥왕순수비」에 '帝王建號'나 '朕'이라는 字句를 사용하고, 천명(天命)과 덕화에 기초하여 변경을 '순수(巡狩)'하고, 새로 획득한 영역의 백성을 위무하는 모습이 묘사되어 있어, 진흥왕이 중국의 화이사상을 받아들여 신라 중심의 천하관을 확립한 것으로 이해하는 경향이 있었다.[24] 그러나 순수비의 내용이 유교에 가탁한 격의불교적인 표현이라고 한다면 새로운 검토가 필요하다.

순수비에서는 '사방으로 경계를 넓혀 널리 민토(民土)를 얻었다(四方託境, 廣獲民土)'고 말하고 있다. 이는 사방을 통해 독자적인 자기 세계를 설정하고 그 확장성까지도 언급한 것으로 앞서 검토한 창녕비의 자타인식과 일맥상통한다. 그런데 주목되는 것은 바로 이어 '인국(隣國)과는 신뢰로 서약하고, 화합의 사절이 교통하였다(隣國誓信, 和使交通)'는 구절이 나온다는 점이다. 이는 당시 신라가 인국과의 사이에 화이관에 입각한 서계적 관계를 설정하려는

---

22) 金哲埈, 1990 「三國時代의 禮俗과 儒教思想」『韓國古代社會研究』, 서울大出版部.

23) 任繼愈, 1985 『中國佛教史 2』, 中國社會科學出版社, pp.142~153.

24) 「진흥왕순수비」의 내용을 新羅的 華夷思想에 기초하여 확대된 영역을 지배하려는 신라왕의 自信의 發露로 이해하고, 이는 당시 신라왕권이 中國的 王權을 지향하였음을 明白히 보여준다는 견해가 이미 제기된 바 있다(酒寄雅志, 1993 「華夷思想의 諸相」『アジアのなかの日本史 5』, 東大出版會 ; 2001 『渤海と古代の日本』, 校倉書房, pp.442~443).

의도가 없었음을 의미한다. 후술하지만 화이관적인 천하관이었다면 신문왕 대 자료들에 잘 보이듯이 인국이 신라에 '奉玉帛'이나 '航琛奉職'하였다는 표현이 있어야 한다. 이 인국을 흔히 고구려로 이해하는 경향이 있지만, 불교적 세계관이라면 오히려 이에는 좀더 확대되어 중국왕조까지도 포괄한 것일 수도 있다.

순수비에 나타난 신라와 인국의 관계는 어떤 의미로 이해해야 할까? 이와 관련하여 「북한산진흥왕순수비」에 기록된 '甲兵之德'이나 '전쟁을 할 때 신라 태왕(新羅太王)은 덕을 발휘할 뿐 병(兵)을 사용하지 않았다(相戰之時新羅太王□□耀德不用兵)'는 표현에 주목할 필요가 있다. 『아함경(阿含經)』에 의하면 전륜성왕(轉輪聖王, Cakravarti-rajan)의 최고격인 '금륜(金輪)'은 무력(武力)에 의해서가 아니라 위덕(威德)의 힘으로만 세계를 정복한다고 한다.[25] 따라서 위 순수비의 구절들과 불경에 전하는 전륜성왕의 품성 등을 종합해 본다면 순수비를 찬술한 승려는 진흥왕에게 불교적 이상군주인 '전륜성왕'이 되어줄 것을 희구하고 있었다고 생각된다.[26]

이는 비문 찬자의 바람에만 그치는 것이 아니었다. 우선 진흥왕이 서축(西竺) 아육왕(阿育王)과의 인연으로 황룡사(皇龍寺)의 장육존상(丈六尊像)을 만들게 되었다는 전승(傳承)이 주목된다.[27] 아육왕은 인도의 아소카왕(Ashoka)으로 그를 모델로 전륜성왕이 탄생하였고, 이러한 인도 아육왕과 현실 권력자와의 연결성은 진흥왕뿐만 아니라, 중국에서 전륜성왕을 희구한 황제들에게도 공히 나타나고 있다. 또 진흥왕은 태자의 이름도 '동륜(銅輪)'으로 지은 바 있다. 이는 진흥왕이 실제로 전륜성왕을 지향하고 있었음을 분명히 말해

---

25) 工藤成樹, 1972 「轉輪聖王」『佛敎と政治·經濟』, 平樂寺書店.

26) 진흥왕의 巡狩나 巡狩碑 건립 역시 표현은 중국적인 것이지만, 이조차 아소카왕이 정법 실천을 강조하며 인도 각 지역에 세운 石柱와 비교하기도 한다(南希叔, 1991 「新羅 法興王代 佛敎受容과 그 主導勢力」『韓國史論』25, 서울大 國史學科).

27) 『三國遺事』卷3, 塔像 皇龍寺丈六.

준다.[28] 더욱이 진흥왕의 장자(長子)가 동륜이고, 차자(次子)로서 진흥왕을 이어 즉위한 진지왕(眞智王)이 '금륜(金輪)'을 표방하였던 점도 신라인들이 전륜성왕의 개념을 정확히 이해하고 있었음을 알려준다.[29]

인도의 불교적 세계관에는 네 개의 천하가 나온다. 이른바 사천하(四天下)이다. 이들은 균등하며 그들 사이에는 서계적인 관계가 설정되어 있지 않다. 철륜(鐵輪)은 다르마(Dharma), 즉 정법(正法)의 실천자로 그 품성으로 일천하(一天下), 즉 하나의 천하를 다스린다. 동륜은 이천하(二天下), 은륜(銀輪)은 삼천하(三天下), 금륜은 사천하(四天下)로 세계의 전체를 다스리게 된다. 금은 동철은 결국 정법을 구현하고 실천하는 전륜성왕의 품성과 그 수준의 정도를 나타낸 것이다. 진흥왕이 장자를 '동륜'으로 명명하고, 진흥왕을 이어 즉위한 진지왕이 자신을 '금륜'이라 칭한 것은 다가올 신라의 미래를 전륜성왕의 정법이 실현되고 더욱 고양되어 나가길 기원하는 믿음에서 비롯된 것이라 생각된다.

이를 바탕으로 순수비에 표현된 신라와 인국의 관계를 추론해본다면, 이역시 사방으로 영토를 확대해 가지만 오직 정법으로만 천하를 통일해가는 전륜성왕의 품성을 표현한 것이라 생각된다. 물론 '제왕(帝王)', '짐(朕)'으로 표현된 것처럼 진흥왕은 정법으로 천하를 통일해갈 중심인물로 미래의 전륜성왕

---

28) 판카즈 모한, 2004 「6세기 신라에서의 아소카상징의 수용과 그 의의」 『한국사상사학』 23.

29) 차자였던 진지왕이 金輪이라는 사실을 의심하는 연구자도 있다. 이로 인해 금륜이 아닌 舍輪이 더 정확한 표현이고, 이는 쇠륜, 즉 鐵輪의 신라식 차자표기이며, 金輪 자체도 신라식 이두표기로 '쇠륜(鐵輪)'을 표현한 것이라고 보기도 한다. 그러나 '금륜'이라는 불경 속의 명확한 고유명사를 신라가 '쇠륜'의 차자표기로 사용하였을 가능성은 거의 없다고 생각된다. 필자는 오히려 舍輪이 자형이 유사한 金輪의 刊誤였다고 생각된다. 물론 진지왕의 이름 금륜은 진흥왕이 작명한 것이 아니라, 진지왕이 즉위 후에 자신을 '금륜'으로 격상한 것일 가능성이 높다고 생각된다. 어쨌든 金輪은 '쇠륜(鐵輪)'의 신라식 차자표기는 분명 아니라고 생각된다.

이며, 진흥왕이 순수하였던 사방은 하늘의 건도(乾道), 즉 정법이 실현되는 가장 성스러운 중심 공간임이 분명하다. 그러나 신라와 인국 사이는 화사(和使)가 교통(交通)하는 대등한 관계이며 제왕이 정법을 실천하는 정도에 의해 천하의 통일자도 될 수 있고, 정법을 실현하는 인국의 제왕(帝王)에 흡수될 수도 있었다. 이는 순수비의 찬자가 왕자(王者)의 세계적 위엄 자체를 강조하는 화이적 세계관이 아니라, 정법을 구현해야만 천하의 통일자가 될 수 있는 미래 지향적이며 사회계약설적인 불교적 왕자관을 표방하였기 때문이다.[30]

이처럼 진흥왕은 현실에서는 북제의 세계적 천하관을 받아들여 조공책봉 관계를 맺고 있었지만, 다른 한편으로는 불교적 세계관을 통해 미래 세계의 통일자인 전륜성왕으로서의 자부심 또한 잃지 않으려고 하였다. 이후 신라의 왕들은 이러한 복합적인 천하관에 기초하여 현실의 세계적 관계를 수용하면서도 미래의 통일자로서의 위상도 강하게 드러내려고 하였다.

이와 관련하여 황룡사에 구층탑을 건립하면 인국이 항복하고 구한(九韓)이 내공(來貢)하여 왕조(王祚)가 영원히 안정된다는 전승이 주목된다.[31] 이 전승의 원전으로 추정되는 안홍(安弘)의 『동도성립기(東都成立記)』에 '구한(九韓)'을 일본(日本), 중화(中華), 오월(吳越), 여진(女眞) 등으로 표현하였던 사실이 전하고 있는데,[32] 이를 신라가 자기중심의 화이관적 세계관을 갖고 있었던 근거로 이해하는 연구자가 있다.[33] 그러나 『동도성립기』에 거론된 나라들의 명칭에 나말려초 이후의 인식이 투영되어 있어 일반적으로 이 자료는 고려초에 성립한 것으로 보고 있다.[34]

---

30) A. L. Basham, 1954 "Political Life and Thought", *The Wonder That Was India*, London: Sidgwick and Jackson.

31) 『三國遺事』 卷3, 塔像 皇龍寺九層塔.

32) 『三國遺事』 卷1, 紀異 馬韓.

33) 文安植, 2003 『韓國古代史와 靺鞨』, 慧眼, pp.238~239.

34) 前間恭作, 1956 「新羅王의 世次와 其의 名에 대하여」 『東洋學報』 15-2, pp.70~71.

다만 '구한'이라는 표현 자체는 후술하는 「문무왕릉비」의 '직구합일(直九合一)' 구절과 연관성이 있다는 점에서 신라 당시의 표현일 가능성은 있다고 생각된다.[35] 그렇다고 해도 구한은 구이(九夷)의 관념처럼 한(韓)의 분화를 염두에 둔 표현일 가능성이 높기 때문에, 애초에 신라에서 중화나 일본 등을 한족(韓族)에 포함하여 사고하였다고 생각되지는 않는다. 더욱이 '중화'라는 표현도 조공할 대상에 대한 국가 명칭으로는 어울리지 않는다. 어쩌면 신라 때의 원자료는 중화나 일본 등은 항복할 인국의 범주에 들며, 구한의 조공이라는 것도 신라가 통일자로 등장할 자기 세계의 표현일 가능성도 배제할 수 없다.

어쨌든 『동도성립기』를 찬술할 당시에 구한에 상응하는 국명을 잘못 비정하기는 하였지만, 이 자료는 신라에서 자기 세계의 통합대상으로 '구한'을 설정하고 있었다는 점을 전해주고 있다는 점에서 매우 소중하다. 즉 당시 신라는 현실에서는 당(중화)의 외신(外臣)이었지만, 미래에는 '구한'을 통합할 자기 세계의 통일자였고, 그 세계는 다시 주변 인국의 항복을 통해 확장하는 천하였다. 이는 앞서 검토한 순수비에서 진흥왕이 다스리는 광획(廣獲)되는 사방의 민토(民土), 그리고 그와 공존하고 있는 인국의 관계와 동일한 인식구조이다.

신라가 백제와 고구려를 멸망시키고, 당과의 전쟁을 불사한 시기에도 이러한 복합적인 천하관은 그대로 유지되었다. 당에 투항한 백제인 「예군묘지(禰軍墓誌)(678)」에는 문무왕을 '참제(僭帝)'라 비판하고 있어, 문무왕이 스스로 황제를 칭한 적이 있었음을 전하고 있다. 이는 신라왕이 고구려 유민을 비호하고 고구려 왕족인 안승(安勝)을 옛 백제 영역 내의 금마저(金馬渚, 익산)에 안치하고, 안승을 고구려왕으로 책봉하였던 사실과 밀접히 관련된 것이라 생각된다.[36]

---

35) 尹京鎭, 2014 「三韓認識의 淵源과 統一戰爭期 新羅의 天下觀」 『東方學志』 167.

백제·고구려 멸망 후 신라가 670년부터 676년까지 당과 격렬하게 싸우고, 백제와 고구려 유민을 내부에 포섭하면서 당과 교전하였던 상황은 신라의 자기 세계를 보존하기 위한 싸움이자 자신의 세계를 통일해가는 행위, '일통삼한(一統三韓)' 그 자체였다. 따라서 신라의 '참제'는 당과의 전투라는 극한 상황에서 촉발되었다기보다는, 6세기 이래 중국의 세계적인 천하관을 받아들이면서도 진흥왕순수비에 보이듯 미래의 전륜성왕을 꿈꾸고 자신을 중심으로 하는 사방의 세계와 인국의 공존을 상정했던 신라의 복합적 천하관에서 이미 싹텄다고 생각된다.

물론 신라는 당의 현실적 힘을 무시할 수 없었고, 나당의 갈등을 봉합하는 방향, 즉 당의 세계적인 천하관 속에 자발적으로 편입되지 않을 수 없었다. 신문왕은 돌궐의 재건과 당의 혼란이라는 국제적 상황을 활용해, 동왕 3년(683) 보덕국(안승의 고구려국)을 없애고, 동왕 6년에는 당에 『예기(禮記)』를 요청하였다.[37] 신문왕은 당과의 관계를 나당전쟁 이전 수준, 조공책봉의 관계로 회복하려 하였다. 여건이 되지 않아서 그렇지 이는 문무왕의 경우에도 마찬가지였을 것으로 생각된다. 이와 관련하여 「문무왕릉비」가 주목된다.

이 비는 현재 파손되어 온전히 전하지는 않지만 몇 개의 비편을 통해 그 내용의 대략을 이해할 수 있다. 비의 건립 시기는 비문 찬자의 관직이 '국학소경(國學少卿)'으로 되어있어 국학이 설치된 신문왕 2년(682) 6월 이후로, 또 뒷면 '廿五日景辰建碑'란 구절을 삭윤표(朔閏表)에 의거해 신문왕 2년 7월 25일로 보고 있다.[38] 이때 '景辰'의 '景(丙)'은 당 고조의 부(父), 이병(李昞)의 피휘(避諱)인데, 이는 당시 신라가 당과의 세계적 관계를 분명히 의식하고 있었음을 보여준다. 비문 내에도 당 태종과 당 고종을 칭송하는 내용이 많이 담겨있

36) 『三國史記』 卷7, 新羅本紀7 文武王 10年.

37) 『三國史記』 卷8, 新羅本紀8 神文王 3년, 4년, 6년.

38) 金昌鎬, 1986 「文武王陵碑에 보이는 新羅人의 祖上認識」 『韓國史硏究』 53.

다.[39] 그런데 이 비에는 이러한 서계적 관계 외에도 문무왕이 사방의 끝으로 영토를 확대해간 사실이 기록되어 있어, 매우 주목된다. 아래는 해당 부분을 인용한 것이다.

> 동쪽으로 개오(開梧)의 지경에 맞닿고, 남쪽으로 □桂의 □에 이웃하며, (북쪽으로) 황룡(黃龍)을 탄 주몽(朱蒙, 고구려)에 접하고, (서쪽으로 …) 백무(白武)를 이었다(東拒開梧之境 南鄰□桂之□ □接黃龍駕朱蒙 □□□承白武).[40]

이를 보면 북쪽은 고구려(주몽)라는 실제의 역사를 언급하고 있는데, 동쪽은 '개오(開梧)'에 이른 것으로 표현하고 있다. 개오는 『여씨춘추(呂氏春秋)』에서 천하 사방의 끝을 언급하는 대목에서 그 용례를 찾을 수 있는데, 동방의 가장 끝에 있는 종족을 표상한다.[41] 이는 신라가 동쪽에 치우쳐 있는 존재가 아니라 전세계의 통일자임을 은유적으로 표현하려고 한 것이라 생각된다. 비의 명(銘)에 "저 아득히 먼 옥저와 예까지 스스로 찾아와 충역(充役)하였다(茫茫沮穢聿來充役)"는 구절도 신문왕이 5묘(廟)에 바친 제문(祭文)에 보이는, "이역(異域)에서 온 빈객(賓客)은 보물을 나르고 직공(職貢)을 받들었다(航琛奉職)"라는 내용과 일치하는 표현이라 할 수 있다. 또 비에는 앞서 미래 구한의 조공과 연결될 수 있는 그 기원이 실현된 자기 세계의 통일자로서 동정서벌(東征西伐)했던 문무왕의 '직구합일'의 공훈도 특필되어 있다.

---

39) 현존 비편의 판독은 한국고대사회연구소, 1992 『譯註韓國古代金石文 Ⅰ』, 駕洛國史蹟開發研究院, pp.125~126에 依據하였다.

40) 동쪽, 남쪽에 이어 고구려의 건국시조인 朱蒙이 언급되어 있어, 그 결락 부분은 북쪽, 그 다음 구절은 白武라는 점에서 오행상 서쪽에 대해 기술한 것으로 추론할 수 있다.

41) 尹京鎭, 2015 「신라 통일기 금석문에 나타난 天下觀과 歷史意識」 『史林』 49, p.185.

그런데 이 무렵 건립된 「청주운천동사적비(清州雲泉洞寺蹟碑)」에도 "단혈 (丹穴)·위우(委羽)의 군(君)이, 태평(太平)·대몽(大蒙)의 장(長)이, 옥백(玉帛)을 봉헌하였다"라는 구절이 확인되는데, 이에 언급된 단혈(丹穴), 위우(委羽), 태평(太平), 대몽(大蒙) 등은 모두 중국 주변 이역만리의 종족들이다. 이는 당시 신라가 당에 조공하려는 관계 개선의 노력 속에서도 진흥왕순수비에서 확인되는 복합적인 천하관을 여전히 보지(保持)하고 있었음을 보여준다. 신라의 사방은 당을 중심으로 하는 천하를 분명히 전제하고 있지만 불교적 전륜성왕이 내면화된 복합적 천하관이라는 점에서 미래 관계의 전도(顚倒)를 희구하고 있음도 분명하다. 이로 인해 중국 사방의 끝이나 이역만리의 종족 명칭들이 수사적(修辭的)으로 동원된 것이 아닌가 생각된다.

신문왕이 고구려왕에 대한 책봉정책을 포기하고, 당에 『예기』를 요청하며 충심을 보인 것은 신라가 당의 서계적인 천하질서를 받아들였음을 의미한다. 그런데도 「문무왕릉비」에서 중국인이 관념화했던 사방의 끝이나 이역만리의 종족 명칭들이 공공연히 수사적으로 동원되고, 빈객의 '항침봉직(航琛奉職)'을 강조하였던 것은 그만큼 '일통삼한(一統三韓)'의 실현에 대한 신문왕의 자부심이 대단했었음을 알려준다. 이는 당과 신라 사이에 태종무열왕(太宗武烈王)의 '묘호(廟號)' 문제가 생겼을 때 당 태종의 '일통천하(一統天下)'와 신라 태종의 '일통삼국'을 대등하게 대비하였던 신문왕의 답변에도 잘 나타난다.[42] 결국 당시 신라의 왕은 당의 천하관을 수용하였지만, 미래의 전륜성왕으로서 의연히 신라왕의 권위와 위엄을 잃지 않으려는 자세였다.

---

42) 『三國遺事』 卷1, 紀異 太宗春秋公.

5. 맺음말

그간 한국학계의 천하관 연구는 국민국가의 민족주의적 시선에서 중국 중심의 화이관적 조공책봉론에 대항하는 '또 다른 중심'의 형성을 강조하였다. 이로 인해 천하관의 의미가 중국과 대등한 독자세력권을 표상하는 어휘로 자리 잡게 되었다. 신라의 천하관에 대한 연구도 화이관에 입각한 천하관이 존재하는가의 여부에 집중되었다.

이처럼 한국학계에서는 천하관을 화이관과 거의 동의어처럼 사용하고 있다. 그러나 신라의 경우에는 화이관 외에도 불교적 세계관이 자신과 자신을 둘러싼 현실 공간에 대한 인식에 상당히 큰 영향을 끼쳤다. 이 글은 진흥왕의 「창녕척경비」 및 3개의 순수비에 나타나는 '사방'의식과 전륜성왕을 희구했던 진흥왕대의 불교적 세계관을 기초로 하여, 이후 다기한 방향으로 전개된 신라의 천하관을 검토하는 데 목적이 있다. 「문무왕릉비」를 보면 신라의 천하관에 화이관 외에 진흥왕대의 천하관에서부터 확인되는 불교적 세계관이 강하게 작동하고 있었다. 이 글은 기존의 화이관에 기초한 천하관 연구에서 탈피하여, 신라 자체의 역사적 경험과 세계관을 강조하고자 하였다.

참고문헌

1. 문헌사료

『南史』,『三國史記』,『三國遺事』,『宋書』,「梁職貢圖」

2. 발굴자료 및 박물관 도록

「牟頭婁墓誌」,「大邱戊戌塢作碑」,「磨雲嶺眞興王巡狩碑」,「文武王陵碑」,「忠州高句麗碑」, 「北漢山眞興王巡狩碑」,「永川菁堤碑」,「昌寧眞興王拓境碑」,「淸州雲泉洞寺蹟碑」,「黃草嶺 眞興王巡狩碑」

국립경주박물관, 2019『신라문자자료Ⅱ』
단국대학교 석주선기념박물관, 2006『撮影 名選 上』
서울대학교박물관, 2019『불후의 기록 – 서울대학교 소장 탁본』
한국고대사회연구소, 1992『譯註韓國古代金石文Ⅰ』, 駕洛國史蹟開發硏究院
한국고대사회연구소, 1992『譯註韓國古代金石文Ⅱ』, 駕洛國史蹟開發硏究院

3. 국문 논저

金昌鎬, 1986「文武王陵碑에 보이는 新羅人의 祖上認識」『韓國史硏究』53
金哲埈, 1990「三國時代의 禮俗과 儒教思想」『韓國古代社會硏究』, 서울大出版部
南希叔, 1991「新羅 法興王代 佛教受容과 그 主導勢力」『韓國史論』25, 서울大 國史學科
노용필, 1996『신라 진흥왕순수비연구』, 일조각
盧泰敦, 1988「5世紀 金石文에 보이는 高句麗人의 天下觀」『韓國史論』19, 서울大 國史 學科.
盧泰敦, 2002「三國時代人의 天下觀」『講座韓國古代史 8』, 駕洛國史蹟開發硏究院
文安植, 2003『韓國古代史와 靺鞨』, 慧眼
梁起錫, 1983「4~5世紀 高句麗 王者의 天下觀에 대하여」『湖西史學』1
尹京鎭, 2014「三韓認識의 淵源과 統一戰爭期 新羅의 天下觀」『東方學志』167
尹京鎭, 2015「신라 통일기 금석문에 나타난 天下觀과 歷史意識」『史林』49
윤선태, 2020「한국 고대 목간 및 금석문에 보이는 고유한자의 양상과 구성원리」『동양 학』80
全德在, 2011「新羅의 對外認識과 天下觀」『他者認識과 相互疏通의 歷史』, 新書苑

주보돈, 1998 『신라 지방통치체제의 정비과정과 신라』, 신서원

판카즈 모한, 2004 「6세기 신라에서의 아소카상징의 수용과 그 의의」 『한국사상사학』
　　　23

4. 국외 논저

工藤成樹, 1972 「轉輪聖王」 『佛敎と政治·經濟』, 平樂寺書店

今西龍, 1921 「新羅眞興王巡狩管境碑考」 『考古學雜誌』 12-1; 1933 『新羅史硏究』, 國書
　　　刊行會

旗田巍, 1972 「新羅の村落」 『朝鮮中世社會史の硏究』, 法政大學出版局

李成市, 1995 「新羅僧慈藏の政治外交上の役割」 『朝鮮文化硏究』 2, 東京大學文學部

酒寄雅志, 1982 「古代東アジア諸國の國際意識:中華意識を中心として」 『歷史學硏究』
　　　別冊(特輯11月号)

酒寄雅志, 1993 「華夷思想の諸相」 『アジアのなかの日本史 5』, 東大出版會

酒寄雅志, 2001, 『渤海と古代の日本』, 校倉書房

任繼愈, 1985 『中國佛敎史 2』, 中國社會科學出版社

前間恭作, 1956 「新羅王の世次と其の名について」 『東洋學報』 15-2

호리 도시카즈(堀敏一), 1993 『中國と古代東アジア世界』, 岩波書店 ; 정병준 외 옮김,
　　　2012 『중국과 고대 동아시아 세계』, 동국대학교출판부

A. L. Basham, 1954 "Political Life and Thought", The Wonder That Was India,
　　　London: Sidgwick and Jackson

신라 말, 고려 초의 지방사회와 창녕

• 하일식 •

1. 머리말

통일 이후 1세기 남짓한 기간은 신라 역사에서 정치적으로 가장 안정된 시기였다. 오랜 전쟁을 거치며 군사적 긴장 상태가 이어진 상황을 이어받아, 국왕이 강한 권력을 행사하면서 집권 관료제를 운영하였다. 정치적 안정을 바탕으로 경제적 번영과 문화의 융성이 뒤따랐다.

그러나 8세기 후반에 들면서 평화와 안정은 깨어지기 시작했다. 신라 국가의 전통적 지배구조상 진골 귀족은 완전히 관료화될 수 없는 존재로서, 그중 두드러진 가문의 대표는 왕이 될 자격을 지니고 있었다. 그래서 정치적으로 불안정한 상황이 되면 언제라도 왕위를 넘볼 여지가 있었고, 8세기 말이 되면 실제 이런 욕구가 분출되었다.

중앙 정계에서 귀족의 권력 다툼이 이어지고, 지방 통제력은 약화되었다. 이윽고 889년(진성왕 3)을 기점으로 전국은 초적이 봉기하는 혼란으로 빠져들었다. 이 과정에서 지방 각지의 유력자들이 자립하여 성주·장군을 칭하는 호족으로 등장했다. 이 무렵 창녕 지역은 어떤 상황에 놓여 있었고, 지방세력의 동향은 어떠했을까?

신라 말, 고려 초 창녕 지역의 상황을 알 수 있는 사료는 거의 없다. 그래서 일반적 동향을 고려하면서 간접적으로나마 '근거 있는 상상력'을 동원하는 수밖에 없을 듯하다. 실마리를 푸는 방법이 쉽지 않겠지만, 다음 순서로 논의해볼 예정이다.

오늘날의 창녕군과 신라의 화왕군은 일치하지 않으므로, 고려시대까지 창녕과 그 주변 지역의 군현 편제와 변동을 먼저 살펴볼 것이다. 화왕군에만 초점을 맞추지 않고 조금 범위를 넓혀서 간접 자료를 생각해보기 위해서이다.

두 번째로, 신라 말에 지방사회가 어떤 상황을 겪고 있었는지, 지방세력의 동향은 어떠했는지를 살펴볼 것이다. 신라 사회가 안고 있는 구조적 모순을 감안하여 지방인의 불만을 논리적으로 유추해보고, 9세기의 여러 사건으로부터 시사받을 수 있는 점을 짚어볼 예정이다. 창녕 지역을 놓고 직접 이야기할 사료가 없기 때문에 일반적 동향을 활용하기 위해서이다.

다음으로는 창녕 지역의 신라 말 상황, 특히 지방세력의 존재 여부 등을 짚어볼 예정이다. 직접 자료가 없으므로 현재 남아 있는 불교 유적을 중심으로 유추해보고, 금석문 자료도 활용하게 될 것이다. 창녕에는 주목할 만한 불교 유적들이 적지 않으므로 추정에 일정한 도움이 될 것으로 예상한다.

끝으로 "그렇다면 창녕 지역은 이러하지 않았을까" 하는 짧은 '상상'을 시도하며 마무리할 예정이다. 분명한 판단을 내릴 만큼 근거자료를 가진 상태가 아니므로 '합리적 유추'의 수준이 되리라 생각한다.

2. 현재의 창녕군, 고대의 화왕군

현재의 '창녕'은 신라시대에 화왕군(火王郡)으로 불렸다. 그런데 신라의 화왕군이 곧 현재의 창녕군이었던 것은 아니다. 오랜 세월을 거치며 군현의 영역이 변화하고, 화왕군의 현(縣)들이 소속을 바꾸는 경우도 있었기 때문이다. 그래서 먼저 '창녕' 지역의 행정구역 변천을 간단히 살펴볼 필요가 있다.

오늘날 창녕군이라는 행정구역은 20세기 전반에 들어와서 확정된 것으로, 2개 읍(창녕읍, 남지읍)과 12개 면으로 이루어져 있다.[1] 고대와 중세의 창녕은 오늘날 창녕군의 일부에 한정된다. 신라 말까지 화왕군의 범위에 대해서는 『삼국사기』 지리지에 이렇게 기록되어 있다.

火王郡은 본래 比自火郡이다(比斯伐이라고도 한다). 진흥왕 16년에 州를 두어 下州라고 하였다가 26년에 州를 폐하였다. 경덕왕이 이름을 바꾸었고 지금의 昌寧郡이다. 領縣은 하나이다. 玄驍縣은 본래 推良火縣이다(三良火라고도 한다). 경덕왕 때 이름을 바꾸었고 지금의 玄豐縣이다. (『삼국사기』 권34, 지리 화왕군)

密城郡은 본래 推火郡이다. 경덕왕이 이름을 바꾸어 지금 그대로이다. 領縣은 다섯이다. 尚藥縣은 본래 西火縣인데 경덕왕이 이름을 바꾸었다. 지금 靈山縣이다. (후략) (『삼국사기』 권34, 지리 밀성군)

신라 말까지는 대략 지금의 창녕읍이 화왕군이었고, 현효현이 화왕군에 속한 유일한 현이었다. 신라의 여러 군(郡) 가운데 소속 현의 수가 아주 적은 경우이며, 군세(郡勢)가 그리 크지 않았다고 할 것이다. 그리고 지금의 영산면에 해당하는 상약현은 화왕군이 아니라 밀성군(밀양)에 속해 있었다.

현효현은 지금의 대구 달성군 현풍읍에 해당하는데, 고려시대에 들면 이마저도 화왕군에서 떨어져 나갔다. 그리고 화왕군 자체도 밀성군(밀양)에 내속(來屬)한 상태가 되었다. 이런 사정을 알려주는 『고려사』 지리지의 밀성군 조에서 필요한 부분을 보면 다음과 같다.

密城郡은 본래 신라 推火郡이며으로, 경덕왕 때 지금 이름으로 고

---

1) 고암, 성산, 대합, 이방, 유어, 대지, 계성, 영산, 장마, 도천, 길곡, 부곡면이다.

쳐 고려 초에 그대로 이어받았다. (중략) 屬郡이 2개, 屬縣이 4개이다.

昌寧郡은 본래 신라의 比自火郡(比斯伐이라고도 한다)으로, (중략) 태조 23년(940)에 지금 이름으로 바꾸었다. 현종 9년(1018)에 [밀성군에] 來屬하였다. (중략)

玄豐縣은[豊은 風으로도 적는다] 본래 신라의 推良火縣[推는 三으로도 적는다]으로, 경덕왕 때 이름을 玄驍로 고치고, 火王郡 領縣이 되었다. 고려 초에 지금 이름으로 바꾸었다. 현종 9년에 [밀성군에] 來屬하였다. (중략)

桂城縣은 현종 9년에 [밀성군에] 來屬하였다. 공민왕 15년(1366)에 靈山으로 옮겨 소속되었다. 공양왕 2년(1390)에 도로 [밀성군에] 속하였다.

靈山縣은 본래 신라의 西火縣으로, 경덕왕 때 이름을 尙藥으로 고치고, 밀성군 領縣이 되었다. 고려에 와서 지금 이름으로 바꾸고, 그대로 [밀성군에] 소속시켰다. (중략) (『고려사』 권57, 지리2 경상도 밀성군)

밀성군 산하 여러 현들의 내속관계는 『삼국사기』 지리지에 기술된 내용과 대략 일치한다. 지금의 영산면에 해당하는 상약현이 밀성군에 속해 있었고, 지금의 계성면에 해당하는 계성현도 밀성군에 속해 있었다.

다만 "경덕왕 때 이름을 현효로 고치고, 화왕군 영현이 되었다"는 문장은 고개를 갸우뚱하게 한다. "경덕왕 때 이름을 상약으로 고치고, 밀성군 영현이 되었다"고 한 문장도 마찬가지이다. 문장 그대로라면, 경덕왕 때 이름을 고치면서 비로소 영속(領屬) 관계가 설정된 듯이 받아들일 여지가 있기 때문이다. 그러나 이는 경덕왕 때 이름을 고쳤다는 사실을 서술하는 과정에서 오해할 만한 문장으로 서술된 탓이 아닐까 한다.

어쨌든 크게 보면, 지금 창녕군에 속한 중요한 지역인 계성면과 영산면은

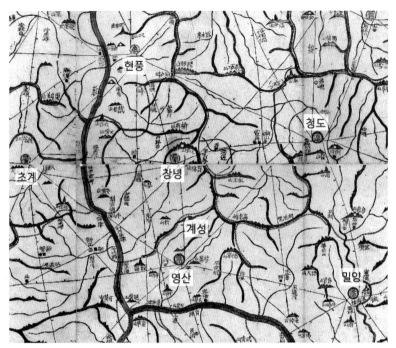

그림 1. 대동여지도의 창녕과 그 부근

신라시대에는 화왕군에 속하지 않았다. 계성면과 영산면은 신라시대와 고려 시대에는 밀양에 속한 현(縣)이었다. 또 계성면은 고려 말에 영산면 쪽에 합쳐 지기를 반복했다. 그래서인지 신돈의 어머니가 사비(寺婢)로 있었다는 옥천사 는 '계성현 옥천사'라고 된 기록이 있는가 하면,[2] 창녕현 고적조에 옥천사로 실려 있기도 하다.[3] 현재는 관룡사와 옥천사터 모두가 창녕읍 관내에 속한다.

신라 왕경을 기준으로 청도와 밀양·창녕·합천 등의 지형도를 보면, 지방 거점으로서 창녕이 차지하는 위상에 관해 조금 더 나아간 추정을 시도할 수

---

2) 『고려사』 권132, 열전 신돈전.
3) 『신증동국여지승람』 27권 창녕현 고적.

있다. 경주 건천읍의 부산성 아래를 지나 청도를 거쳐 창녕에 이르는 길이 있고, 밀양을 지나 창녕으로 갈 수도 있다. 5~6세기 전반까지 대가야와 아라가야가 존속하던 시기라면, 신라가 낙동강 서쪽으로 진출하는 거점 역할을 창녕이 맡았을 것이다. 창녕 적포에서 낙동강을 건너면 바로 옥전고분이나 초계 쪽으로 갈 수 있기 때문이다.

그런데 가야가 사라진 6세기 중반부터, 특히 삼국통일 이후가 되면 신라 영토에서 차지하는 창녕의 위상은 달라질 수밖에 없었을 것이다. 경남 서부 지역에서 경주에 이르는 주요 교통로를 생각하더라도 창녕보다 밀양의 비중이 높아졌을 것이다. 오늘날 영산면에 해당하는 상약현이 밀성군에 속해 있었던 것은 그런 사정을 보여주지 않을까 한다. 신라시대에 화왕군이 단 하나의 현만 거느렸다는 사실은, 주변 지역의 사회경제적 중심으로서 비중있는 위상을 갖지는 않았음을 시사한다.

요컨대 창녕이 지정학적으로 중요한 위치를 차지했던 것은 6세기 중반 무렵까지였으리라 생각된다. 그것은 주로 군사활동과 관련해서였다. 555년(진흥왕 16)에 "비사벌에 완산주(完山州)를 설치하였다"[4]는 것에 앞선 언젠가로부터, 565년(진흥왕 26) "완산주를 폐하고 대야주(大耶州)를 두었다"[5]고 한 기간이 창녕의 전략적 중요도가 절정에 달한 때가 아니었을까 한다. 그리고 7세기 이후 백제와 신라의 최전방 격전지는 대야성(합천), 그리고 더 서쪽으로는 아막성(남원) 부근으로 옮겨갔다.

통일 이후에도 마찬가지였다. 839년 청해진의 군사를 빈 김양의 군대가 왕경으로 진격할 때 거쳐간 곳은 달벌(達伐)이었고, 여기서 민애왕이 보낸 군사를 크게 무찔렀다.[6] 또 후삼국시대에 견훤이 두 차례나 집요하게 공격한 곳

---

4) 『삼국사기』 권4, 신라본기 진흥왕 16년.
5) 『삼국사기』 권4, 신라본기 진흥왕 26년.
6) 『삼국사기』 권10, 신라본기 민애왕 2년.

도 대야성이었다. 창녕은 후백제로부터 신라 왕경으로 가는 길목에서 비껴나 있었던 것이다.

이후 개경에 도읍한 고려가 후삼국을 통일하면서, 창녕에는 또 한 번의 위상 변화가 생긴 듯하다. 화왕군에 속했던 현효현이 현풍현으로 이름을 바꾸면서 밀성군에 편입되었다. 그리고 화왕군 자체도 밀성군에 내속하여 이른 바 '속군(屬郡)'이 되었던 것이다. 고려시대의 '속군'이란 중앙정부에서 지방관을 파견하지 않고, 인접한 주군(主郡)의 지방관이 해당 군의 업무를 함께 관장하는 지역이다.

창녕의 행정구역 변천을 이렇게 살펴본 이유는, 신라 말기의 여러 지방이 중앙 정부에 어떤 태도를 취하고 있었을까? 하는 의문을 놓고 간접적이나마 상상해볼 여지를 마련해보기 위해서이다. 즉 창녕에 직접 관련된 사료가 전무한 상태에서, 그 주변의 다른 지역 상황을 단편적이나마 알 수 있다면, 간접적으로 창녕 지역의 상태를 유추하는데 활용할 수 있으리라는 기대 때문이다. 이 글 후반부에서 이런 정황을 언급할 것이다.

3. 신라 말의 지방사회와 지방인

삼국통일 후 무열왕계 직계 자손이 왕위를 잇던 1세기 가량은 정치적 안정이 유지되었다. 수십년간 극도의 군사적 긴장 상태가 이어지고, 국왕은 그 기간 동안 최고 군사령관으로 활동했다. 거의 '계엄'과 같은 분위기가 이어지면서 국왕의 권한이 막중할 수밖에 없었는데, 무열·문무왕대가 특히 그러했다. 통일 이후의 정치적 안정과 경제적 번영은 이런 상황을 기반으로 하였다.

그런데 혜공왕을 마지막으로 무열왕계의 왕위 계승이 끝났고, 이후 진골 귀족들의 왕위 쟁탈전이 극심하였다. 다만 정치적 혼란이 1세기 가량 이어지면서도 신라 국가 자체가 바로 붕괴하지는 않았다. 멸망의 결정적 계기는

889년(진성왕 3)의 농민봉기였다.

> 국내의 여러 州郡에서 貢賦를 보내지 않아 창고가 텅 비고 재정이
> 궁핍하였다. 왕이 사람을 보내 독촉하자 이를 계기로 곳곳의 도적이 벌
> 떼처럼 일어났다. (『삼국사기』 신라본기 진성왕 3년)

단, 이는 전국이 혼란으로 빠져드는 직접적 계기였을 뿐이다.

먼 배경과 원인을 짚어보아야 하고, 구조적 모순을 살펴보아야 한다. 그럴
때 가장 먼저 손꼽아야 하는 것이 신라 특유의 폐쇄적 신분제, 즉 골품제가 안
고 있는 모순이다. 왕경인 내부에서 진골의 배타적 특권과 비진골에 대한 차
등 대우, 그리고 왕경인과 지방인의 차별은 사회 전반을 제약했다.

특히 중앙집권적 지배체제를 지탱하는 관료제 운영에서 지방인에 대한
차별은 중요한 근본 모순의 하나였다. 7세기부터 삼국간 항쟁이 장기전, 총력
전으로 들어서면서 지방인의 적극성을 유도하기 위한 조치도 이루어졌다. 6
세기에는 지방인에게 외위(外位)를 주고, 왕경인에게는 경위(京位)를 주어 구
분하였다. 이런 상태에서는 지방인의 자발성을 이끌어내기 어려웠다. 그래서
7세기 무렵부터는 지방인에게도 경위를 수여하기 시작했다.

이렇게 해서 외위는 소멸과정을 밟았다. 그러나 지방인이 경위를 받았다
고 해서 중앙관직에 임명되지는 않았다. 상징적 차원에서 경위를 주었을 뿐,
중앙의 말단 관직은 물론 군(郡) 태수나 현령(縣令)으로 임명하지 않았다. 경
위를 지녔을 뿐 골품은 없었기 때문이다. 따라서 집권체제 운영에서 왕경인
과 지방인의 신진대사는 원천적으로 불가능하였다.

이런 근본적 모순을 안고 2세기 이상 집권체제를 유지하는 것이 어떻게
가능했을까? 여러 가지 가설을 상정할 수가 있다.

하나는, 사료에 보이지는 않지만 지방인에게도 제한적이나마 관직 진출
이 허용되지 않았을까 하는 가설이다. 그러나 이는 왕경인 내부에서조차 진

그림 2. 용봉사 마애불과 명문

골 귀족과 6두품 사이의 계선(界線)이 말기까지 철저히 유지되었던 점, 무엇
보다 지방인으로서 중앙이나 지방의 관직에 임명된 단 하나의 사례도 보이지
않는다는 점에서 설득력을 얻기 어렵다. 다른 방향의 가설을 모색하는 것이
나을 듯하다.

　지방인이 중앙에서 파견되는 지방관을 보좌하는 리(吏)의 위상에 그치지
않고 관인(官人)으로 행세하고 싶어 한 흔적으로 볼 만한 사료가 있다.

　　　　貞元十五年己卯四月日仁□
　　　　□佛願大伯士元烏法師 (伯士는 한 글자로 붙여씀)
　　　　畓徒官人長珍大舍　 (홍성「龍鳳寺磨崖佛造像記」)

　799년(소성왕 1)에 이 마애불 조성을 주도한 장진(長珍)이란 인물은 대사의 관등을 지녔을 뿐, 중앙 정부에서 임명하는 촌주 등의 직함을 띠고 있지 않다. 그럼에도 불구하고 '관인(官人)'을 칭한 사실이 주목된다. 8세기 말 지방사회의 유력자가 현지의 영향력을 바탕으로 하급 관등을 받아 지니면서, 골품제가 엄존하는 상황에서나마 통치계층으로서 관(官)·관인(官人)을 자처하며 그렇게 불리기를 바랐던 것이 아닌가 한다. 이는 고려 초기 금석문에서 지방인들이 스스로 '주관(州官)·현관('縣官)'을 칭한 것[7]과 맥락이 닿는다.

적당한 수준의 식자층(識者層)이며 경제력도 갖추어 현지에서 상당한 영향력을 발휘하는 인물이라면 촌주 등의 직함이 없이도 관등이 주어졌을 것이다. 이들은 스스로가 통치계층이라는 생각을 가졌음직하다. 그러나 지방사회에서 차지하는 위상과 달리, 중앙정부 차원에서 대우받는 정치적 지위에 한계를 느끼게 되면 불만을 품게 되는 것은 자연스럽다.

지방민의 불만이라는 관점에서 보면 가장 큰 사건이 822년(헌덕왕 14) 김헌창의 난이었다.

> 3월에 아버지 김주원이 왕이 되지 못한 탓을 대며 웅천주 도독 김헌창이 반란을 일으켜 국호를 長安이라 하고 연호를 慶雲 원년이라 했다. 무진주, 완산주, 청주, 사벌 4개 도독과 국원경, 서원경, 금관경의 仕臣 및 여러 군현의 수령을 윽박질러 자기 편으로 삼았다. 청주 도독 向榮은 몸을 빼어 추화군으로 도망갔다. 한산주, 우두주, 삽량주, 패강진, 북원경 등은 김헌창의 역모를 미리 알고 군사를 일으켜 스스로 지켰다. 18일에 완산주 長史 崔雄과 州助 아찬 正連의 아들 令忠 등이 왕경으로 도망와 반란을 보고하였다. … (『삼국사기』 신라본기 헌덕왕 14년)

김헌창의 반란은 갑자기 결정된 것이 아닐 것이며, 짧지 않은 준비기간이

---

7) 하일식, 1999 「고려 초기 지방사회의 주관과 관반」 『역사와 현실』 34 참조.

있었을 것이다. 여러 지역에 사람을 보내 뜻을 알리고 반응을 떠보았을 것임도 당연하다. 많은 지방이 호응한 반면, 일부 지방은 호응하지 않고 "군사를 일으켜 스스로 지켰다(擧兵自守)"고 하였다. 이 반란에 관한 여러 정치적 해석은 제쳐두고, 특히 주목되는 것은 후반부의 내용이다.

완산주 장사(長史)나 주조(州助)의 아들이 왕경으로 도망쳐 나온 것은, 도독이 김헌창에 호응하는 상황에서 자신만 홀로 반대할 수가 없었기 때문일 것이다. 그런데 청주(진주) 도독 향영이 임지를 빠져나와 추화군(밀양)으로 도망친 점은 짚어볼 필요가 있다. 도독은 주(州)의 군사와 행정을 아우르는 최고 책임자이다. 그런데도 한산주나 우두주처럼 거병자수(擧兵自守)하지 못한 것은, 그를 제외한 나머지 관리들이 김헌창에 동조하는 분위기가 강했기 때문이라 판단된다.

그런데 김헌창에 동조하는 청주의 분위기가 주조나 장사 등 중앙에서 파견된 일부 관리들에만 국한되어 있었다면 도독이 도망칠 필요가 있었을까? 현지 유력자들의 다수가 강하게 호응하면서, 머뭇거리는 도독에게 위협을 가할 정도였기 때문이 아니었을까 한다. 이렇게 많은 지역이 호응한 배경에는 지방관뿐만 아니라 현지 지방민의 광범위한 공감대가 있었으리라 추정하는 것이 자연스럽다.[8]

김헌창 난의 성격에 대해서는 여러 해석이 가능하다. 그러나 지방에서 일어난 대규모 반란이란 점, 국호를 장안(長安)이라 하고 독자 연호 경운(慶雲)을 표방한 점 등은 그동안의 여느 반란과 성격이 달랐다. 그래서 김헌창이 '새로운 왕조'를 내세우면서 기존 골품제의 틀을 벗어나거나, 지방인의 지위 향상

---

[8] 이런 시각으로 지방인의 동향을 해석한 대표 연구로 신성재, 2003 「9세기 전반의 新羅 政治社會와 張保皐勢力」『學林』 24, 연세대 사학연구회 ; 朱甫暾, 2008 「新羅 下代 金憲昌의 亂과 그 性格」『韓國古代史研究』 51(2020 『신라 왕경의 이해』, 주류성 재수록) ; 하일식, 2010 「신라 말, 고려 초의 지방사회와 지방세력」『한국중세사연구』 29 참조.

이라는 약속을 내밀었을 가능성을 상상하게 된다. 지방인은 자신의 사회 경제적 지위에 걸맞는 정치적·신분적 대우를 바라고 있었을 것이기 때문이다.

김헌창의 반란은 단시간에 진압되었지만, 이를 계기로 중앙 정부의 지방 통제력은 현저히 약화되었다. 서해안에 해적이 횡행하면서 신라인을 붙잡아 당나라에 노비로 파는 일이 빈번했다. 그러나 중앙정부는 이를 단속할 능력이 부족했고, 당 조정에 신라인 매매를 금지해줄 것을 요청하는 정도였다.

이 무렵에 등장한 인물이 장보고였다. 그는 해상무역으로 부를 쌓으며 실력을 갖춘 뒤에 해적 단속을 건의했고, 흥덕왕은 828년(흥덕왕 3)에 그를 청해진대사로 임명하였다. 대사(大使)라는 직함은 신라의 정식 관제에 없는 것이었다. 그렇더라도 장보고의 대사 임명은 중앙 정부의 통제력이 한계에 도달했고 지방 유력자의 실력을 현실로 인정할 수밖에 없는 상황이었음을 드러낸다.

이후 해적의 활동은 잦아들었고, 장보고의 위상은 더욱 높아졌다. 진골 귀족은 그를 왕위 쟁탈전에 끌어들였다. 장보고의 군사력을 빌어 왕위를 차지한 신무왕은 감의군사(感義軍使) 칭호를 내리며 식읍 2천호를 주었다.[9] 그리고 839년(문성왕 1) 문성왕은 즉위하자마자 장보고를 진해장군(鎭海將軍)에 임명하고 '장복(章服)'을 하사하였다.[10]

신라의 장군은 진골 신분이 독점하던 직책이었다. 장보고를 진해장군에 임명한 것은 이런 골품제의 규제를 벗어난 조치였다. 장복의 하사는 단순히 상징적 호칭의 부여를 넘어서서 장군의 직위에 맞는 복식(服飾)까지 함께 내렸음을 뜻한다. 834년(흥덕왕 9)에 골품에 입각한 여러 금제(禁制) 규정이 재강조되고 있었음[11]을 상기한다면, 불과 몇 년만에 골품제의 규제를 훌쩍 벗

---

9) 『삼국사기』 권10, 신라본기 신무왕 1년.
10) 『삼국사기』 권11, 신라본기 문성왕 1년.
11) 『삼국사기』 권33, 잡지 色服.

어나는 파격 조치가 이루어졌던 것이다.

이렇게 장보고의 등장은 골품제에 균열이 생길 수 있고, 실제 생기기 시작했음을 알리는 것이었다. 그러나 장보고는 딸을 문성왕의 차비(次妃)로 들이려다가 진골 귀족들의 반대에 부딪혀 실패했고, 자객의 손에 죽임을 당하면서 청해진도 곧 철폐되었다. 이는 골품제가 균열을 보이기 시작했으나 아직은 완전히 무너질 정도가 아니었다는 두 측면을 동시에 말해준다.

앞서 "관료제 운영에서 왕경인과 지방인의 신진대사가 원천적으로 불가능한 상태로 집권체제가 어떻게 장기간 유지될 수 있었을까" 하는 의문에 하나의 가설을 언급하였다. 그리고 사료에 없지만 지방인의 관직 진출이 제한적이나마 허용되었을 가능성을 부정적으로 판단했다.

그래서 다른 측면의 가설을 하나 생각해볼까 한다. 즉 통일 이후 안정을 누리면서 군사적 긴장도 조금씩 완화되었을 것이고, 그런 과정에서 중앙에서 파견되는 지방관의 역할은 형식적 차원으로 서서히 변화하지 않았을까? 반면에 지방 현지에서 경제력과 영향력을 갖춘 유력자들이 지방통치에서 발휘하는 실질적 역할은 점점 비중을 높여가지 않았을까 하는 것이다.

앞서 언급한 홍성 「용봉사마애불조성기」(799)의 '관인(官人)'이란 표현이 이 가설을 뒷받침할 여지가 있다. 또 9세기 중반의 「규흥사종명」(856)은 변화하는 지방인의 위상을 더 잘 보여준다. 이 종명은 전반부에서 종을 만들게 된 내력을 새기고, 후반부에는 관련 인명을 새겼다. 인명 부분만 소개하면 아래와 같다.

(전략)
節縣令含梁萱榮
　　時都乃　　聖安法師
上村主三重沙干堯王
第二村主沙干龍口

第三村主乃干貴珎

大匠大奈末□猷溫裒 (「窺興寺鐘銘」, 문성왕 18, 856)

스에마쓰(末松保和)가 소개한 종명[12]에서 현령(縣令) 뒤의 含梁은 舍梁을 잘못 읽은 것으로 판단된다.[13] 舍梁은 「영천청제비 정원명」(798)의 須梁과 마찬가지로 사량부에 해당한다. 또 乃干도 及干의 잘못일 것이다. 여기서 주목할 점은 하나의 현(縣) 내에서 촌주 직함을 가진 자가 상촌주, 제이촌주, 제삼촌주 등으로 분화되어 서열화되어 있다는 사실이다. 더구나 상촌주의 관등은 '삼중사간'으로 되어 있다. 문헌에 전혀 보이지 않는 사찬중위인 것이다.

여기에 보이는 지방인이 지닌 사찬중위, 그리고 분화된 촌주직은 스스로 칭한 것일 수가 없다. 제일 앞에 현령이 열거되어 있는 만큼, 지방인이 중앙정부 몰래 또는 무관하게 사찬중위를 자칭하고 명기한 상황이라 생각하기 어렵기 때문이다. 따라서 사찬중위는 중앙에서 인정한 것이고, 촌주직의 분화도 중앙 정부에서 승인한 결과로 보아야 한다. 기준이 무엇이었는지 알 수는 없지만, 일길찬(7등)을 줄 수 없는 인물의 관등을 사찬(8등)보다 높여주기 위해 만든 것이 사찬중위일 것이다. 더구나 856년에 삼중사간이 존재한다면, 그 이전에 이미 지방인에게 중사간이 주어지고 있었던 셈이다.

이보다 늦은 시기이기는 하지만, 예천의 「경청선원자적선사비」(941, 태조 24) 음기에도 주관(州官)·현관(縣官)에 각기 上沙湌, 第二, 第三으로 인명을 열기한 부분이 있다.[14] 이는 고려조에 들어와서 갑자기 칭한 것이 아니라 신라 말 이래의 관행을 그대로 유지한 것으로 판단된다.

---

12) 末松保和, 1995 「窺興寺鐘銘」 『(末松保和朝鮮史著作集1)新羅の政治と社會 下』, 吉川弘文館, p.145(元載, 1933 『青丘學叢』 11)

13) 하일식, 2010 앞의 논문, p.63.

14) 하일식, 1999 앞의 논문 참조.

9세기 들면서 지방 통치에서 현지 유력자가 수행하는 실질적 역할이 비중을 점점 높여간 것으로 생각된다. 그리하여 중앙정부가 무너지는 9세기 말이 되면 지방인 스스로가 현지에서 꾸린 지배조직이 가동되고 그에 맞는 직명과 서열 명칭이 사용되었다. 이런 과정에서 지방관의 역할은 상징적 수준으로 형식화되어 갔을 것이다. 중앙 정부로서는 그나마 남은 통제력을 유지하기 위해서, 또 중앙정부로부터 이탈을 막기 위해서라도 이런 분위기를 인정할 수밖에 없는 상황이 조성되고 있었으리라 짐작된다.

현존 사료에서 구체적으로 확인할 수 있는 정도는 아니지만, 김헌창의 반란에 광범위한 지방의 호응이 있었다든가, 장보고가 등장할 수 있는 밑바탕에는 이런 과정이 있었을 것이다. 그랬기 때문에 889년(진성왕 3)을 계기로 전국에 초적(草賊)이 등장하여 무차별적 약탈을 감행할 때, 자위(自衛)조직을 꾸려 성을 쌓고 자보자수(自保自守)하는 세력들이 대두할 수 있었다[15]고 생각된다.

그림 3. 진공대사비 음기

---

15) 초적에 대비한 자위조직에 관해서는 채웅석, 1986「高麗前期 社會構造와 本貫制」『高麗史의 諸問題』(邊太燮 編, 1986) [개고 재수록, 2000『高麗時代의 國家와 地方社會』, 서울대학교 출판부] ; 하일식, 1997 해인사전권과 묘길상탑기 『역사와 현실』 24 참고.

지방세력들은 오랜 기간 현지를 실질적으로 관리해온 경험이 있었다. 그렇기 때문에 신라 정부가 무기력한 상태가 되자 신속히 자치조직을 꾸렸다. 그 조직은 신라의 중앙 직제를 모방하면서도 지역별로 조금씩 차이가 있었다. 청주 「용두사철당기」(962, 광종 13)에는 侍郞·兵部卿·學院卿·學院郎中·倉部卿, 그리고 충주 「법경대사비」(943, 태조 26) 음기에는 兵部卿이 보인다. 모두 신라 말 이래로 중앙 정부의 직제를 모방한 직명들이 고려 초기까지 이어진 것들이다.

다만, 어느 지역에서도 신라 중앙 관청의 장관인 령(令)의 직명을 사용한 경우는 찾기 어렵다. 지역 단위의 자치조직으로는 스스로 '독립된 국가나 정부'라고 생각하며 그런 수준의 직명을 쓸 수는 없었기 때문이다.

지역별 차이가 있겠지만 호족의 시대에 지방사회에는 '대등'이라는 직명이 곧잘 사용되었고, 때로는 상대등이라는 직명도 쓰였다. 원주 「흥법사진공대사비」(940, 태조 23) 음기에서 '주관(州官)'을 열거한 속에 관등(?)처럼 쓰인 大舍과 직명처럼 사용된 上大舍이 보인다.[16] 이런 직명들이 신라의 진골 귀족이 독점한 직책이었음을 감안하면, 나말려초 지방인이 사용한 신라 중앙 관명(官名)에는 지방인의 관직에 대한 오랜 욕구가 반영되어 있으리라 생각된다.

4. 후삼국 전란기의 창녕 주변 지역

889년(진성왕 3) 이후, 전국에 걸쳐 초적이 횡행하고 중앙 정부가 무력화되자 각지의 유력자들이 성을 쌓고 주민을 군사력으로 조직하였다. 경제력을 바탕으로 평소 그 지역에서 영향력을 갖고 있던 사람들이 주도적 역할을 했

---

16) 하일식, 1999 앞의 논문에서 이 호칭들이 처음 확인되었다.

다. 초적의 무차별적 습격으로부터 삶의 터전을 지키려는 주민들도 호응했을 것이다. 이렇게 지역별 자위조직이 속속 등장하였고, 그를 주도하는 세력은 규모에 따라 스스로 성주, 장군이라 칭하였다. 두 가지 사례를 살펴보자.

> 李恩言은 사서에 世系가 전하지 않는다. 신라 말 碧珍郡(성주)을 지킬 때에 도적떼가 가득했으나 이총언이 성을 단단히 하고 굳게 지켜 백성들이 편안하게 의지하였다. (『고려사』권92, 왕순식전 附 李恩言)
> 天祐 5년(907) 무진년 겨울 10월에 護國義營都將 重關粲 異才가 南嶺에 팔각등루를 세웠다. 국가에 경사를 보태고 병란을 물리치기 위해서였다. … 중알찬은 훌륭한 大夫이다. 기회를 타서 뜻을 떨쳐 일찍이 風雲 속에서 뛰어났다. … 이미 나쁜 무리들을 없앴으니 이에 반드시 향리로 다시 돌아가야 했다. 사는 곳은 다 감화될 것이니 어디로 간들 좋지 아니하리오. 드디어 곧 높은 언덕을 택하여 義堡를 쌓았다. (최치원, 「新羅壽昌郡護國城八角燈樓記」)

이총언은 신라 말 호족의 대표적 인물로 곧잘 거론되는 사례이다. 성주 지역에서 자립하여 성을 쌓고 독립하였다가, 태조의 회유를 받아 귀부한 경우이다. 그는 태조로부터 '본읍장군(本邑將軍)' 칭호를 받아 군량미를 쌓아놓고 대비하면서, 고려와 후백제가 경북 지역을 놓고 다툴 때 고려를 후원하였다.

최치원의 글에 나오는 이재(異才)가 원래 왕경인이었는지 지방인이었는지 판단하기가 어렵다. 그러나 지금의 대구에 자리잡고 성을 쌓은 뒤에 독자세력으로 활동하였다. 그는 해인사에 은거하던 최치원에게 팔각등루를 완공한 축하글을 부탁하고, 최치원이 이에 응하여 상찬(賞讚)하는 글을 지어 주었다. 이로 보아 독립 호족이기는 했지만 친신라적 성향을 지녔으리라 생각된다.

이렇게 신라 말에 호족이 등장하고 후삼국시대로 나아가는 과정은 몇 단계로 나누어 볼 수 있다. 889년 전국적 혼란이 시작되면서, 곳곳에서 굶주린

농민들이 초적이 되어 지역의 부호나 사원까지 무차별로 습격·약탈하였다. 과거에는 상상할 수 없는 양상이었다. 이러한 혼란은 최치원의 「해인사 묘길상탑기」에 사실적으로 묘사되어 있다.[17]

그런데 나말여초 선종 승려들의 여러 비문을 종합하여 판단하면, 이런 양상은 890년대 중반 무렵이면 잦아들었다. 각지에서 '자보자수(自保自守)'하는 세력이 중심이 되어 자위조직을 꾸려 초적에 무력으로 대응했다. 그런데 견훤이나 궁예 같은 무장(武將)세력이 지역별 무장조직을 아우르면서 혼란의 양상이 이전과 달라지기 시작했다. 이들은 초적 조직까지 흡수하며 세력을 불리면서 더 큰 정치적 위상을 추구하였다.

이들 무장세력은 출신지의 지역기반이 아니라 군사 지휘능력을 발휘하며 성장했다. 그리고 지역 단위로 생겨난 자치조직을 이끄는 유력자들을 휘하에 거느리면서 광역의 지배자가 되어 군왕(君王)의 지위를 바라보았다. 그러기 위해 사원을 보호하거나 후원하였고, 자신이 아우른 지역의 호족들을 군사력으로 보호하면서 상급 지배자로서의 면모를 갖추어갔다. 대표적 인물이 견훤과 궁예였는데, 이들은 각기 왕을 칭하고 관료조직을 정비하기 시작했다. 후삼국이 분립하는 상황은 이런 과정이었다.[18]

초적이 횡행할 때 각지에서 자보자수(自保自守)한 세력은 누구였을까. 중앙 정부에서 파견한 지방관이 호족으로 변신한 사례는 거의 확인되지 않는다. 호족의 대부분은 지방인이었다. 아마 토착세력으로서 상당한 학식과 경제력을 갖추고 이전부터 현지에서 큰 영향력을 행사하던 가문의 대표자였을 것이다.

왕건의 경우를 보자. 그의 가문은 농업보다는 대대로 중국과 무역에 종사하면서 세력을 얻은 것으로 추정된다. 4대조 강충(康忠)은 부소군(扶蘇郡)에

---

17) 하일식, 1997 앞의 논문 참조.
18) 하일식, 1997 앞의 논문 참조.

살면서 풍수에 밝은 감간(監干) 팔원(八元)의 조언을 듣고 송악에 소나무를 심은 뒤 고을 이름을 송악군으로 고치고 군(郡)의 상사찬(上沙粲)이 되었다.[19] 그리고 그 후손으로 왕건의 아버지인 왕융(王隆)에 이르기까지 개성 지역에서 큰 경제력과 명망을 이어가고 있었다.

왕건의 조상에 관한 이야기는 여러 가지 복잡한 현실 상황을 사후에 설화처럼 줄여서 정리한 내용이지만, 신라 말 지방사회와 지방세력과 관련된 사정을 유추할 좋은 사례이다. 왕이 된 이후의 언행을 보더라도, 왕건은 어릴 때부터 높은 수준의 교육을 받았다고 생각된다. 이는 상당한 수준의 경제력이 뒷받침되어야 가능할 것이다. 또 현지에서 활동하면서 큰 영향력을 행사할 수 있어야만 고을 이름을 바꾸고 상사찬을 칭할 수 있었을 것이다.[20] 따라서 신라 말에 등장한 호족은 이런 조건을 대략 갖춘 경우라고 할 수 있다.

그러면 신라 말 고려 초에 창녕 지역에서 이런 조건을 갖춘 사람, 가문을 상정할 수 있을까?

직접 자료는 전무하다. 그러나 간접으로 여러 정황을 상상할 수 있는 자료가 없지는 않다. 신라 말 창녕과 관련한 문헌자료는 없지만, 몇 가지 유적과 금석문 자료가 상상의 근거를 제공한다. 특히 현재까지 창녕에 남아 있는 불교 관련 유적은 여러 가지 사정을 알려주는 자료가 될 수 있다. 여러 사찰과 불상들을 조성하는 데는 재력 있는 시주자의 역할이 있어야 하기 때문이다.

먼저 창녕에서 멀리 떨어진 지역이기는 하지만 철원에서 참고할 만한 사례를 살펴보자. 865년(경문왕 5)에 철원 도피안사에서 비로자나철불이 조성되었다. 불상의 등에 조성기가 양각되어 있는데 내용의 일부를 인용하면 다음과 같다.

---

19) 『고려사』高麗世系.
20) 왕건의 4대조 강충이 송악군 상사찬이 되었다는 것이, 신라 중앙 정부로부터 그런 관등을 받은 것인지 현지에서 자칭하며 통용된 것인지를 분명히 판단하기는 어렵다.

1 香徒佛銘文幷序

　　(중략)

6 唐天子咸通六年乙酉正月日新羅國漢州北界

7 鐵員郡到彼岸寺成佛之伯士□龍岳堅淸于時□

8 覚居士結緣一千五百餘人堅金石志勤不覺勞困

먼저 7행의 일부 글자를 교정할 필요가
있겠다. 기존에는 11번째 글자를 흔히 時
또는 侍로 판독하였다. 그러나 이 글자는
伯이다. 앞서 본 홍성 「용봉사 마애불 조성
기」에 보이는 伯士와 마찬가지로 기술자를
뜻하는 직명인 것이다.

조성기 제1행에 '香徒佛銘文幷序'라고
명명한 것은 이 불상이 지방사회의 신앙결
사인 향도가 조성한 것임을 앞세운 것이다.
그리고 마지막 행은 "1천 5백여 명이 결연

그림 4. 도피안사 비로자나불

그림 5. 비로자나불 조성기 伯士 부분(탁본과 실물)

(結緣)하여 고단할 줄 몰랐다"는 문장으로 끝난다. 그런데 바로 그 앞에 이 결연을 주도한 인물로 '□覓居士'가 명기되어 있다. 비록 신앙결사를 주도한 사례이기는 하지만, 그는 평소 이 지역에서 널리 명망을 얻고 여론을 주도할 만한 위상을 가지고 있었을 것이다.

이런 인물들이 신라 말에 초적이 봉기하고 호족이 등장할 무렵이면 자위조직을 꾸리는데 앞장서서 직접 호족으로 성장하거나, 아니면 군사 지휘능력이 뛰어난 인물을 후원하면서 지방사회에서 영향력을 이어갔을 수도 있다. 그래서 창녕 지역의 불교 유적을 살펴보면서 현지 세력의 동향을 간접으로 유추할 근거로 활용할 여지를 모색하려는 것이다.

이제 다시 창녕 지역을 중심으로 이야기해보자. 중앙 정부의 입장에서 창녕이 중요한 정치·군사적 비중을 차지한 기간은 6세기 중반 무렵까지였다. 다만 이후에 이 지역이 문화적으로 쇠락한 경우는 아니었다. 창녕 일대는 농사짓기에 무난한 자연환경이다. 따라서 이전처럼 비중있는 전략 거점은 아니었지만, 통일 이후에도 사회·문화적 수준은 비교적 높았으리라 생각된다. 이를 뒷받침하는 것이 현재 창녕 지역에 남은 불교 유적이다.

창녕에서 고려 이전의 불교 유적은 여러 곳이 있다. 창녕읍내에는 술정리 동삼층석탑과 서삼층석탑이 있다. 명칭을 동서로 붙였고 각각 국보와 보물로 지정되어 있긴 하지만 거리상 별개 사찰의 석탑이다. 탑의 크기로 보아 신라

그림 6. 술정리 동 · 서 삼층석탑

통일기에 꽤 규모 있는 사찰이 각기 운영되었을 것으로 추정된다.

창녕읍내 만옥정공원에는 원래 자리를 떠나 옮겨진 토천리 삼층석탑이 있다. 또 창녕여중고의 기숙사로 쓰이다가 지금은 병설유치원이 된 곳에는 신라말 또는 고려시대의 것으로 추정되는 폐탑재를 복원(?)한 것이 있고, 송현동에는 신라통일기의 마애불이 있다. 창녕읍내 직교리에 당간지주가 남아 있으나 고려 이전의 사찰 흔적으로 보기는 어렵고, 조선후기에 풍수설을 따라 행주형(行舟形) 지세를 누르기 위해 변형시킨 것이 아닐까 한다.

창녕읍내에서 관룡사로 접어드는 초입인 계성면 사리에는 신라 통일기의 것이 분명한 '사리석불광배'와 석불대좌 상대석이 온전히 남아 있다. 사찰 규모가 크지는 않았으리라 생각되지만, 조각 상태로 보아 상당히 정성들인 불상이었으리라 짐작된다.

그림 7. 사리 석불광배와 대좌 상대석

그리고 영산면 법화암에는 청석탑의 일부가 남아 있다. 이런 다층석탑은 나말려초에 주로 만들어졌는데 이 글에서 비중있게 다룰 정도는 아니다. 그 밖의 유적으로 관룡사 입구에 있는 옥천사터가 있다. 고려말 신돈의 어머니가 이 곳의 사비(寺婢)였다고 하며,[21] 큰 규모의 석축 위의 절터에는 폐탑재와 석등재 등이 남아 있다. 그러나 이 절이 신라 통일기부터 존재했는지는 불확

---

21) 『신증동국여지승람』 권27, 창녕현 고적조.

실하다.[22]

창녕의 불교 유적 가운데 대표적으로 꼽을 만한 것은 두 가지이다. 하나는 창녕읍 중심부에서 좀 떨어진 곳에 있는 관룡사이다. 그 약사전에는 대력(大曆) 7년(772, 혜공왕 8)의 연도가 분명한[23] 석불이 있다. 그리고 절에서 서쪽으로 조금 떨어진 용선대에 상당히 큰 석불이 대좌 위에 앉아 있다. 수년 전에 이 불상의 중대석에서 '開元十□'의 명문이 발견된 적이 있다.

개원 10년이면 722년(성덕왕 21)이니 8세기 전반기에 해당하지만 석불의 양식이 해당 시대의 것인지 미술사 연구자들 사이에 논란이 되고 있다. 약사전 석불도 마찬가지이다. 그러나 설사 후대에 불상을 다시 만들어서 앉혔다

그림 8. 용선대 석불대좌 명문

그림 9. 약사전 석불대좌 명문

22) 『성종실록』 성종 8년 9월 임진(28일) 기사에는 창녕현 옥천사 중수가 불가하다는 최숙정의 언급 속에 "신돈이 창건하여 살던 곳"이라는 내용이 있다. 신돈이 창건했다는 것은 와전되었을 것으로 추정되지만, 조선후기에는 이미 폐사되었음을 확인할 수 있다.

23) 河日植, 1997 「昌寧 觀龍寺의 石佛臺座銘과 『觀龍寺事蹟記』」 『韓國古代史研究』 12 참조.

고 해도, 대좌가 제작된 시점은 명문 그대로를 인정하는 것이 자연스럽고 합리적이다.[24]

이런 소소한 문제들을 일단 제외하고서라도, 관룡사의 두 석불 명문은 8세기와 9세기에 지금의 관룡사 부근에 번듯한 사찰이 운영되고 있었음을 알려주는 것이 분명하다. 그리고 불상과 대좌의 조각 수법으로 보아 창녕 지역의 불교문화가 높은 수준을 유지하고 있었음도 알 수 있다. 이는 지역사회의 문화수준, 경제력 등을 바탕으로 한다.

창녕의 대표적 불교 유적 중에 다른 하나가 창녕읍내에 있는 「인양사비상(仁陽寺碑像)」이다. 이곳은 '인양사'라는 사찰이 있던 자리이다.[25] 비상의 앞면에는 승려의 모습을 새겼고, 뒷면에는 7세기 후반에서 810년(헌덕왕 2)까지 이루어진 어떤 승려의 활동을 열거하였다. 양 측면에는 일종의 송(頌)에 해당하는 문구를 새겼다.

현재는 이 비상 하나만 보호각 속에 서 있지만, 일제강점기에는 파손이 심한 작은 석불도 앞에 놓여 있었다.[26] 그리고 신라 통일기에서 고려시대에 걸친 기와도 여럿 수습되었고, 이곳 주위에서 1931년에 금동기(金銅器)가 출

---

24) 약사전 석불의 대좌 상대석은 후대의 것이 분명하다. 나는 파손된 대좌 상대석만 교체했을 가능성을 높게 본다. 그러나 설사 불상까지 뒤에 다시 만들었다고 쳐도, 전형적 통일신라 형식인 대좌의 중대석 명문은 772년에 새겨진 것이라 판단하는 것이 온당하다.

또 용선대 석불이 원위치에서 옮겨졌음은 분명하다(강순형, 「강순형의 사찰문화재 답사-관룡사 용선대 돌부처 얼굴」『법보신문』 2009. 8. 25 ; 「강순형 "용선대석불은 다른 데서 온 것"」『미디어붓다』 2009. 8. 25). 다만 수십km 밖에서 옮길 수는 없고, 용선대 바위 위에서 약간의 위치 변동이 있었을 가능성이 크다.

25) 2015년에 '仁陽寺瓦草' 명문기와가 발견되어 절 이름이 확인되었다. 보물로 지정된 명칭은 '창녕 인양사 조성비'이지만, 잘못 명명된 것이다. 이 810년에 조성된 이 碑像의 내용을 보면, 이미 존재하던 인양사의 종과 건물을 더하고 탑을 수리한 사실 등을 기록했기 때문이다.

26) 『大正六年度古蹟調査報告書』, p.406.

그림 10. 인양사 비상

그림 11. 앞면의 승상

토된 적도 있었다.[27] 모두 인양사의 흔적일 것이다.

　비문에서 "인양사탑의 제4층을 수리하였다"는 구절이 있으므로, 이곳에는 목탑이 있었을 것으로 추정된다. 현재 절터에 석탑이 남아 있지 않은 이유도 이 때문이다. 상당한 규모를 갖춘 사찰이었으리라 추정되지만 다른 석재 등의 흔적을 거의 찾을 수 없다. 건물의 기단에 사용된 석재들은 후대에 다른 곳으로 흩어져 재사용되었기 때문으로 추정된다.[28]

　목탑을 갖춘 상당히 규모가 큰 인양사에 주석하던 승려가 비상(碑像)에 표현된 것으로 생각되는데, 그의 이름은 '순표사(順表師)'로 판독된다. 그는 화왕군 근방의 부호(富豪) 출신으로서, 출가하여 승려가 된 뒤에도 대대로 물려받은 재력을 기반으로 많은 활동을 하였다. 그는 일정 기간 수행과정을 거쳐 약간의 활동을 하다가 장기간 현지를 떠나 있었다.

　그리고 다시 화왕군의 인양사에 정착하여 인근 사원의 여러 불사(佛事)를

---

27) 국립중앙박물관 소장 유리건판.
28) 인양사지에서 직선거리로 500m 가량 떨어진 창녕향교에서 연화문이 새겨진 대형 석재들을 찾을 수 있다. 아마 탑의 대형 기단석으로 사용되었음직한데 인양사터에서 가져다 쓴 것이 아닐까 한다.

재정적으로 지원하였다. 그는 왕경의 봉덕사(奉德寺)·영흥사(永興寺)·천엄사(天嚴寺)·보장사(寶藏寺) 등 4개 사찰에도 막대한 재정을 지원했다. 어떤 이유에서인지는 모르지만 신열(羊熱)·유천(楡川) 2역에도 곡식을 지원할 정도였다. 그는 이렇게 활발히 활동하다가 810년에 입적하였고, 그 직후에 비상이 세워진 것으로 생각된다.[29]

주인공은 인양사를 중심으로 활동하면서 주변의 여러 사찰에까지 널리 영향력을 미쳤을 것이다. 따라서 「인양사비상」의 내용은, 8세기 말에서 9세기 초에 걸쳐 창녕 지역의 불교계에 큰 영향력을 발휘하던 한 개인의 존재를 확인시켜주는 셈이다. 만약 승려가 아니라 일반 부호(富豪) 중에서 그와 유사한 존재가 있었다면, 그는 지방사회 내에서 여론을 주도하며 세속적 영향력을 발휘했을 수도 있다. 그래서 이 사례가 9세기 말에 지방세력이 역사의 전면에 등장하게 되는 과정을 시사하는 경우에 포함된다.

특히 우측면 명문에 보이는 "雪中截臂 碓下通心"라는 구절이 보인다. 이는 중국 선종 2대조 혜가(慧可)와 6대조 혜능(慧能)에 관한 일화이다. 중국에서 선종을 배워온 초기 인물인 신행선사(神行禪師)가 귀국하여 단속사에서 선을 가르치다 입적한 해가 779년(혜공왕 15)이고, 그의 비가 세워진 때가 813년(헌덕왕 5) 즉 인양사비와 거의 같은 때였다. 다른 지역에서는 아직 선종이 널리 수용되지 않던 시점이고, 저명한 선종 승려들이 본격적으로 활동하기 이전이다. 그런데도 중국 선종 조사(祖師)들의 일화가 거론될 정도로, 창녕 지방에서 중국 선종에 관한 지식정보가 빠르게 수용되고 있었던 셈이다.

불교 유적만 놓고 보면 창녕은 신라 통일기에 군(郡) 단위의 다른 고을보다 번듯한 사찰들이 많은 편이었다. 지역 자체가 경제적으로 비교적 풍요롭고 여유로운 고을이었고, 문화적으로도 수준 높은 상태였으리라 짐작된다.

---

29) 인양사비상에 관한 서술은 하일식, 1996 「昌寧 仁陽寺碑文의 研究-8세기 말~9세기 초 신라 지방사회의 단면-」『韓國史研究』95의 내용을 활용하였다.

그런데 신라 말의 기록 속에서 창녕 지역의 유력자나 호족의 존재를 찾기는 어렵다. 유적으로 보아도, 멀리 화왕산성은 호족시대에 사용되었을 가능성은 희박하다. 가까이 있는 목마산성은 삼국시대의 것이지만, 서서히 퇴락했다가 신라 말에 재정비된 흔적도 확인되지 않는다. 이 지역은 후삼국 전란의 시대에도 방어의 필요성이 절실하지 않았던 것이 아닐까? 후삼국 시대에 창녕과 그 주변이 어떤 상태였는가 짧게 살펴보자.

822년 김헌창의 난 때, 청주(진주)와 금관경(김해)는 김헌창에게 호응했으나 삽량주(양산)은 거병자수(擧兵自守)하였다. 그리고 임지를 빠져나온 청주 도독이 밀성군(밀양)으로 도망쳐왔다는 점을 기억해두자. 밀양은 '안전한 곳'이었던 것이다.

후삼국시대에 견훤이 신라를 압박하며 집요하게 공격한 곳이 대야성(합천)이었다. 901년에 공격했다가 실패했고[30] 916년에 재차 공격하였으나 성공하지 못했다.[31] 그리고 920년 다시 공격하여 함락시켰고, 이때 후백제군이 진례성(김해 부근)까지 진군하자 경명왕은 고려에 구원을 요청하였다.[32]

많지 않은 기록들 중에 창녕에서 가장 가까운 곳인 초계(草溪)가 보이는데, 강주(진주)를 둘러싸고 고려와 후백제가 공방전을 벌일 때이다. 강주는 일찍이 920년에 태조에게 귀부했으나, 이후 이 지역을 놓고 고려가 후백제와 몇 차례 공방을 벌였다. 그 중 928년 기록이 초계와 관련된다.

> 元尹 金相과 正朝 直良 등이 강주를 구원하러 가는 길에 草八城을 지나다가 성주 興宗에게 패하고 김상은 전사하였다. (『고려사』 권1, 세가1 태조 11년)

---

30) 『삼국사기』 권12, 신라본기 효공왕 5년.

31) 『삼국사기』 권12, 신라본기 신덕왕 5년.

32) 『삼국사기』 신라본기 경명왕 4년.

초팔성(초계)은 창녕의 서쪽 끝인 적포에서 낙동강을 건너면 바로 닿는 곳이다. 강주로 향하던 고려의 구원군이 초계를 지날 때 그곳 호족의 공격을 받고 장수가 전사했다는 것이다. 920년에 대야성이 함락된 뒤에 초팔성까지 후백제의 영향권에 들어가 있었다. 초계 지역에서 독립한 호족이 견훤에게 귀부하여 그에 협력하고 있었다고 하는 것이 정확할 것이다.

고려와 후백제의 공방전은 후백제가 우세한 가운데 진행되다가 전세가 결정적으로 역전된 계기가 930년의 고창전투였다. 고창(안동) 부근에서 대패한 후백제군은 전사자만 8,000명에 달했다. 이렇게 대세가 기울어지자 경상도 일대의 호족들이 고려로 쏠리는 현상이 가속화했다. 고창전투 직후의 상황은 다음과 같다.

> 이즈음 永安·河谷·直明·松生 등 30여 군현이 서로 차례로 내항하였다. (『고려사』 권1, 세가1 태조 13년 1월)
> 신라에 사신을 보내 고창의 승첩을 알렸다. 신라왕도 사신을 보내 답례하고 서한을 보내 서로 만날 것을 청하였다. 이즈음 신라 동쪽 바닷가 주군의 부락이 모두 내항했는데 溟州부터 興禮府까지 모두 110여 성이었다. (『고려사』 권1, 세가1 태조 13년 2월)

고창전투 승리가 알려지자 곧 명주(강릉)에서 흥례부(울산)까지 110여 성이 태조에게 내항하였고, 그 직후에 태조가 일어진(昵於鎭)에 행차했을 때 경주 바로 북쪽 흥해 지역의 남북 미질부성의 성주도 내항하였다.[33] 몇 달 뒤인 8월에는 소식을 듣고 울릉도에서 백길(白吉)과 토두(土豆)를 보내 토산물을 바칠 정도로[34] 대세가 기울었다.

---

33) 『고려사』 세가 권1, 태조 13년(930) 2월.
34) 『고려사』 세가 권1, 태조 13년(930) 8월.

이렇게 하여 고려는 신라의 항복을 받고, 곧이어 후백제를 멸망시킴으로써 후삼국시대는 끝났다. 그러나 이런 일련의 과정에서 창녕이나 그 부근 지역의 정황을 알 수 있는 기록은 앞서 언급한 초계 지역을 제외하면 전혀 찾을 수 없다.

5. 나머지 문제

신라 말, 고려 초의 창녕 지역과 그 주변이 어떤 상황에 놓여 있었나 하는 점을 살펴보았다. 신라의 화왕군은 오늘날의 창녕읍 정도에 국한되므로, 계성면과 영산면을 포함하는 '현재의 창녕'으로 대상 범위를 넓혀 검토하였다. 직접 자료가 없는 상태의 고육책이지만, 창녕 지역의 불교 유적을 신라 말의 일반적 사회상 속에서 상상해보고, 또 직접 사료가 있는 다른 지역의 사례와 비교도 했다.

지금까지 살펴본 내용을 정리하는 한편, 조금 더 나아간 유추를 시도하면서 마무리하고자 한다.

창녕의 지정학적 위상이 가장 높았던 때는 6세기 중반 무렵까지였다. 낙동강을 건넌 서북쪽으로 대가야가 있고 서남쪽에 아라가야가 있었다. 또 서쪽으로 낙동강을 건너면 곧바로 옥전고분군이 있는 합천 쌍책면이나 초계면으로 나아갈 수 있었다. 이렇게 창녕은 신라가 낙동강 서쪽으로 진출하는 거점으로서 전략적 위상이 있었다.

그러나 6세기 후반 이후, 특히 백제와 교전이 치열해지던 시기가 되면 창녕은 공방전이 벌어지는 곳에서 비껴난 지역이 되었다. 백제와 공방전은 대야성(합천)이나 아막성(남원) 등으로 옮겨갔다.

이런 양상은 후삼국시대에 들어서도 비슷하였다. 견훤은 강주(진주)를 집요하게 공략하면서 고려와 충돌하였고, 대야성을 수차례 공격한 끝에 함락시키기도 했다. 그 과정에서 낙동강 바로 서쪽의 초팔성(초계)의 호족이 강주를 지원하려 내려온 고려군을 공격한 기록이 나온다. 그러나 가까운 곳에 있던 창녕은 기록에 잘 나오지 않는다. 후삼국 공방전의 대상이 되지 않았음은 물론, 경로에서도 비껴나 있었던 탓이다.

신라 말기에 지방세력이 성장하여 현지에서 영향력을 높이고, 중앙 정부가 무기력함을 드러내자 자립하는 일반적 과정도 살펴보았다. 골품제의 모순 하에서 지방인이 관인(官人)이 되고자 한 욕구가 있었다고 생각했고, 중앙 정부도 이들의 위상을 실질적으로 인정할 수밖에 없었던 상황 등을 거론했다.

중앙정부로부터 정치 사회적으로 합당한 대우를 받지 못했지만 지방사회에는 꾸준히 성장한 유력자들이 있었다. 지방사회에서 경제력과 학식을 갖추고 영향력을 유지하던 세력이었다. 이들이 889년 이후 초적(草賊)의 무차별적 약탈을 맡아 자기 지역의 주민으로 자위조직을 결성하고, 더러 호족으로 성장하면서 후삼국시대로 나아갔다.

창녕 지역에서 이런 호족의 존재는 확인되지 않는다. 다만 상당한 경제력을 갖고 여러 사찰을 지원하던 승려의 존재가 「인양사비상」에서 확인된다. 그의 활동 내용으로 보아 세속인이었다면 지역의 세력가가 될 만한 존재였다. 또 신라 통일기의 창녕은 다른 군(郡) 정도 고을에 비해 규모 있는 사찰이 존재한 흔적이 매우 많다. 상대적으로 안정된 지역이었고, 문화 수준도 높았던 곳이었다. 그래서 신라 말에 재력을 갖추고 현지 여론을 주도할 만한 세력이 존재했을 가능성이 크다.

앞서 보았듯이 가까운 초계에서는 자립한 호족이 성주라 칭하며 견훤에게 가담한 뒤 고려군을 요격하는 일도 있었다. 그러나 창녕 지역의 호족은 전혀 기록이 없다. 그 이유를 여러 측면에서 생각해볼 수 있겠다. 후삼국의 쟁패 지역에서 비껴나 있었기에 기록이 없다는 것도 하나의 이유가 될 수 있다. 또 어쩌면 호족의 시대에 창녕 지역에서도 유력한 인물이 활동했을 수도 있지만, 친신라적 성향으로 자립성이 두드러지지 못했기에 기록되지 않았을 수도 있겠다.

신라 왕조의 마지막 단계 40여 년 가량은 중앙 정부의 지방관 파견도 거의 제대로 이루어지지 못했으리라 생각된다. 왕경에서 아주 가까운 곳이 아니라면 현실적으로 어려웠을 것이다. 이런 점을 감안하면, 창녕 지역에서 독립적 세력이 등장하지 않았다고 단정하기는 어렵다. 다만 독립세력의 등장을 상정하기에는 망설임이 따른다.

다음과 같은 이유 때문이다.

초적이 횡행한 기간, 그리고 호족의 시대와 후삼국기를 거치며 고려 초가 되면 많은 고을들의 명칭이 격상된다. 진골 귀족의 개부(開府)를[35] 연상케 하는 '부(府)'가 신라나 고려로부터 부여되거나 자칭되기도 했다. 한편 신라 때는 군(郡) 또는 현(縣)이었지만 고려에 와서는 많은 지역이 '주(州)'라는 명칭을 얻었다. 신라 때 상급 지방행정 구역 명칭이었던 주(州)가 일종의 명칭상 인플레 현상을 겪었던 셈이다.[36]

고려시대에 들어와서 주군현 명칭이 인플레된 이유는, 해당 지역의 지방 세력이 신라말의 혼란기에 자립하면서 스스로 칭한 것을 고려조가 대체로 용인한 결과였다. 대호족이 있거나 전략적으로 중요한 곳은 부(府), 그밖에 중소 호족이 자립한 지역은 신라시대에 현(縣)이었지만 주(州)라는 명칭을 내세웠다. 그래서 고려 성종대에 초음으로 지방관을 파견한 12곳의 행정 단위 명칭은 '주목(州牧)'이었다. 매우 많은 지역이 스스로 주(州)라는 명칭을 사용하고 있었기 때문에 '목(牧)'이라는 글자를 덧붙였던 것이다.

그런데 화왕군은 고려조에 들어서도 주(州)라는 명칭조차 얻지 못했다. 군(郡) 명칭을 이어갔다. 앞서 보았듯이, 화왕군의 유일한 현이었던 현효현은 고

---

35) 신라 말기 진골 귀족의 開府에 관해서는 徐毅植, 1996 「統一新羅期의 開府와 眞骨의 受封」『歷史教育』59가 참고된다.

36) 하일식, 2010 앞의 논문 참조.

려 현종대에 밀성군에 내속했다. 영산현도 마찬가지였다. 심지어 화왕군 자체가 고려 현종대에 밀성군에 내속했다.

이런 사실을 놓고 본다면 "신라 말, 고려 초의 창녕이 어떤 상태였나?"를 조금 좁혀 판단할 여지가 마련된다. 창녕지역은 신라말 호족으로 성장할 세력이 나올 수 없는 조건이 아니었다. 신라말에 창녕지역에서는 승려 신분이기는 했지만 상당한 재력과 명망을 바탕으로 현지 불교계에서 영향력을 갖고 있던 인물이 있었다. 세속에서도 이와 비슷한 인물이나 세력이 존재했을 가능성은 있다. 창녕에 남아 있는 불교 유적은 이런 분위기를 알려준다.

그러나 호족의 시대에 두드러진 활동을 남긴 기록은 없다. 가까운 지역에서 후삼국 공방전이 벌어졌지만, 창녕은 관심의 대상에서 비껴나 있었다. 두각을 드러낸 독립 세력이 등장하지 않고, 친신라적 분위기에서 왕조 교체기를 맞았을 가능성이 크다. 그래서 6세기 이래로 비중이 줄어들던 추세 속에서 화왕군의 군세가 밀양에 압도되었고, 고려시대에 들어오면 밀양에 내속되는 상황으로 이어지지 않았을까 한다.

창녕과 관련된 신라 말의 직접 기록이 없는 만큼, 간접적 상상이나 유추에 의거한 서술이 많았다. 더 많은 것들을 고려하면서 종합하는 노력이 기울여져야 할 듯하다.

蔡雄錫, 1986「高麗前期 社會構造와 本貫制」『高麗史의 諸問題』(邊太燮 編), 三英社 ; 2000『高麗時代의 國家와 地方社會』, 서울대학교출판부

全基雄, 1987「羅末麗初의 地方社會와 知州諸軍事」『慶南史學』4

李純根, 1989「羅末麗初 地方勢力의 構成形態에 관한 一研究」『韓國史研究』67

李文基, 1995「新羅末 大邱地域 豪族의 實體와 그 行方 -〈新羅 壽昌郡 護國城 八角燈樓記〉의 分析을 통하여-」『鄕土文化』9·10合, 鄕土文化研究會

하일식, 1996「昌寧 仁陽寺碑文의 研究-8세기 말~9세기 초 신라 지방사회의 단면-」『韓國史研究』95

하일식, 1997「해인사 전권과 묘길상탑기」『역사와 현실』24

河日植, 1997「昌寧 觀龍寺의 石佛臺座銘과『觀龍寺事蹟記』」『韓國古代史研究』12

하일식, 1999「고려 초기 지방사회의 주관(州官)과 관반(官班)」『역사와 현실』34

신성재, 2003「9세기 전반의 新羅 政治社會와 張保皐勢力」『學林』24, 연세사학연구회

朱甫暾, 2008「新羅 下代 金憲昌의 亂과 그 性格」『韓國古代史研究』51

최성은, 2009「창녕 관룡사 용선대 석불좌상 小考-造像銘文과 중대신라 불교조각-」『新羅史學報』16

하일식, 2010「신라 말, 고려 초의 지방사회와 지방세력-향촌 지배세력의 연속성에 대한 시론-」『한국중세사연구』29

임영애, 2016「창녕 관룡사 용선대 석불좌상의 새로 발견된 '명문'과 '양식' 문제」『新羅文化』47

창녕 관룡사
석불좌상 명문의
재검토

· 박광연 ·

이 논문은 2020.10.15. 한국고대사학회 주최의 '가야사기획학술회의'에서 발표하고, 2021년 3월 간행한 『한국고대사연구』 101에 수록한 논문을 수정한 것이다.

1. 머리말

1997년 창녕 관룡사의 약사전에 있는 석조여래좌상(이하 '약사전불상', 〈사진 1〉)의 銘文이 학계에 공개되었다.[1] '大曆七年壬子四月十八日中'으로 시작되는 총 28자(6자 결락)가 삼단팔각대좌의 중대석에 새겨져 있다는 사실을 알게 된 것이다. 대력 7년은 서기 772년, 신라 혜공왕 8년이다. 2009년에는 관룡사 위쪽 용선대에 자리한 석조여래좌상(이하 '용선대불상', 〈사진 2〉)에도 명문이 있다는 사실이 학계에 소개되었다.[2] 마찬가지로 대좌의 중대석에 글씨가 있었다. 판독되는 글자는 '開元十/月卄/成內'뿐이다. '개원십'은 개원 10년(722, 성덕왕21)~19년(731, 성덕왕30) 사이이다. 이렇게 해서 소중한 8세기 금석문 자료 2개가 더해졌다.[3]

---

1) 하일식, 1997 「창녕 관룡사의 石佛臺座銘과 『觀龍寺事蹟記』」 『한국고대사연구』 12.
2) 최성은, 2009 「창녕 관룡사 용선대 석불좌상 소고-造像銘文과 중대신라 불교조각」 『신라사학보』 16.
3) 금석문 내용은 국사편찬위원회〉한국사데이터베이스〉한국고대금석문 참조.

사진 1. 창녕 관룡사 약사전 석불좌상(ⓒ문화재청)　　사진 2. 창녕 관룡사 용선대 석불좌상
(ⓒ문화재청)

　　먼저 약사전불상은 불상 양식으로 볼 때 고려시대의 것이지만, 삼단팔각
대좌의 중대석과 하대석은 신라 통일기의 것이라고 한다.[4] 따로따로 존재하
던 것을 수습하여 하나의 세트로 만들어 약사전에 모신 것이다. 현재는 일실
되었지만, 약사전 대좌에 앉아 있던 통일신라시대 불상이 인근 지역에 있었
으리라 추정할 수 있다. 한편 용선대불상은 양식적인 면에서도 통일신라의
것이 맞다고 한다. 그래서 명문이 공개된 초기에는 불상의 연대, 대좌의 연대,
명문의 연대가 일치한다고 보았다.[5] 용선대불상 및 대좌, 그리고 약사전 대좌
가 8세기 신라의 것이고, 왕경이 아닌 지방의 것이라는 주장은 학계의 주목을

---

4) 하일식, 1997 앞의 논문, p.473.
5) 최성은, 2009 앞의 논문, pp.240~249. 7세기 후반 석불들(봉화 북지리 마애불좌상,
　영주 가흥리 마애삼존불상의 본존상 등)과 공통적 양식을 많이 지니고 있고, 석굴암
　에 앞서는 항마촉지인의 초기 형태이며, 팔각연화대좌도 중대석의 높이나 받침 개
　수·장식이 8세기 중후반이나 9세기의 것과는 다른 8세기 전반의 작품이라고 하였다.

끌었다. 통일신라시대의 지방에 대한 연구는 금석문에 의존하는 바가 큰데, 8세기 전반 자료는 매우 희소하기 때문이었다.[6]

명문이 공개된 후 관룡사에 대한 후속 연구들이 이어졌다. 8세기 전반에 용선대불상을 봉안했던 관룡사는, 일찍이 원효가 1천 명의 승려를 모아 놓고 『화엄경』 설법을 한 적이 있는, 이 지역을 대표하는 사원이었고, 경덕왕 때 중건되었다고 한다.[7] 開元 연간 즉 720년경에 창녕 일대에 홍수와 산사태가 있었고, 이러한 사태의 재발을 막고자 하는 바램에서 중앙 정부의 지원을 받아 마을 사람들이 용선대불상을 조성하였다고 해석하였다.[8]

한편 용선대불상 및 대좌를 명문에 적힌 대로 720년대의 것이라고 보기 어렵다는 견해도 제기되었다. 용선대불상의 원위치가 현재와 달랐다는 사실이 용선대불상에 얽힌 사연에 대한 의문을 유발하였다.[9] 미술사에서는 용선

---

6) 이른 시기의 금석문 자료로는 기축명아미타불비상(689), 연화사무인명불비상(678), 무진사종명(745), 영태2년명탑지(766) 등이 있다. 금석문을 활용한 지방 불교 연구는 8세기 후반 이후의 것들이 대부분이다. 윤선태, 2005 「新羅 中代末~下代初의 地方社會와 佛教信仰結社」『신라문화』 26 ; 정병삼, 1996 「9세기 신라 佛教 結社」『한국학보』 22-4 등 참조.

7) 장일규, 2012 「창녕 관룡사의 신라 불교사적 위상」『신라사학보』 26, pp.58~60.

8) 채민석, 2017 「창녕 관룡사 용선대 석불좌상의 조성 배경과 단월 세력」『신라사학보』 41.

9) 『법보신문』 2009.08.25. 강순형의 사찰문화재 답사 관룡사18-龍船臺 돌부처 얼굴에서 연대문제를 다루고 있다. 신문 기사 그대로 인용하면 다음과 같다. "개원10(722, 성덕왕21)해쯤 것이라 할 때, 전문가 모두가 여태 9세기로 봐오던-부처상뿐만 아니라, (돌)빛깔도 아예 다른 받침이자 연꽃무늬임들을 어떻게 풀어갈 것인가. 더구나, 절마다 약사전에 있는-이를 보고 베꼈다는 같은 꼴形式 돌부처는, 또한 가운데받침에 772(혜공왕8)해의 글이 새겨져 있음에도 고려부처로 보고 있어 잣대가 이랬다저랬다니… 오히려, 약사전의 받침(772)이 연꽃무늬를 비롯, 용선대 부처와 맞고 있다-곧, 용선대 부처는 차라리 750해 너머以後의 8세기로 보는 건 어떤지^^! 함께 한 석등 밑받침下臺 연꽃무늬와 경주 남산 용장사 태현太賢스님의 (돌)미륵부처·삼릉곡 (돌)약사부처들과도 대보고 하여. 용선대의 글씨가 몹씨도! 가늘고 얕게 새겨져 있는데다,

대불상이 양식상 8세기 것이 아니라 기존 견해대로 8세기 후반~9세기 전반에 제작된 것으로 보는 것이 타당하다는 재해석도 이루어졌는데, 그 근거로 수인이 8세기 후반~9세기 전반 불좌상에서 애용된 것이라는 점, 8세기 전반의 것으로 비정되는 삼단팔각연화대좌가 경주는 물론 唐에도 없다는 점, 창녕 지역에 8세기 중엽 이전의 불교 유물이 없다는 점 등을 제시하였다. 그러면서 불상·대좌와 발견된 명문과의 불일치 문제를 어떻게 이해해야 하는가가 앞으로의 과제라고 밝혔다.[10]

이 글에서는 약사전대좌의 명문 내용을 면밀하게 검토하여 명문의 작성 시기를 다시 비정해보고자 한다. 고대사 연구에서 금석문은 문헌보다도 사료적 가치가 높게 평가된다. 고려시대에 편찬된 『삼국사기』나 『삼국유사』와 비교하였을 때 금석문은 當代性을 지니기 때문이다. 하지만 금석문도 고정불변의 것이 아니기 때문에 다양한 해석의 가능성을 열어두어야 한다.[11] 관룡사 석불좌상의 명문이 후대에 追刻되었을 가능성을 역사학적 관점에서 제기하고, 追刻을 주도한 이들이 누구이며 그 목적이 무엇인가를 밝혀보고자 한다. 이는 불교 유물을 史料로 활용하는 데 있어 기초적인 고증 작업으로서, 고대사 연구에서 불교 자료에 대한 신중한 접근이 필요함을 제기하고자 한다.

갈항사 동탑에서 보듯-758해에 새겼다하나 내용은 훨씬 더 늦은 781해 때니 참으로, 적는 글이야말로 가장 믿을 수도 또, 아주 못믿을 바이기도 한 것이라."

10) 임영애, 2016 「창녕 관룡사 용선대 석불좌상의 새로 발견된 '명문'과 '양식' 문제」 『신라문화』 47, pp.65~74.

11) 「扶餘 唐平百濟國碑」를 예로 들 수 있겠다. 무열왕 7년(660) 唐 高宗이 무열왕과 힘을 합쳐 백제를 멸망시킨 사적을 기록한 문장이 백제의 대표적인 탑인 정림사지 오층석탑에 새겨져 있다. 석탑의 건립연대와 문장의 작성시기가 일치하지 않는다.

2. 관룡사와 관룡사 석조유물의 역사

관룡사와 관룡사 석조 유물의 역사에 대한 의구심은 크게 다음의 두 가지다. 첫째는 관룡사가 과연 신라시대에 존재했던 사찰인가 하는 것이고, 둘째는 용선대불상이나 약사전 대좌가 과연 8세기부터 관룡사에 있었는가 하는 것이다.

우선 관룡사에 대한 기록들을 살펴보자. 관룡사의 역사에 대한 가장 구체적인 문헌은 申維翰(1681~1752)의 본문[1733년, 영조9]과 明學의 발문[1734, 영조10] 등으로 구성된 『觀龍寺事蹟記』로, 하일식의 논문(1997)에 자세히 소개되어 있다. 이 사적기에 의하면, 임진왜란 때 약사전만 불타지 않았고 약사전 수리 시에 '永和五年己酉'라는 묵서가 발견되었다고 한다. 해당 구절을 인용하면 다음과 같다.

> 이에 欀頭와 疊木이 교차하는 곳에서 '永和五年己酉'라는 題字를 얻었다.
> 지금 '약사전을 진 목제 永和五年己酉에 터를 잡기 시작하였다'는 것을 얻었다는 것은 오직 대들보 사이의 묵서이다.

약사전을 동진 穆帝 영화 5년(349)에 처음 짓기 시작하였음을 반복해서 강조하고 있다.[12] 이에 대해 하일식은 이 이야기가 口傳이며, 이 기록 때문에 사찰을 찾는 사람들이 많아졌다는 점에서 사찰 기원을 올리기 위해 만들어진 이야기일 가능성을 제시하였다.[13] 이 해석은 지극히 타당하다.[14] 사찰의 연

---

12) 하일식, 1997 앞의 논문, pp.485~488에 수록된 원문 참조.
13) 하일식, 1997 앞의 논문, pp.478~483.
14) 혹자는 '영화 5년(349)'에 근거하여 창녕 지역의 가야시대 불교를 설명하기도 하는

원이 오래되었음을 말하는 이런 류의 이야기들은, 『관룡사사적기』뿐만 아니라, 17세기 후반~19세기 불교계에서 편찬한 많은 寺誌類 문헌들에서 공통적으로 등장한다.

　임진왜란과 병자호란, 양난으로 조선의 많은 사찰들이 파괴되었다. 관룡사도 예외가 아니었다. 지금의 관룡사는 1617년(광해군 9), 1749년(영조 25)의 거듭된 중창으로 갖추게 된 모습이다. 전쟁통에 유일하게 약사전 건물이 불타지 않았다고 하나, 약사전의 건립 연도를 신라시대나 고려시대로 소급할 수는 없다고 한다. 즉 약사전 안의 대좌 일부는 신라시대, 약사전불상과 약사

사진 3. 관룡사 약사전(©문화재청)

데, 조심스럽게 접근할 필요가 있다.

사진 4. 관룡사 대웅전(ⓒ문화재청)

전 마당의 석탑은 고려시대의 것이지만, 건물 전체는 건축 양식상 조선 전기의 것이라고 한다.[15]

중창 이전 관룡사 대웅전의 건립 연도는 상량문을 통해 확인되었다. 1965년 8월 20일에 대웅전을 해체 보수하던 중 중앙 칸 宗道里(용마루 밑에 서까래가 걸리게 된 도리)에서 상량문이 발견되었고,[16] 여기에 '自大明建文元年己卯 在位四年辛巳三月日初創'이라는 구절이 있었다. 대웅전은 건문원년 기묘 즉 1399년 정종 1년에 짓기 시작하여 정종이 재위한 지 4년째인 신사 즉 1401년 3월에 완공되었다고 한다.[17] 대웅전보다 약사전을 먼저 건립하였을

---

15) 문화재청 국가문화유산포털, 「보물 제146호 昌寧觀龍寺藥師殿」.
16) 김주태, 1965 「觀龍寺大雄殿上樑文」 『美術史學硏究』 63·64, p.142.

것으로 보기도 하는데,[18] 앞에서 약사전이 조선 전기의 건물이라는 본 견해와 종합하면 약사전은 조선 건국 직후에 건립된 것으로 볼 수 있다.

이처럼 관룡사 관련 기록들을 찾아보면, 8세기는 물론이고 고려시대의 것도 없다. 반면 관룡사 아래에 있었던 玉泉寺(玉川寺)의 흔적은 곳곳에서 찾을 수 있다. 관룡사의 옛주소가 경상남도 창녕군 창녕읍 옥천리 292인데, 여기서 옥천이라는 명칭은 옥천사에서 가져온 것이다. 지금은 절터만 남아 있지만, 고려 말 신돈의 어머니가 노비로 있었다는 계성현의 옥천사가 바로 이곳이다.[19] 그러므로 옥천사가 고려 말 이전부터 있었던 것이 분명하다. 인근의 계곡도 옥천계곡이라 불리는 것을 보면, 마을 사람들에게는 관룡사보다 옥천사가 더 알려져 있었을 가능성이 높다.

관룡사가 신라시대부터 이 지역을 대표하는 사찰이었다는 것이 과연 역사적 사실일까?[20] 관룡사가 지금 같은 규모를 갖춘 것은 중창 이후인 18세기다. 이 시기에 관룡사에 雪松 演初(1676~1750)가 오랫동안 주석하고 있었다.[21] 이 사실은 관룡사의 성격을 이해하는 데 매우 중요하다. 淸虛系인 鞭羊 彦機(1581~1644)의 嫡傳인 喚醒 志安(1664~1729)의 제자였던 설송 연초는 18세기 영남 불교계에서 유명 인사였다.[22] 그는 운문사, 통도사 같은 巨刹을

---

17) 『조선왕조실록』에서는 정종이 1398년 9월 즉위하여 재위 3년째인 1400년 11월 11에 왕세자(태종)에게 선위한 것으로 되어 있는데[辛未上禪位于王世子], 여기서는 1401년 3월을 정종 재위 4년으로 말하고 있다.

18) 하일식, 1997 앞의 논문, p.483.

19) 『고려사』 권132, 열전 권 제45, 叛逆, "辛旽, 靈山人, 母桂城縣玉川寺婢也." 玉川寺와 玉泉寺를 혼용한 듯하다.

20) 장일규, 2012 앞의 논문, p.56에서 관룡사의 역사를 설명하기 위해 『한국사찰전서』의 기록을 인용하고 있는데, 대부분 조선시대에 만들어진 이야기로 고대사 史料로는 잘 활용하지 않는다.

21) 남동신, 2001 「조선후기 불교계 동향과 『상법멸의경』의 성립」『한국사연구』 113에서 이 사실을 밝히고 있다.

비롯하여 영남 사찰들의 중수와 부흥 사업에 적극 관여하였다. 연초와 그의 제자들은 영남의 주요 사원들의 장엄에 주도적인 역할을 하였을 뿐만 아니라[23] 사원의 중수 과정 및 역사를 수록한 사적기의 편찬에도 관여하였다. 1733년(영조9)『관룡사사적기』 편찬을 담당했던 明學은 연초의 문인이었고,『관룡사사적기』의 본문을 쓴 신유한도 연초와의 친분이 두터웠다고 한다.[24]

---

22) 조선 후기의 불교계에서는 法統·門派을 중시하는 풍토가 조성되었다. 17세기 초반까지는 (영명)나옹법통설이 주류였는데, 1620년대에 편양 언기가 (임제)태고법통설을 주장한 후 점차 청허계의 다른 문파들도 태고법통설을 수용하면서 조선 후기의 불교계는 임제종 법맥이 주류를 이루었다(김용태, 2010『조선후기 불교사 연구』신구문화사, pp.189~190). 설명 연초가 18세기 영남 불교계에서 큰 영향력을 행사하면서 사찰을 중흥하고 나아가 사찰의 역사를 '창작'할 수 있었던 것은 그가 환성 지안의 제자였기 때문이었다. 청허 휴정의 말년 제자인 편양 언기로부터 시작하여 풍담 의심-월담 설제-환성 지안으로 이어지는 계보이다. 설송 연초는 운문사에서 출가하여 사명 유정의 후손인 銘巖 石梯(사명파)에게 배운 뒤 환성 지안(편양파)의 법을 이었다. 이를 두고 청허 휴정의 계파가 연초에게서 처음으로 합쳐졌다고 평가하기도 한다. 그는 통도사에 오래 주석하였고, 입적 후에 탑과 비가 입적지인 통도사와 출가 사원인 운문사에 세워졌다(김용태, 2019「환성 지안의 종통 계승과 선교 융합」『남도문화연구』 36 참조). 환성 지안의 제자로 설송 연초, 虎巖 體淨(1687~1748), 錦溪 元宇(1675~1740), 碧霞 大愚(1676~1763), 華月 性訥(1690~1763), 涵月 海源, 龍巖 信鑑, 抱月 楚玟 등이 알려져 있다. 연초, 체정, 해월, 초민 등이 18세기 전반 영남에 세거하고 있던 사명계, 소요계, 벽암계 승려 문중과 협력과 경쟁을 거듭하며 19세기에는 가장 영향력 있는 승려문중으로 성장하였다(이용윤, 2020「19세기 후반 영남의 喚醒系 僧侶門中과 四佛山畫派 畫僧」『남도문화연구』 39 참조).

23) 그러한 사찰들 가운데 한 곳이 彦陽 石南寺다. 18세기 전반 朗空 行寂(832~916)의 부도가 있던 언양 석남사가 道義가 입적한 가지산 석남사로 탈바꿈되있는데,『석남사사적기』에서도 연초의 이름이 확인된다(박광연, 2020「가지산 石南寺의 道義 창건설에 대한 비판적 고찰」『불교학보』 91). 1738년(영조14) 사명대사의 사당으로 세운 밀양 表忠祠가 사액을 받는 데 성공한 것도 표충사를 중창한 연초와 그의 제자 남붕의 공이었다(장동표, 2000「조선후기 밀양 표충사(表忠祠)의 연혁과 사우(祠宇) 이건분쟁」『역사와현실』 35, pp.150~151).

24) 남동신, 2001 앞의 논문, p.133.

이상에서 살펴본 바를 정리하면 관룡사는 조선 초에 창건되었고 양난 후 중창을 거치면서 영남 불교계를 대표하는 사원으로 성장하였다고 판단된다. 현재 관룡사에 있는 용선대불상, 약사전불상과 대좌, 약사전석탑 등 조선시대 이전의 유물들은 조선초 관룡사를 창건할 때 혹은 양난 후 중창하면서 불상·불화 등으로 장엄하고 사원의 규모를 키워나가던 때에 인근에 흩어져 있던 것들을 수습하여 관룡사에 모았던 것으로 보인다.[25] 현재로선 석조 유물들의 원 위치는 알 수 없다.[26] 여기서 앞에서 제기한 두 번째 의문점, 즉 용선대불상이나 약사전 대좌가 과연 8세기부터 관룡사에 있던 것이 맞는가에 대한 답을 하자면, 이것들이 신라시대부터 현재의 관룡사에 있었던 것은 아니라는 결론이다. 그렇다고 이것들이 신라 때 만들어진 것이 아니라는 의미는 아니다.

3. 관룡사 대좌 명문 후대 追刻의 근거

이제 남은 문제는 현재 용선대 대좌와 약사전 대좌에 새겨져 있는 명문이 8세기 전반, 8세기 중반에 새긴 것이 맞는가를 판단하는 일이다. 이에 대해서는 앞에서 언급했듯이 이미 미술사적 관점에서 비판이 제기되었다. 임영애는 용선대불상의 양식뿐만 아니라 대좌의 명문에 대해서도 문제제기를 하였는

---

25) 관룡사 북쪽의 화왕산으로 오르는 길 옆에 자리한 승탑도 고려시대의 것으로 추정한다. 이외의 관룡사에는 있는 유물들은 모두 조선 후기의 것이다. 1630년 목조석가여래삼불좌상 및 대좌(보물 제1730호), 1652년 명부전 목조지장보살삼존상 및 시왕상 일괄, 18세기 전반 대웅전 관음보살 벽화(보물 제1816호) 등의 유물이 있다. 1791년작 관룡사감로왕도는 동국대학교 박물관에 소장되어 있다.
26) 용선대불상의 위치 이동에 대해서는 『법보신문』 강순형의 글(2009) 및 임영애, 2016 앞의 논문, pp.63~64 참조.

데, 주장을 간략히 요약하면 다음과 같다.[27]

첫째, 불상 및 대좌의 크기에 비하여 글자 크기가 작고 刻이 얕다.

둘째, 명문 결락 부분이 마모된 것이 아니라 처음부터 새기지 않은 것으로 보인다.[28]

셋째, 신라시대의 다른 불상들의 경우 명문을 광배에 새겼다. 대좌에 명문이 있는 신라시대의 유물은 관룡사 용선대 대좌와 약사전 대좌뿐이다.

넷째, 대좌 중대석의 높이가 8세기 후반 이후의 것들과 유사하다.[29]

요약하면, 용선대불상뿐만 아니라 대좌도 명문의 연도와 제작 시기가 불일치한다는 것이다. 필자는 양식에 대해서는 문외한이기 때문에 불상이나 대좌의 양식에 근거하여 명문의 신빙성을 논하려는 것은 아니다. 앞서 관룡사 역사를 살펴본 결과 두 불상과 대좌가 신라시대부터 관룡사에 있던 것이 아니라 조선초 창건 때 혹은 17~18세기 관룡사 중창 과정에 옮겨진 것이라는 판단 하에, 이 단계에서 명문이 추각되었을 가능성이 없는지 검토해보고자 한다.

다음은 약사전불상의 대좌 명문이다.

[01] 大曆七年壬子四月
[02] 十八日中不還法師

---

27) 임영애, 2016 앞의 논문, pp.60~62.

28) 명문의 글씨를 분석한 정현숙이 '마모된 것이 아니라 처음부터 刻字의 흔적이 없는 매끈한 상태라고'한 견해와 일치한다. 정현숙, 2014 「창녕지역 신라금석문의 서풍」 『서예학연구』 24, p.39.

29) 삼단팔각연화대좌는 석굴암 본존불부터 시작되었는데 중대석이 8세기 중엽의 것(보리사석불좌상, 석남암사비로좌나불상)은 정사각형 형태이고, 8세기 후반 이후 높아진다고 한다. 임영애, 2011 「'삼단팔각' 연화대좌의 통일신라 수용과 전개」 『신라문화』 38, pp.288~290.

[03] ☒☒法師幷二人應

[04] ☒☒☒☒成內彌勒

大曆七年壬子四月十八日中 不還法師☒☒法師幷二人 應☒☒☒
☒成內彌勒

대력 7년 임자년 4월 18일에 불환법사, □□법사, 아울러 두 사람
이 응하여 (결락) 미륵을 이루었다.

이 문장에서 '大曆七年壬子'와 '成內彌勒' 문구에 대해 천착해보겠다. 우선
'大曆七年壬子'이다. 대력은 당 代宗의 네 번째 연호로, 766년에서 779년까지
사용하였다. 대력 7년은 서기 772년, 혜공왕 재위 8년에 해당하는데, 흥미롭
게도 대구 동화사의 역사에도 대력 7년이 등장한다. 梵玖가 1725년(영조1)부
터 1732년(영조8)까지 동화사를 중창하면서 이에 대한 기록과 사적을 함께
모아 편집한 『八公山桐華寺事蹟』에 다음과 같은 구절이 있다.

齊 武帝 영명 11년(493) 계유 바로 신라 문자왕 때 승 보조가 창건
하여 유가사라 이름하였다. 그 이름 '동화'(에 대해서는 다음의 이야기
가 전한다.) 신라 때 심지왕사가 속리산에 이르러 영심법사를 참방하여
훗날을 기약하였으나 허락하지 않았다. 심지가 도가 높고 신령하고 기
이한 자취가 많자 영심이 알아차리고 예참간자를 돌려주었다. 심지가
받아서 팔공산에 이르러 서쪽을 향해 간자를 던지자 간자가 날아가 桐
林의 작은 우물에 떨어졌다. 마침내 이곳에 절을 갖추어 절 이름을 바
꾸고 그 간자를 두었다. 승도들의 말에 이르기를, 이 이야기는 허황된
것이 많아서 기록하기 부족하다고 한다. 이 일은 대력 7년에 있었고 대
개 재창인 것이다.[30]

심지가 영심에게서 진표의 예참간자를 받아 팔공산으로 돌아와 유가사를 중창하고서 동화사라고 이름을 바꾸었다고 한다. 이 이야기의 대강은 『삼국유사』 「심지계조」와 유사하다. 다만 여기서 심지가 동화사를 중창한 해가 大曆 7년(772)이라고 하였는데, 이는 심지가 헌덕왕(재위 809~826)의 아들이라는 『삼국유사』 기록과 일치하지 않는다. 때문에 학계에서는 『팔공산동화사사적』의 대력 7년이라는 연도를 역사적 사실로 인정하지 않는다.[31]

조선 후기 불교지식인들에게 지금과 같은 철저한 역사 고증을 기대하는 건 무리인 것인지, 아니면 그들의 시간 인식이 지금과 달랐던 것인지, 동화사와 관룡사, 비슷한 시기에 중창을 진행한 두 사원에서 '대력 7년'이라는 동일한 허구의 연도가 등장하는 것이 우연은 아닐 것이다. 물론 동화사는 사적기에, 관룡사는 대좌에 적었다는 점이 다르지만, 『팔공산동화사사적』에서 9세기의 일을 대력 7년이라 한 것처럼, 관룡사에서도 9세기의 불상과 대좌를 8세기의 것으로 인식했을 가능성이 있다.

왜 하필 대력 7년일까? 정확한 이유는 알 수 없지만, 8세기 중반 무렵 국정상 난제를 타개하기 위한 국왕 주도의 불사가 활발해진 상황을 생각해볼 수 있을 것 같다. 『삼국유사』에는 경덕왕 때의 佛事나 승려들에 대한 이야기가 유독 많다.[32] 경덕왕의 개인적인 불심에 의한 것일 수도 있지만, 재위 13년

30) 梵玖(朝鮮) 編, 『八公山桐華寺事蹟』, "齊武帝永明十一年癸酉 直新羅文咨王之世 僧普照 刱建 而名以瑜伽者也. 其名棟華 則新羅時 心地王師 至俗離山 參永深法師 以後期不許. 地道高靈異迹多 深感回授禮懺簡子. 地受而至八公山 向西擲其簡 簡飛落桐林之小井. 遂搆寺於此 而改寺號 眞其簡. 僧徒之言云 爾語多荒誕 不足脩記. 此在大曆七年 盖再刱也."
(규장각 소장, 청구기호 奎5939)
31) 김창겸, 2013 「신라 승려 心地 연구-『삼국유사』 「心地繼祖」와 관련하여」 『신라문화 제학술발표논문집』 34, p.210 절 이름을 유가사에서 동화사로 바꾸었다는 것은 사실이 아니고, 팔공산이라는 명칭도 고려후기에 사용하였다고 한다.
32) 경덕왕이 행한 불사로는 황룡사종 주조(754), 분황사 약사여래동상 주조(755), 굴불사 창건, 영묘사 장육존상 개금 등이 있다(『삼국유사』 권3, 탑상제4). 김상현, 1999

(754) 이후 어수선한 사회 문제를 표훈, 월명, 충담 같은 승려들의 도움을 받아 해결하는 모습을 보이고 있다.[33] 혜공왕은 재위 초반에 천재지변과 잦은 반란에 직면하였다. 혜공왕 4년(768)에는 大恭과 大廉의 난이 있었고,[34] 혜공왕 6년(770) 8월에는 2월에 김유신의 후손인 金融의 난이 있었다.[35] 이런 와중에 혜공왕은 경덕왕이 주조하던 성덕대왕신종을 완성하였고(771),[36] 훗날(778) 김유신 무덤에 가서 사죄하고 취선사에 공덕보전 30결을 내려 명복을 빌게 하였다.[37] 그 뒤에도 반란은 끊이지 않았고, 혼란한 정국을 불교의 힘으로 잠재우고자 하는 바램에서 佛事도 계속되었다.[38] 조선시대 사람들은 왕경이 아닌 지방에서의 불사도 이 시기의 것으로 올려보고자 했던 것이 아닐까.

다음으로 '成內彌勒'을 살펴보겠다. '成內'는 신라 불교 유물에 자주 등장하는 이두식 표기로 '이루다'라는 의미이다. 석남암사 비로자나불상 사리호(766)가 가장 빠른 기록이고, 이후 9세기, 10세기 유물에도 등장하고 있다.

> 永泰二年丙午七月二日……爲石毗盧遮那佛成內(石南巖寺址石造毗盧遮那佛坐像蠟石舍利壺, 766)
> 貞元廿年甲申三月廿三日 當寺鍾成內之(襄陽禪林院址鍾, 804)
> 太和七年三月日 菁州蓮池寺鍾成內節(菁州蓮池寺鍾, 833)
> 大中☒年丙子八月三日 竅興寺鍾成內矣(竅興寺鍾, 856)

『신라의 사상과 문화』 일지사, pp.107~137.

33) 전보영, 2013 「경덕왕과 승려의 교류양상과 의미」 『사학연구』 112, pp.60~68.

34) 『삼국사기』 권9, 신라본기9, 혜공왕 4년 7월.

35) 『삼국사기』 권9, 신라본기9, 혜공왕 6년 8월.

36) 『삼국유사』 권3, 塔像第4, 皇龍寺鍾芬皇寺藥師奉德寺鍾.

37) 『삼국유사』 권1, 紀異第1, 未鄒王竹葉軍.

38) 조선 후기 다른 사적기의 사례들을 종합적으로 분석할 필요가 있어 조심스러우나, 조선 후기 불교도의 불교적 시간관(正法·像法·末法)과 무관하지 않을 듯하다. 조선 후기 사적기의 고대사 인식 전반에 대해서는 별도의 논고에서 살펴보고자 한다.

天復四年甲子二月廿日 松山村大寺鐘成內文(松山村大寺鐘, 904)

위 사례들을 보면 '石毗盧遮那佛成內(석비로자나불을 이루다)', '菁州蓮池寺鐘成內(청주 연지사종을 이루다)'와 같이 '成內'의 대상이 앞에 나오고 있다. 반면 약사전 대좌 명문에는 대상인 미륵이 '成內'의 뒤에 나오고 있는 점이 다르다. 그동안 어순의 차이점에 대해서는 주목하지 않았는데, 약사전불상 명문은 신라 이두식 문장이라기보다 신라 이두 표현을 차용한 것일 뿐이다.

한편 신라인들이 사용하던 이두를 조선 후기에 창작하였다고 보기에는 무리가 있기 때문에 명문을 새긴 것은 신라 當代가 맞다는 견해도 있다. 이 견해가 맞으려면 오히려 조선 후기 사람들이 '成內'라는 이두를 전혀 몰랐음이 증명되어야 한다. 그런데 주지하듯이, 조선시대 전국의 胥吏들은 이두로 행정 문서의 초고를 작성하였다. 『儒胥必知』는 일반 서리와 牧民官이 일상적으로 다루어야 할 公文의 서식과 여기에 쓰이는 이두를 설명한 책으로, 19세기 초엽에 편찬된 것으로 추정하고 있다. 목민관들은 서리가 이두로 쓴 문서를 읽어야 했기에 당연히 이두를 알았을 것이다. 『유서필지』에는 당시 자주 사용하는 이두를 모아놓은 「吏讀彙編」을 부록으로 싣고 있다. 이두의 어휘를 1字類에서 7자류로 분류하여 모두 244어를 실었다.

「이두휘편」에 앞서 16~17세기에 서사된 『吏文』과 『吏文大師』가 있고, 『吏文雜例』, 崔世珍의 『吏文輯覽』, 『吏讀便覽』 등의 이두 학습서들이 있었다.[39] 이처럼 16세기 이후 이두 정리 작업이 활발하게 이루어졌다. 조선시대 행정 문서에서 사용한 이두와 신라 때 사용하던 이두가 동일하지 않을 것이다. 하지만 수차례 이두를 수집하고 정리하는 과정에서 조선시대 이전에 사용하던 이두들도 알았을 수 있다.[40] 그러므로 18세기 관룡사 장엄을 주도하던 이들

---

39) 김성주, 2017 「『吏讀便覽』의 吏讀와 吏文에 대하여」 『구결연구』 39 참조.

40) 『이두휘편』 등 조선시대 이두 문서들을 살펴보았으나 '成內'는 확인하지 못했다. 하

이 석불좌상이 8세기에 만들어진 것으로 보이게 하기 위하여 일부러 '成內'라는 표현을 사용한 것일 가능성이 높다.

다음으로 '彌勒'이라는 표현도 특별하다. 신라시대 석불좌상 가운데 미륵이라는 명문을 가진 다른 사례가 있는가? 신라 불상 가운데 명확히 '미륵' 명문이 확인되는 것은 다음의 사례들뿐이다.

A. 作彌勒石像一區高三丈 菩薩二區(斷石山神仙寺磨崖佛像)

B. 敬造甘山寺一所 石阿彌陀像一軀 石彌勒像一軀(甘山寺石造彌
    勒菩薩立像, 719)

C. [左]太和四年庚戌三月二日成 (결락) [右]彌勒佛(太和四年銘
    磨崖如來立像, 830)

A   B   C

불교 수용 초창기부터 등장하는 반가사유상을 일반적으로 미륵보살로 보고 있고, 7세기 전반으로 비정되는 단석산마애불의 거대한 입불상이 미륵이

지만 필자가 조선 후기 이두집 전체를 조사한 것이 아니기 때문에 조선시대에 '成內'의 사용 여부를 명확하게 말할 수 없다.

다. 남산 장창곡에서 발견한 삼존불 가운데 본존이 의좌 형식의 미륵이며, 감산사 미륵보살상은 입상이다. 통일신라시대로 편년되는 석불좌상들은 비로자나불[41] 이외에는 특정 명칭을 규정하지 않고 있다.[42]

그런데 관룡사 약사전의 대좌에는 왜 '미륵'이라고 밝히고 있는 것일까? 현재까지 알려진, 8세기 창녕의 미륵신앙을 말할 수 있는 자료는 전혀 없다. 반면 18세기 불교계의 분위기 속에서는 손쉽게 '미륵신앙'을 설명할 수 있다. 더욱이 관룡사에서는 의도를 가지고 미륵신앙을 강조하였다.

관룡사에서는 『관룡사사적기』를 편찬한 직후 『像法滅義經』이라는 가짜 경전(찬술 경전)을 간행하였다. 1735년(영조11)의 일이다. 간행 시점으로 보아, 사적기와 가짜 경전 프로젝트는 동일한 세력이 동시에 진행하였을 것이다. 고려시대의 『現行西方經』,[43] 『三十八分功德疏經』[44]처럼 현재까지 밝혀진 한국 찬술 경전이 손에 꼽히는 가운데 18세기 조선에서 찬술 경전이 간행되었다는 것은 매우 흥미롭다.

『상법멸의경』에서는 末世의 재난이 있은 뒤에 미륵불이 용화대회에서 설법하는 이상세계를 말하고 있다.[45] 이는 양난 이후 말법시대를 구제할 미륵불의 출현을 염원하는 미륵신앙이 유행하던 시대 분위기를 반영한 것이다. 1627년 무량사와 장곡사에서는 괘불에 미륵불을 담았고,[46] 마을마다 파괴된

---

41) 「산청석남암사지석조비로자나불좌상」, 「밀양천황사석조비로자나불좌상」, 「영주비로사석조비로자나불좌상」 등이 있다.

42) 「경주남산미륵곡석조여래좌상」, 「영주흑석사석조여래좌상」, 「합천청량사석조여래좌상」 등이 있다.

43) 남동신, 2005 「여말선초의 偽經 연구-『現行西方經』의 분석을 중심으로」 『한국사상사학』 24.

44) 박영은, 2015 「고려 후기 『功德疏經』 신앙의 의의-『三十分功德疏經』과 『三十八分功德疏經』을 중심으로」 『한국사상사학』 49.

45) 이병욱, 2019 「조선시대의 미륵사상과 신앙의 4가지 유형」 『원불교사상과 종교문화』 81 참조.

불상이나 입석을 미륵이라 부르며 신앙하였다.[47] 민간신앙화된 미륵신앙이라 할 수 있는데, 숙종대(재위 1674~1720)의 연이은 '生佛' 출현 사건은 사회적 파장이 매우 컸다고 한다.[48] 미륵불의 하생을 말하는 경전 하나쯤 만들어질 만한 분위기였는데, 흥미로운 것은 그 경전을 만든 곳이 관룡사라는 것이다. 설송 연초를 비롯한 관룡사 승려들은 시대 분위기를 읽어내고, 한편으로는 만들어간 크리에이터였다. 그들은 팩트보다는 팩션을 추구하는 스토리텔러였다.

관룡사의 승려들은 관룡사를 찾는 사람들에게 관룡사에서 가장 오래된 건물인 약사전이 '永和 5년(349)'에 처음 짓기 시작하였음을 강조함과 더불어 약사전불상을 통해 관룡사가 '大曆 7년(772)' 즉 신라시대부터 미륵이 신앙되던 곳이었다고 말하였을 것이다. '영화 5년'과 마찬가지로 '대력 7년' '미륵'은 더 많은 신도들을 관룡사로 이끄는 역할을 하였을 것이다. 양난 이후, 조선 전기에 비하여, 불교계에 대한 경제적 지원이나 사회적 대우가 조금은 달라졌고, 이렇게 변화된 사회 분위기 속에서 불교의 부흥을 이끌고자 했던 설송 연초를 비롯한 불교도들의 종교적 열정이 사찰 역사의 加工을 가능하게 하였을 것이다.

용선대불상 명문의 작성연대도 따져봐야 하는데, 명문 내용이 너무 짧고 제작연월도 전체를 판독할 수가 없어서 정확한 논증이 어렵다. 그래서 開元 연호가 있는 다른 명문과 표기 방식을 비교해보았다.

46) 박선영, 2012 「朝鮮後半期 彌勒佛掛佛圖 研究」 『강좌미술사』 39, p.140.
47) 김방룡, 2017 「조선후기 미륵신앙의 형성과 전개」 『한국불교사연구』 12, p.234.
48) 최선혜, 2013 「조선후기 숙종대 황해도 지역의 '生佛' 사건」 『역사학연구』 50 참조.

觀龍寺龍船臺佛像	[1행]開元十 [2행]月卅 [3행]成內
甘山寺石造彌勒菩薩立像	開元七年己未二月十五日
甘山寺石造阿彌陀如來立像	開元七年歲在己未二月十五日
上院寺銅鍾	開元十三年乙丑三月八日鍾成記之

신라 금석문 가운데 開元 연호가 들어간 유물로는 甘山寺石造彌勒菩薩立像, 甘山寺石造阿彌陀如來立像, 上院寺銅鍾이 있다. 명문에는 공통적으로 '年' 다음에 간지가 들어가 있다. 그러므로 [1행] '開元十' 다음에는 간지를 포함하여 최소 4字(年壬戌□)에서 8~9字(□年歲在□□□)가 있을 것이다. 글자가 적힐 공간은 충분하다. [2행] '月卅' 다음에 글자가 있었다면 날짜와 조성 주체가 포함되었을 것이다. 이렇게 추론하면, 약사전 대좌보다 훨씬 많은 글자가 있었던 셈이 된다. 마지막 3행 '成內' 다음에는 무슨 글자가 있었을까? 약사전 대좌처럼 존격명이 있었을까? 판독은 되지 않지만 지금의 3행 옆에 한 행이 더 들어갈 공간이 있는데, 여기에도 글씨를 새겼을까? 아무것도 알 수가 없다. 다만 마멸된 것이 아니라 새기지 않은 것 같다는 선행 연구의 판단은 다른 해석의 여지를 남긴다.

4. 맺음말

고대 창녕지역 불교 문화의 성격을 밝히기 위한 기초 작업으로, 「관룡사 약사전석조여래좌상」 명문과 아울러 「관룡사용선대석조여래좌상」 명문의 사료적 가치를 심층적으로 검토해보았다. 지금까지 '大曆七年' '開元十'이라는 대좌 명문의 연도에 의거하여 관룡사가 8세기 이전부터 창녕을 대표하는 사원이었다고 보아왔지만, 이 글에서는 이 명문들이 조선 후기에 追刻되었을 가능성을 논하였다. 역사 연구에서 자료의 엄밀한 고증은 기본이고, 특히 불교 자료가 지니는 특수한 성격을 고려할 필요가 있다.

28자가 남아있는 약사전 대좌의 명문에 대해 다음의 네 가지 측면에서 문제 제기하였다. 첫째, '大曆 7年'이 『팔공산동화사사적기』에도 등장하는데, 동화사의 '대력 7년'이라는 연도는 심지와 활동 연대와 비교하여 학계에서 사실로 인정하지 않고 있다. 둘째, '成內'의 용례를 살펴본 결과, 신라의 금석문들에서는 일관되게 조성 대상을 '成內' 앞에 쓴 반면 약사전불상에서는 뒤에 쓰고 있다. 즉 신라 이두 표현을 가져다 썼지만, 신라 이두식 문장은 아니다. 셋째, 신라 석불좌상 가운데 '미륵' 명호가 새겨진 사례가 없고, 8세기 신라 지방 문화 속에서 미륵신앙은 설명하기 어렵다. 반면 관룡사에서 『관룡사사적기』를 편찬할 무렵 동시에 만든 가짜 경전 『상법멸의경』에서는 말법시대 미륵신앙을 말하고 있다. 넷째, 다른 논고에서 자세히 다루었기 때문에 본문에서 자세히 서술하진 않았지만, 18세기 설송 연초를 비롯한 편양파 불교도들은 불교계의 부흥을 이끌고자 하는 종교적 열정에서 영남 불교의 역사를 많이 가공하였는데, 관룡사도 그 가운데 한 곳이었다. 용선대불상의 명문은 사실 관계를 추적할 만한 내용이 없어서 논증이 어렵지만, 약사전불상과 같은 배경을 지니고 있다고 판단하였다. 이러한 근거에서 현재 관룡사에 있는 석불좌상 두 구의 명문은 조선 후기, 좀더 구체적으로는 18세기에 추각된 것으로 보았다.

관룡사의 승려들은 관룡사에서 가장 오래된 건물인 약사전을 '永和 5년(349)'에 짓기 시작하였다고 하고, 지금은 사라진 약사전불상을 '大曆 7년(772)'에 만들어진 미륵불상이라고 말하면서 신도들을 유인하였을 것이다. 사찰의 유구한 역사를 내세워 '전통'을 강조하는 방식은 조선 후기 불교계가 민중들을 교화하는 주요 수단이었다.

최근 왕경이 아닌 지방에서의 고고 발굴 성과가 축적되고 목간 등 물질 자료가 늘어나면서 지방 문화에 대한 관심이 증가하고 있다. 상대적으로 많은 양을 차지하고 있는 불교 자료는 지방 사회를 이해하는 데 중요한 역할을 한다. 창녕의 경우 「述亭里東三層石塔」을 제외하고는 현존하는 불교 자료가 9세기 이후의 것으로 편년되고 있다.[49] 술정리 동탑과 서탑이 건립시기가 다른데, 동탑은 왕경에 8세기 후기에 등장하는 석탑들과 유사하고,[50] 서삼층석탑의 경우, 무장사지석탑 계열로 분류되는 8세기 말~9세기 초의 석탑들과 같은 양식이라고 한다. 이렇게 계통을 따져볼 때, 왕경의 문화가 청도를 거쳐 창녕으로 전파되는 양상을 확인할 수 있다.[51] 앞서 살펴본 용선대불상도, 경주 남산의 삼릉계 불좌상이나 용장계 불좌상과 유사성이 깊다고 한다.[52] 이처럼 창녕의 불교 문화는 8세기 후반부터 왕경 문화의 영향을 받아 변화되어 가는 양상을 보이고 있다. 앞으로 창녕을 비롯한 지방 불교 문화가 변모하는 배경을 고찰하고, 나아가 신라시대 지방 문화의 보편성과 고유성을 새롭게 규명해보고자 한다.

---

49) 문화재청에 등록된 창녕 지역 불교 문화재로는 「인양사조성비」를 비롯하여 「述亭里西三層石塔」, 「寶林寺址三層石塔」, 「舍里石造光背」, 「松峴洞磨崖如來坐像」, 「法華寺多層石塔」, 「兎川里三層石塔」 등이 모두 9세기 이후의 것으로 비정되고 있다. 창녕의 고려시대 불교문화재로는 「관음사석등」, 「관음사미륵불비상」, 「석불사석조보살입상」, 「도천삼층석탑」, 「직교리당간지주」, 「약사전삼층석탑」, 「구계리석조여래좌상」 등이 있다(창녕군청 홈페이지 참조).

50) 박경식, 2004 「신라 전형기 석탑에 대한 소고」 『문화사학』 21, pp.467~468.

51) 김지현, 2019 「경주 무장사지 삼층석탑의 조영계획과 동계열의 석탑 고찰」 『불교미술사학』 27, pp.174~177.

52) 임영애, 2016 앞의 논문, pp.67~68.

참고문헌

『三國遺事』
『譯註 韓國古代金石文』 3
『觀龍寺事蹟記』(하일식 논문)
『八公山桐華寺事蹟』(서울대학교 규장각 소장)
국사편찬위원회 한국사데이터베이스(http://db.history.go.kr/)

김방룡, 2017 「조선후기 미륵신앙의 형성과 전개」『한국불교사연구』 12
김성주·박용식, 2019 「창녕 仁陽寺 비문의 판독과 해석」『목간과 문자』 22
김용태, 2019 「환성 지안의 종통 계승과 선교 융합」『남도문화연구』 36
김주태, 1965 「觀龍寺大雄殿上樑文」『美術史學研究』 63·64
김지현, 2019 「경주 무장사지 삼층석탑의 조영계획과 동계열의 석탑 고찰」『불교미술
　　　　사학』 27
김창겸, 2013 「신라 승려 心地 연구-『삼국유사』 「心地繼祖」와 관련하여」『신라문화제
　　　　학술발표논문집』 34
남동신, 2001 「조선후기 불교계 동향과 『상법멸의경』의 성립」『한국사연구』 113
남동신, 2005 「여말선초의 僞經 연구-『現行西方經』의 분석을 중심으로」『한국사상사
　　　　학』 24
남재우, 2012 「기록으로 본 고대 창녕지역의 정치적 위상」『석당논총』 53
박광연, 2020 「가지산 石南寺의 道義 창건설에 대한 비판적 고찰」『불교학보』 91
박경식, 2004 「신라 전형기 석탑에 대한 소고」『문화사학』 21
박선영, 2012 「朝鮮後半期 彌勒佛掛佛圖 研究」『강좌미술사』 39
박영은, 2015 「고려후기 『功德疏經』 신앙의 의의-『三十分功德疏經』과 『三十八分功德疏
　　　　經』을 중심으로」『한국사상사학』 49
백승충, 1995 「창녕의 연혁과 문화」『한국민족문화』 7
윤선태, 2005 「新羅 中代末~下代初의 地方社會와 佛敎信仰結社」『신라문화』 26
이병욱, 2019 「조선시대의 미륵사상과 신앙의 4가지 유형」『원불교사상과 종교문화』
　　　　81
이용윤, 2020 「19세기 후반 영남의 喚醒系 僧侶門中과 四佛山畫派 畫僧」『남도문화연
　　　　구』 39

임영애, 2011 「'삼단팔각' 연화대좌의 통일신라 수용과 전개」『신라문화』38

임영애, 2016 「창녕 관룡사 용선대 석불좌상의 새로 발견된 '명문'과 '양식' 문제」『신라 문화』47

장동표, 2000 「조선후기 밀양 표충사(表忠祠)의 연혁과 사우(祠宇) 이건 분쟁」『역사와 현실』35

정병삼, 1995 「통일신라 금석문을 통해 본 승관제도」『국사관논총』62

정병삼, 1996 「9세기 신라 佛敎 結社」『한국학보』22-4

정현숙, 2014 「창녕지역 신라금석문의 서풍」『서예학연구』24

최선혜, 2013 「조선후기 숙종대 황해도 지역의 '生佛' 사건」『역사학연구』50

최성은, 2009 「창녕 관룡사 용선대 석불좌상 소고-造像銘文과 중대신라 불교조각」『신 라사학보』16

하일식, 1997 「창녕 관룡사의 石佛臺座銘과 『觀龍寺事蹟記』」『한국고대사연구』12

필자 소개

■ 전진국 (충북대학교 사학과 강사)

「『任那興亡史』의 논지와 학술적 영향에 대한 비판적 검토」『한일관계사연구』 64(2019), 「삼국지 한전에 기술된 한반도 중부 지역」『역사와 담론』 92(2019), 「馬韓 개념과 '國'에 대한 기록」『백제학보』 31(2020) 등 다수의 저서와 논문이 있음.

■ 백승옥 (국립해양박물관 학예연구실장)

「영·호남 경계지역 가야 정치체의 성격」『百濟學報』 30(2019), 「조선시대의 가야 사 인식 - 조선 후기 실학자들을 중심으로 -」『역사와 세계』 57(2020), 「'임나가라(任 那加羅) 종발성(從拔城)'과 고대 부산」『향도부산』 40(2020) 등 다수의 저서와 논문이 있음.

■ 홍보식 (공주대학교 사학과 부교수)

「신라·가야지역 상형토기의 변화와 의미」『韓國上古史學報』 90(2015), 「영남지 역 세장방형 石蓋竪穴式石槨의 석재와 축조 기술」『韓國考古學報』 99(2016), 「전기 가야의 고고학적 연구 쟁점과 전망」『韓國古代史研究』 85(2017) 등 다수의 저서와 논 문이 있음.

■ 심현철 (국립경주문화재연구소 신라고분발굴조사단 특별연구원)

「창녕 교동12호분의 구조와 성격」『야외고고학』 18(2013), 「三國時代 嶺南地方 封土墳의 連接築造에 관한 研究」『考古廣場』 15(2014), 「嶺南地域 高塚古墳의 地域性 과 蓮山洞 高塚古墳」『항도부산』 34(2017) 등 다수의 저서와 논문이 있음.

■ 홍승우 (경북대학교 역사교육과 조교수)

「함안 성산산성 출토 부찰목간의 지명 및 인명 기재방식과 서식」『木簡과 文字』 22(2019), 「지증왕대 喪服法과 律令」『歷史敎育論集』 74(2020), 「경산 소월리 목간의 내용과 성격」『동서인문』 16(2021) 등 다수의 저서와 논문이 있음.

■ 윤선태 (동국대학교(서울) 역사교육과 교수)

「『삼국유사』 기이편 '원성대왕'조의 가치 - 신라 '하고'시기의 정치구조와 그 함의」『신라문화제학술논문집』 38(2017), 「신라 동궁의 위치와 '동궁관' 기구」『신라사학보』 46(2019), 「신라왕궁과 국가사찰 - 그 분포와 도로체계를 중심으로」『신라문화』 57(2020 등 다수의 저서와 논문이 있음.

■ 하일식 (연세대학교 사학과 교수)

「신라의 得難 신분과 阿飡 重位制」『韓國古代史硏究』 82(2016), 「한국 고대 금석문의 발견지와 건립지」『韓國古代史硏究』 93(2020), 「감악산비 논란과 감악신사에 대하여」『역사와 현실』 117(2020) 등 다수의 저서와 논문이 있음.

■ 박광연 (동국대학교 경주캠퍼스 국사학전공 조교수)

「보살계 사상의 전개와 원효『菩薩戒本持犯要記』의 성격」『한국고대사연구』 86(2017), 「史書로서의 『삼국유사』와 『고기』 연구의 흐름과 과제」『진단학보』 130(2018), 「신라 하대 불교 정책의 변화와 사찰의 대응」『영남학』 72(2020) 등 다수의 저서와 논문이 있음.

한국고대사와 창녕

엮은이 | 한국고대사학회
펴낸이 | 최병식
펴낸날 | 2021년 10월 28일
펴낸곳 | 주류성출판사　www.juluesung.co.kr
　　　　서울특별시 서초구 강남대로 435 주류성빌딩 15층
　　　　TEL | 02-3481-1024(대표전화) · FAX | 02-3482-0656
　　　　e-mail | juluesung@daum.net

값 20,000원

잘못된 책은 교환해 드립니다.

ISBN　978-89-6246-455-9　94910
ISBN　978-89-6246-362-0　94910(세트)

＊이 책의 일부에는 서울서체, 아리따서체가 사용되었습니다.